iCVE 智慧职教

高等职业教育新形态一体化教材

创新创业教育在线开放课程配套教材

Chuangye Jichu

创业基础
——创业知与行

主　编　许祥鹏　何　辉

副主编　朱　雯　杨　琴　潘　庆
　　　　田智思　李　辉

参　编　蔡秋娥　朱　燕　王　俊
　　　　李晓晨　陈　垒　张中桓

中国教育出版传媒集团

高等教育出版社·北京

内容简介

本书是高等职业教育新形态一体化教材，省级精品在线开放课程“手把手教你创业”的配套教材。

本书编写深入贯彻落实党的二十大精神，全面贯彻党的教育方针，落实立德树人根本任务，坚持为党育人、为国育才，立足实施科教兴国战略、人才强国战略、创新驱动发展战略需要，以培养新时代创新创业人才为目标，注重培育和提高学生的创新精神、创业意识和创业能力。本书从培养学生学习思维模式出发，构建了基于PBL（以问题为导向）教学法的模块化知识技能结构体系，按照4W2H（六问）分析法对教学内容进行重构，设计了为什么创业（why）、拿什么创业（what）、由谁来创业（who）、在哪里创业（where）、资金哪里来（how much）、公司怎么管（how）六个项目，旨在提出并解决学生在创业过程中遇到的实际难题。

本书以专创融合知识技能为载体，构建了全过程、多环节引导的课程思政体系。本书立足职业教育类型特色，通过纸质教材与数字化资源、专业知识技能与思政元素、课程与大赛的深度融合融通，积极探索创新创业型高素质技术技能人才培养新路径。

本书既可供不同层次职业院校师生对教学内容进行自主选择和组合，又可满足弹性教学、分层教学等实际需要。

图书在版编目（CIP）数据

创业基础：创业知与行 / 许祥鹏，何辉主编 . --
北京：高等教育出版社，2023.3
ISBN 978-7-04-059590-1

Ⅰ . ①创… Ⅱ . ①许… ②何… Ⅲ . ①大学生 - 创业 - 高等职业教育 - 教材 Ⅳ . ① G647.38

中国国家版本馆 CIP 数据核字（2023）第 007804 号

Chuangye Jichu: Chuangye Zhi yu Xing

策划编辑 陈 磊　责任编辑 陈 磊 李岳璟　封面设计 李小璐　版式设计 杨 树
责任绘图 易斯翔　责任校对 刘俊艳 胡美萍　责任印制 刁 毅

出版发行 高等教育出版社
社 址 北京市西城区德外大街4号
邮政编码 100120
印 刷 山东百润本色印刷有限公司
开 本 787mm×1092mm 1/16
印 张 15.5
字 数 290千字
购书热线 010-58581118
咨询电话 400-810-0598
网 址 http://www.hep.edu.cn
http://www.hep.com.cn
网上订购 http://www.hepmall.com.cn
http://www.hepmall.com
http://www.hepmall.cn
版 次 2023年3月第1版
印 次 2023年3月第1次印刷
定 价 39.00元

物 料 号 59590-00

/ 前言 /

2018年9月，国务院印发的《关于推动创新创业高质量发展打造“双创”升级版的意见》中明确提出，推进大众创业万众创新是深入实施创新驱动发展战略的重要支撑、深入推进供给侧结构性改革的重要途径。把创新创业教育和实践课程纳入高校必修课体系，允许大学生用创业成果申请学位论文答辩。2020年7月，国务院办公厅发布的《关于提升大众创业万众创新示范基地带动作用进一步促改革稳就业强动能的实施意见》中进一步指出，支持高校示范基地打造并在线开放一批创新创业教育优质课程，加强创业实践和动手能力培养，依托高校示范基地开展双创园建设，促进科技成果转化与创新创业实践紧密结合。2022年10月，习近平总书记在党的二十大报告中再次强调，完善促进创业带动就业的保障制度，支持和规范发展新就业形态。

为深入贯彻党的二十大精神，全面落实党中央、国务院对高校毕业生就业创业工作的决策部署，有力推动创新创业教育高质量发展，由高职院校创新创业教育教师、行业企业专家及政府部门专家组成的本书编委会经多次研讨、反复打磨、数次易稿，最终成型定稿，旨在为有效提升大学生创业实践能力贡献力量。

本书共分六个项目二十四个学习任务。每个项目均由“项目路径”“创海拾粹”“创路领航”“项目目标”四栏目开篇，在完成相关任务学习后，最终由“创业有样”和“创业有行”两栏目落脚。其中，“项目路径”（项目学习地图）的设置，旨在增强学生对项目任务有关知识/技能重难点及其逻辑关系的直观认知；“创海拾粹”以“中国式创业”经典案例分析的形式，帮助学生涵养创业精神、增强家国情怀与民族自豪感；“创路领航”通过党和国家领导人关于创新创业工作的重要讲话和指示精神，引导学生树立正确的人生观、价值观和创业观；“项目目标”就项目学习的知识、能力和素养三目标进行归纳总结，便于学生厘清学习思路；“创业有样”通过讲述本土创业先锋人物及其创业故事，润物细无声地将“勇于创业、敢闯敢干，努力在改革开放中闯新路、创新业，不断开辟事业发展新天地”等创业价值追求有效地传递给学生；“创业有行”为创业模拟实践环节，旨在让学生在本书创设的轻松氛围抑或激烈竞赛中不断强化创业所需知识技能，有效提升创业素质能力。书中每个学习任务均包含“任务引入”“任务解码”“任务总结”三个环节。其中，“任务引入”采取与相关成语故事（扫描封底二维码“创语有声”）相结合的方式，生动讲述了主人公欧思琴同学在创业过程中面临的实际困境，提出问题并引出解决问题所需掌握的知识技能。“任务解码”通过文本及多种数字化资源的有机耦合，力求激发学生学习效果的倍增效应。“任务总结”包括“任务检测”“任务实施”和“任务反思”三个模式，“任务检测”以扫描二维码方式，在线检验相关理论知识的掌握程度；“创业实施”通过完成设定的任务活动并参考评价标准，检验任务学习的实际效果；“任务反思”则以思考总结和记录笔记的方式巩固深化学习成效。

作为一本指导大学生创新创业实践的教材，本书在知识体系、体例结构、教学理念、教学策略及教学资源应用等方面进行了大胆创新和有益尝试，主要特色如下：

讲好故事——通过“四设置”将社会主义核心价值观作为课程思政主线

通过“创海拾粹”“创路领航”“创业有样”和“创业有行”四特色栏目的设置，弘扬中华优秀传统文化、坚定大学生文化自信自强，以本土创业先锋案例为指引，将“爱国、敬业、诚信、友善”等社会主义核心价值观润物无声地传递给学生，充分发挥教材的育人作用。

形式新颖——通过“三添加”拓展学习受众、激发学习兴趣

与本书一体化开发的数字化资源内容丰富多元、设计巧妙用心，通过添加手语展示，为特殊学习群体提供接受创新创业教育的机会，有利于帮助其提高就业创业能力；通过添加双语字幕，让在华留学人群学习更为方便；通过添加趣味元素，在数字化教学资源中融入“串烧音乐”“说文解字”“情景剧场”“趣味解读”“游戏拓展”等内容，以契合高职学生学习特点及认知规律，激发学习兴趣。

产教融合——通过“两采用”让“容易学、轻松教、真创业”落地

一是教学活动采用领取任务、微课学习、在线测验、任务实施”四步教学法，引导学生明确学习目标、掌握知识技能、检验学习效果、完成学习任务；二是配套的微课视频采用真实场景拍摄，帮助学生直观感受实际创业环境，提升沉浸式学习体验。

本书由许祥鹏、何辉任主编，朱雯、杨琴、潘庆、田智思、李辉任副主编，蔡秋娥、朱燕、王俊、李晓晨、陈垒、张中桓参与编写。湖南汽车工程职业学院、株洲师范高等专科学校、娄底职业技术学院、长沙航空职业技术学院、长沙电力职业技术学院，株洲市人力资源和社会保障局、株洲市石峰区税务局、株洲市高新区（天元区）政务服务中心，高等教育出版社、湖南优课工坊文化传媒有限公司、星启点气质艺术中心对本书编写出版及资源开发给予了大力支持，在此表示衷心的感谢。

本书在编写过程中，还借鉴、参考了部分国内外创新创业教育方面的文献资料，吸收了一些专家学者的理论和观点，在此一并深表敬意和谢意！

由于编写时间和编者水平有限，教材中难免有一些疏漏和不妥之处，敬请广大读者提出宝贵建议和意见，以便更好地得以修订完善。

编者

2022年12月

/ 目录 /

项目一

为什么创业

项目路径

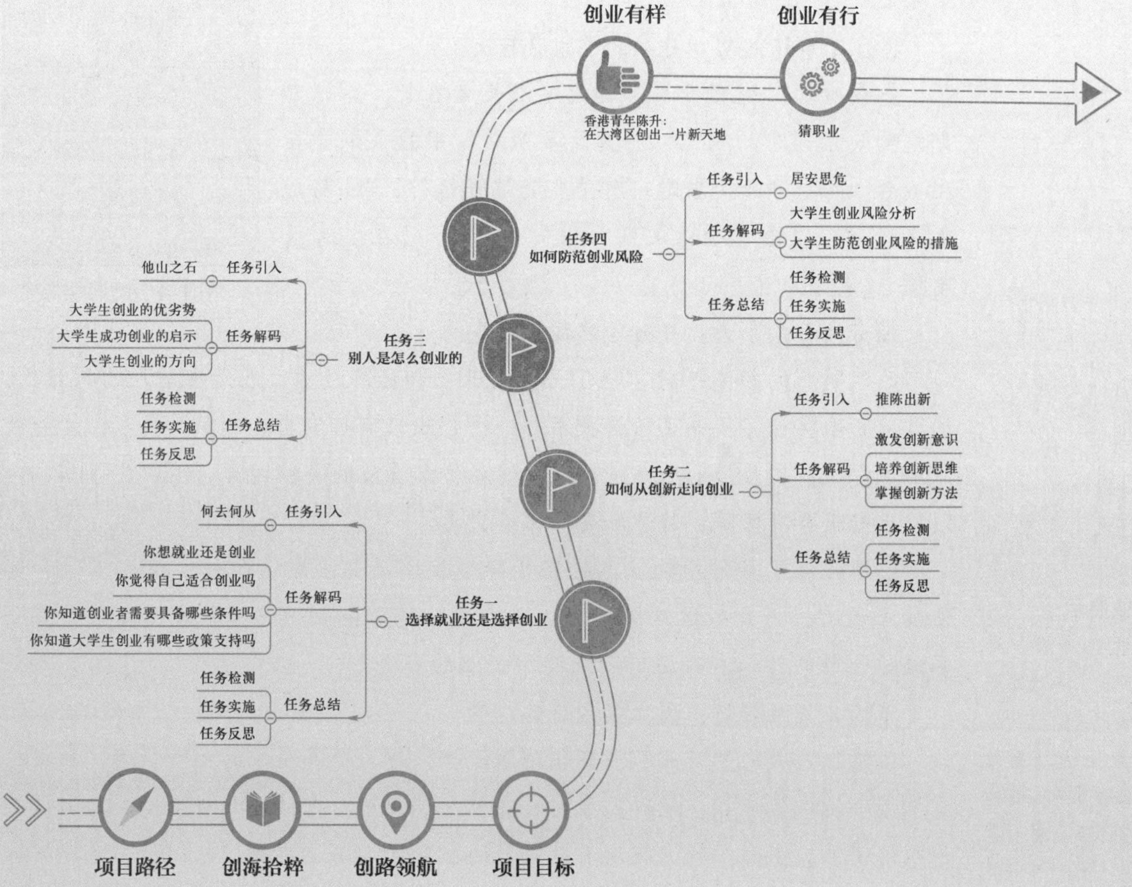

创海拾粹

中国古代第一位女企业家

《史记·货殖列传》是司马迁记录春秋末年到汉武帝年间经营农、牧、工、商诸业生殖货利及相关人物的专篇。《史记·货殖列传》中记载了中国古代第一位女企业家巴清。"巴寡妇清，其先得丹穴，而擅其利数世，家亦不訾。清，寡妇也，能守其业，用财自卫，不见侵犯。秦皇帝以为贞妇而客之，为筑女怀清台。"翻开史书，让我们一同了解这位先秦女性工商业主的杰出代表及她的创业故事……

巴清（图1-1）出生于巴郡枳县（今涪陵）的一个大户人家。丈夫死后，她毅然挑起了家庭重担，成为家族企业的掌舵人。她凭借灵活的经营头脑、敏锐的市场洞察力和坚强的意志，把家族企业管理得井井有条。

图1-1　巴清雕像

抓住了市场趋势：丹砂的需求量巨大

先秦时代，达官贵人都喜欢追求长生不老，秦始皇更是如此。那时的人们以丹为主要原料，用鼎来炼"长生不老"药。丹砂是当时一种重要的炼丹材料。"仙药之上者丹砂，次则黄金，次则白银"，因此丹砂在当时很走俏。

拥有核心竞争力：丹砂冶炼技术领先

巴氏家族的祖先早就掌握了丹砂的开采和冶炼技术。巴清在前人的基础上，通过不断地实验，提高了冶炼技术。一个企业只有拥有自己的核心技术，才能长期地生存下去。丹砂的冶炼技术是巴清成为女首富的关键因素。

后勤服务有保障：物流和安保体系完善

巴清完善了丹砂的物流系统，开辟了长江及其支流嘉陵江、汉江水道和其他陆上通道，将丹砂运销全国各地。巴清组建了企业的安保系统（私人武装），来保障丹砂的开采和押运，以及整个企业的安全。

市场公关做得好：树立了良好的口碑

巴清作为成功的企业家，不仅为富能仁，努力提高员工的福利待遇，积极扶贫济困。她拨出专款，救助无依无靠的老人和儿童。巴清还积极主动地与当地政府搞好关系，主动纳税，解决当地百姓的就业问题。秦国灭了巴国后，巴氏家族就向秦国贡献了很多财物，因此秦始皇以上宾之礼待巴清。巴清去世后，秦始皇为她修筑了怀清台。

（资料来源：佚名.巴清：中国古代第一位女企业家.腾讯网，2022-03-29.有删改.）

创业启示：

>>抓住趋势，顺势而为。一个企业必须要有自己的核心竞争力，有独特的技术和完善的服务系统，并和各界人士维持良好关系，这样的企业才可能做大做强。

创路领航

广大青年要牢记“空谈误国、实干兴邦”，立足本职、埋头苦干，从自身做起，从点滴做起，用勤劳的双手、一流的业绩成就属于自己的人生精彩。要不怕困难、攻坚克难，勇于到条件艰苦的基层、国家建设的一线、项目攻关的前沿，经受锻炼，增长才干。要勇于创业、敢闯敢干，努力在改革开放中闯新路、创新业，不断开辟事业发展新天地。

——2013年5月4日，习近平总书记在同各界优秀青年代表座谈时的讲话

项目目标

● 知识目标

（1）了解创新与创业的关系，理解创新意识的培养方法及大学生创业应具备的条件。

（2）理解大学生创业具备的优势与劣势，熟悉大学生的主要创业方向。

（3）掌握防范创业风险的措施。

● 能力目标

（1）具备独立判断自己是否具有创业者潜力的能力。

（2）具备针对自己的弱点提出改进计划的能力。

（3）具备有针对性地提出风险防范措施的能力。

● 素养目标

（1）具有较强的创新精神和创业意识。

（2）具有较强的抗压能力和谦虚谨慎的工作作风。

（3）具有积极进取和不断自我完善的意识。

任务一　何去何从——该选择就业还是创业

▶ 任务引入

何去何从[1]

“风起的日子笑看落花，雪舞的时节举杯向月……”不少人听了这首《选择》都会莫名感动。欧思琴马上就要大学毕业了，也面临着就业还是创业的选择，她不喜欢“朝九晚五”那种按部就班的工作，想通过创业挑战自我。但很多人泼来“冷水”，告诉她创业如何艰辛。她经过反复思量，决定先了解一下创业的可能性再做决定。

▶ 任务解码

一、你想就业还是创业

（一）创业和就业的区别

“创业”一词最早见于《孟子·梁惠王下》：“君子创业垂统，为可继也。”《现代汉语词典》中对“创业”一词的解释为“创办事业”，而“事业”是指人所从事的具有一定目标、规模和系统，并对社会发展有影响的经济活动。《辞海》中对“创业”的解释是创立基业，而“基业”是指事业的基础。由此可见，创办事业是创业的本质。

就业是指在法定年龄内的有劳动能力和劳动愿望的人们所从事的为获取报酬或经营收入而进行的活动。它的含义较为广泛，只要是有劳动能力并以劳动的方式获得报酬的活动，就可以划分为就业，因此创业包含在就业之中，属于高质量就业。

① 出自《楚辞·卜居》：“此孰吉孰凶？何去何从？”，多指在重大问题上选择什么方向。

（二）创业的好处与挑战

云端课堂

你想就业还是创业

1. 创业的好处

创业是人类文明进步的不熄引擎，是植根于每个人心中的具有顽强生命力的“种子”。推动社会发展，不仅要解放社会生产力，还要解放社会创造力。我国是世界上人口最多的国家之一，14亿多勤劳智慧的中国人民拥有无穷的创造力。如果14亿多人民的创新创造潜能被充分释放出来，就将给经济社会发展带来巨大的变化。

（1）国家层面。

① 从自然禀赋看，创新是中华民族的固有气质。中华文明生生不息，源于中国人民自强不息、敢于创新的禀性。从历史经验看，新中国开启了自力更生、自主创新的大门，改革开放更是点燃了人人创业创新的火种。从农村家庭联产承包责任制开始，到城市国有企业改革、放开集体经济、发展私营经济等，都着眼于调动广大人民群众的积极性、创造性。

② 从发展阶段看，现在我国经济发展进入新常态，传统增长动力在减弱，资源环境约束在加剧，要素成本越来越高，因此必须走转变发展方式、提质增效升级之路。中国要在世界新技术革命和产业变革的新格局中占据主动，必须靠创新。世界资源有限，而人的潜力无穷，这就是更大范围、更高水平的大众创业、万众创新的基础。从哲学意义看，大众创业、万众创新既是解放生产力，也是解放人自身的创造力，实现人人自由而全面的发展。

③ 从时代趋势看，中华大地正在兴起新的创新创业热潮，出现了以大学生创业者、大企业高管创业者及连续创业者、科技人员创业者、留学归国创业者为代表的创业主力军，创客、众创空间等新的形式层出不穷。创新创业正在成为一种价值导向、一种生活方式、一种时代气息。

（2）个人层面。

① 培养创新精神。创新是一个民族的灵魂，是一个国家兴旺发达的不竭动力。青年作为中国最具活力的群体，如果失去了创造的冲动和欲望，那么将削弱中华民族持续发展的动力。开展创业活动，有利于培养创业者勇于开拓创新的精神，能把就业压力转化为创业动力，培养越来越多的各行各业的创业者。

② 实现个人梦想。你可以开家网店，自由办公；可以开家实体店铺，和顾客面对面交流；可以招聘几名员工，自己当首席执行官（chief executive officer，CEO）；你还可以行走天下，做一名勇敢的“探路者”……总之，创业意味着把命运牢牢掌握在自己手中。

③ 发掘个人潜能：创业者需要考虑的事情非常多，不仅要成立一家公司，还要具备一定的管理能力和沟通能力。这些素质能力都需要通过不断地开发潜能来获得。创业者即使在创业之前是行业中的“小白”，经过一路探索和打拼，也

能够将自己磨砺成一把利剑，发挥自己的潜能优势，把事业做大做强。

2. 创业的挑战

（1）国家层面。

① 配套政策落实有待加强。党的十八大以来，党中央、国务院高度重视大学生创新创业工作，出台了一系列有利于创新创业的法律条文和扶持政策，但配套措施、规章制度的落实还存在不到位的现象，这就要求各级政府除了改善创业环境，制定一系列的政策、法规，还要加强政策的宣传和落实，积极统筹社会资源，结合大学生创业的实际困难，加大对大学生创新创业的财税扶持和金融政策的支持力度，切实提供政策支持。

② 创业教育不能满足需求。高校是创新创业人才培养的主阵地，但在开展创新创业教育过程中还面临诸多问题：一是缺乏足够的具有创新创业精神和素质的师资；二是难以提供足够的、合格的创新创业课程，且创新创业课程多以公共选修课或通识课程的形式游离于专业课程体系之外；三是难以与社会各界开展有效的合作。同时，部分高校对创新创业教育的认识还存在一些误区，如将创业成功作为目标，重创业、轻创新，认为创新创业教育是应用型教育，与高深知识取向不相符，这些都导致大学生创新创业教育难以真正促进学生创新创业能力的提升。

（2）个人层面。

① 创业资金短缺。创业是一项对资金需求非常大的活动。在创业初期，创业者不仅需要租办公场所、店铺、厂房，聘请工作人员，还需要有维持企业运行的流动资金，而大学生没有稳定的收入来源，更没有积蓄。因此，创业资金不足往往成为大学生创业需要面临的首要问题。

② 创业知识不足。部分大学生在校学习期间主要偏重学习自己学科的内容，对于实际创业中用到的各种财务知识、会计知识、金融知识、市场营销等内容了解得不够。另外，就目前高校的教学模式来看，普遍偏重专业知识的学习和实践，对创业实践的涉及较少。

③ 创业选择与市场需求存在偏差。大学生接触社会较少，对市场情况、行业发展、消费者需求没有深入的理解。因此，在选择创业项目时往往比较理想化或存在一定的盲目性。还有一些大学生急于求成，过于重视高产出，忽视了项目本身的艰难性，这也容易导致大学生创业失败。

④ 创新意识有待提升。大学生创业与社会人员创业最大的不同就是具有创新性和技术性，由于在资金、经验、能力等各方面不具备优势，大学生创业要想成功，就一定要在“新”字上下功夫，要走技术创新的道路。

二、你觉得自己适合创业吗

云端课堂

成功创业者的品质

成功的创业者一般应具有以下七种品质。

（一）充满昂扬勃发的激情

成功的创业者浑身散发着昂扬勃发的激情，洋溢着无往不胜、成功在我的乐观精神。创业途中会遇到各种各样的变数，如果创业者没有持续的激情和乐观的精神，在创业中途就很容易变得焦虑、自乱阵脚，甚至半途而废。激情是支持创业的内在驱动力，它让创业者愿意不断付出努力。另外，创业者随时随地散发出来的激情、乐观精神，有利于吸引优秀人才，收获更多的坚定同行者。没有哪个人愿意和整天愁眉苦脸的领导或同事一起工作。一个充满激情、乐观精神的人总是能感染身边的人。具有人格魅力的大多也是这类人。

（二）较为深刻的行业认知

很多创业者之前有过丰富的职业经历，积累了较为丰富的从业经验和人生阅历，对所在行业的市场规模、运作规律、技术高度、管理流程都非常熟悉，对行业的认知有深度的思考。有些创业者甚至能系统勾画出未来的行业走势，这样的创业者成功的概率更大。

（三）舍我其谁的勇气

有识还需有胆，方可成就伟业。创业本身就是一项冒险活动，因此创业者要有胆量，想赢也敢输。创业最能锻炼心志，考验心理承受能力。创业者须有超乎常人的胆略，敢于尝试别人不敢踏上的道路，能够在未知的天地中搏击冒险。可以说，冒险精神本身就是创业精神的一个重要组成部分，不可或缺，也难能可贵。

（四）传经布道的能力

创业者对拟涉足的行业必须有独到精深的理解，因为创业者开创的是一个新的事物，只有对行业的认知足够深，明白怎么去运作，行业前景有多大，形成了一套自己的理论体系，才能集聚优秀人才，赢得广泛共鸣，才能说服更多的人跟自己一起干。

（五）超强的学习力

在创业过程中，一个创业者应当具备战略把控能力、综合业务能力、商业运作能力、宏观管理能力。这些能力不是与生俱来的，除了在实际工作中不断累积，更需要创业者平时善于学习。拥有超强学习力，需要有一颗好奇的心，问别人想不到的问题，会去找比自己有经验的人交流，或通过阅读来提升自己各方面的能力。

（六）坚决的执行力

“一流的点子加上三流的执行力”和“三流的点子加上一流的执行力”，哪个更重要？答案是后者远比前者重要。创业者应对成功的战略目标抱有强烈的期待和信任。战略目标指明了公司前进的大方向。然而，战略只能保证“做正确的事情”。特别是创业公司，大部分只是有个思路或有个方向，商业模式还没有得到验证，因此一旦方向确定就要专注地去执行。目标的最终实现，靠的是团队的执行力，应保证“把事情做正确、做好”。

（七）开放共享的精神

作为创业者，一定要懂得与他人分享。一个不懂得与他人分享的人，很难将事业做大。分享不仅仅限于企业或团队内部，对外部的分享有时同样重要。分享说起来很简单，但人都有自私的一面，因此无论是老板还是普通人，在面对利益时都很难无私地分享。但凡做得好的创业者都具有高度的分享精神，懂得分享其实是一种精神的升华，也是对员工创造价值的高度认可。懂得分享的创业者，收获的远比分享出去得多。

此外，创业者需要有强健的体魄和旺盛的精力；需要有极强的目标性，不轻易为别的因素所左右；需要当机立断地决策，一旦做出选择就全力以赴；能够平衡家庭和事业的关系，再加上机遇的把握；等等。这些都是创业者需要的素质。有些素质是天生的，但大多数是通过后天努力提升的。因此，创业是属于精英的游戏，但是不是精英并不取决于你的出身背景，而是取决于你的个人素质能力和努力程度。

云端课堂

大学生创业者需要具备的条件

三、你知道创业者需要具备哪些条件吗

对于有志投身创业行动的大学生来说，具备良好的创业素质、创新精神和物质条件是事业成功的基本条件。除此之外，还应具备以下条件。

（一）领导与决策能力

作为合格的创业者，想拥有财富，想得到别人的尊重，必须具备相当的领导与决策能力，能把企业的人员与业务安排得井井有条，并能及时处理所遇到的一切问题。创办一个企业，不仅要处理大量的事务性问题，还要为企业建章立制，即使是只有一两个人的小店铺或家庭企业，也不能例外。

（二）优势互补的创业团队

优势互补的创业团队是自主创业的基础。有了优势互补的创业团队，既能有效进行技术创新与经济管理，又能保证创业团队形成最大的合力，从而在市场竞争中取胜，达到企业所追求的目标，推动企业向前发展，取得创业成功。同时，优势互补的创业团队可以制定一套工作章程，确定员工的权利义务，将福利、升迁、分红、奖惩制度等说明清楚，降低员工流动率，提升企业对客户的服务品质。

（三）好学的精神

创业是一个复杂的过程，涉及生产服务、成本核算、市场营销、人员管理等

很多在学校可能没学过的知识和经验。大学生要想把创业工作做好，就必须有好学的精神，善于学习。学习经营管理、科学技术、社会学、心理学、经济学等一系列相关学科的知识。知识经济时代，科学技术突飞猛进，企业环境复杂多变，创业者还要善于从自己及别人的成功和失败中吸取经验教训。这样才能跟得上时代的步伐，以系统的思路、全新的理念经营好企业。

（四）吃苦耐劳的品质

对大学生来说，创业并非坦途。要想获得成功，就必须有坚韧不拔的意志品格。“吃得菜根，百事可做”。大学生创业者要学会吃苦，要培养自己的忍耐力、冒险精神和旺盛的斗志，笑对人生，正视失败，走出一条属于自己的成功之路。

（五）洞察商机的敏锐嗅觉

创业者必须要有敏锐的商业嗅觉，尤其是对商业机会做出快速反应。创业者要能洞察企业提供的产品和服务及其特性，理解它们如何满足顾客的需要，拥有使顾客认识其吸引力的能力，能根据行业发展状况、竞争对手的缺陷细分市场。创业者要能找到自己的产品服务的目标顾客群。能根据企业的优势、劣势并结合外部环境，正确地制定企业发展的战略目标。只有制定了正确的战略目标，企业才能走得更远。

（六）拓展资源的能力

创业者资源分为两种，一是以创业者所占有的生产资料、知识技能等构成的内部资源，二是以创业者构建其人际网络或社会网络的能力为基础的外部资源，亦称“人脉”资源。创业者不仅要丰富自己的知识结构、提高自身素质，还要善于与他人、与外界沟通，善于捕捉各种信息，努力扩大资源占有的数量和质量。

（七）家人的理解和支持

创业者创办和经营企业将占用很多时间，因此获得家人的理解和支持尤为重要，如果你的家庭成员同意你的创意，支持你的创业计划，你就有了坚强的后盾。

随堂讨论：
>>怎样才能让家人支持自己创业？

四、你知道大学生创业有哪些政策支持吗

云端课堂

大学生创业的政策支持

根据全国高校就业中心2022年发布的《普通高校学生自主创业政策公告》显示，大学生创业可以享受包括税收优惠政策、担保贷款和贴息政策、资金扶持政策、工商登记政策、户籍政策、创业服务政策、学籍管理政策等在内的政策支持。

（一）税收优惠政策

（1）持人社部门核发的《就业创业证》的高校毕业生在毕业年度内创办个体工商户的，可按规定在3年内以每户每年12 000元为限额（最高可上浮20%，具体由各省、自治区、直辖市人民政府根据本地区实际情况确定）依次扣减其当年实际应缴纳的增值税、城市维护建设税、教育费附加、地方教育附加和个人所得税。

（2）高校毕业生创办小微企业的，可按规定享受小微企业普惠性税费政策。对于创办个体工商户的高校毕业生，对其年应纳税所得额不超过100万元的部分，在现行优惠政策基础上减半征收个人所得税。

（二）担保贷款和贴息政策

（1）创业担保贷款和贴息支持。创业者可在创业地申请创业担保贷款，最高贷款额度为20万元，对符合条件的个人合伙创业的，可根据合伙创业人数适当提高贷款额度，最高不超过贷款总额的10%。对10万元及以下贷款、获得设区的市级以上荣誉的高校毕业生创业者免除反担保要求；对高校毕业生设立的符合条件的小微企业，最高贷款额度可提高至300万元，各级财政部门按规定给予贴息。

（2）创业担保贷款申请程序。申请创业担保贷款贴息支持的个人和小微企业，应向当地人力资源社会保障部门申请资格审核。通过资格审核的个人和小微企业，向当地创业担保贷款担保基金运营管理机构和经办银行提交担保和贷款申请，符合相关担保和贷款条件的，与经办银行签订创业担保贷款合同。

（三）资金扶持政策

（1）免收有关行政事业性收费。对毕业2年以内的普通高校毕业生从事个体经营的，3年内免收管理类、登记类和证照类等有关行政事业性收费。

（2）求职创业补贴。对在毕业学年有就业、创业意愿并积极求职创业的低保家庭、贫困残疾人家庭、原建档立卡贫困家庭和特困人员中的高校毕业生，残疾及获得国家助学贷款的高校毕业生，给予一次性求职创业补贴。

（3）一次性创业补贴。对首次创办小微企业或从事个体经营，且所创办企业或个体工商户自工商登记注册之日起正常运营1年以上的离校2年内的高校毕业生，试点给予一次性创业补贴。

（4）享受培训补贴。对大学生在毕业年度内参加创业培训的，按规定给予培训补贴。

（四）工商登记政策

简化注册登记手续。创办企业，只需填写“一张表格”，向“一个窗口”提交“一套材料”，登记部门直接核发加载统一社会信用代码的营业执照，“多证合一”。

（五）户籍政策

取消落户限制。高校毕业生可在创业地办理落户手续（直辖市按有关规定执行）。

（六）创业服务政策

（1）免费创业服务。大学生可免费获得公共就业和人才服务机构提供的创业指导服务。

（2）技术创新服务。各地区、各高校和科研院所的实验室及科研仪器、设施等科技创新资源可以面向大学生开放共享，提供低价、优质的专业服务。

（3）创业场地服务。鼓励各类孵化器面向大学生创新创业团队开放一定比例的免费孵化空间。政府投资开发的孵化器等创业载体应安排30%左右的场地免费提供给高校毕业生。有条件的地方可对高校毕业生到孵化器创业给予租金补贴。

（4）创业保障政策。加大对创业失败大学生的扶持力度，按规定提供就业服务、就业援助和社会救助。毕业后创业的大学生可按规定缴纳“五险一金”。

（七）学籍管理政策

（1）折算学分。各高校要设置合理的创新创业学分，建立创新创业学分积累与转换制度，探索将学生开展自主创业等情况折算成学分的方法。

（2）弹性学制。学校可以根据情况建立并实行灵活的学习制度，可放宽学生修业年限，方便学生保留学籍休学创新创业。

有关高校毕业生自主创业可以享受的详尽政策，我们将在项目六中做进一步的介绍。

随堂训练：
>>搜集相关的创业政策支持信息。

▶ 任务总结

● 任务检测

扫描下方二维码，测一测你对本任务知识的掌握程度。

● 任务实施

1. 活动说明

把你创业的想法告诉家庭成员和信赖的朋友，请他们对你的想法进行评价，然后完成创业潜力评价表（表1-1）的填写，看看你是否具备成为一名创业者的潜力。

表1-1　创业潜力评价表

指标		评价			
		自我评估		家庭成员或朋友评估	
		是	否	是	否
成功的创业者特征	昂扬勃发的激情				
	较为深刻的行业认知				
	舍我其谁的勇气				

续表

指标		评价			
		自我评估		家庭成员或朋友评估	
		是	否	是	否
成功的创业者特征	传经布道的能力				
	超强的学习力				
	坚决的执行力				
	开放分享的精神				
大学生创业者需要具备的素质、能力或物质条件	领导与决策能力				
	优势互补的创业团队				
	好学的精神				
	吃苦耐劳的品质				
	洞察商机的敏锐嗅觉				
	拓展资源的能力				
	家人的理解和支持				
结论（是否具备创业者的潜力）		□是 □否			

2. 评价标准

（1）吻合度（50分）。自我评价与家庭成员（或朋友）评价吻合度越高越好。

（2）创业潜力（50分）。对于自我评价为“是”的选项，可以要求被评价人进行说明，分析越有条理，数据或事例佐证越充分，评价越准确。

● 任务反思

许多人有把取得成功过程中的困难过分夸大，这跟小马过河是一个道理，是深是浅一试便知。成功既不像你想象得那么难，也不像天上掉馅饼那么容易，重要的是你想不想做，用没用心做，是否全力以赴。

请结合本任务所学知识，完成思考笔记（表1-2）的填写。

表1-2 思考笔记

思考题目	记录	
想不想创业	创业的好处：	创业的挑战：
适不适合创业	大学生创业者需要具备的条件：	大学生创业的政策支持：

任务二　推陈出新——如何从创新走向创业

▶ 任务引入

推陈出新[①]

在新时代背景下，国家对高校学生创新创业十分重视，出台了一系列支持性政策，鼓励和支持大学生自主创业。互联网的深入发展大大地促进了知识和信息的流通，为富有创新创业想法的人群提供了优渥的“土壤”。欧思琴心动了，但很多人提醒她，创业离不开创新，没有创新的创业是低层次创业，很难有持久的生命力……到底如何创新？欧思琴决定好好学习一下。

▶ 任务解码

一、激发创新意识

（一）创新的内涵

创新，顾名思义创造新的事物。我国古代的百科词典《广雅》中记载：“创，始也。”新，与旧相对。创新一词出现得很早，如《魏书》中有“革弊创新”，《周书》中有“创新改旧”。创新一般有三层含义：一是更新，就是对原有的东西予以替换；二是创造新的东西，就是创造出原来没有的东西；三是改变，就是对原有的东西进行发展和改造。

“创新才能把握时代、引领时代”，创新是人类特有的认识能力和实践能力，是人类主观能动性的高级表现形式。从哲学角度来说，创新是人们为了满足自身需要的创造性实践行为，是对旧事物所进行的替代和覆盖；从社会学角度来说，

① 出自《梁溪漫志·张文潜粥记》：“吴子野劝食白粥，云能推陈致新，利膈养胃”，多指去掉旧事物的糟粕，取其精华，并使它向新的方向发展。

创新是人们为了发展需要，运用已知的信息和条件，突破常规，发现或产生某种新颖、独特的有价值的新事物、新思想的活动；从经济学角度来说，创新是人们在特定环境中，以现有的知识和物质改进或创造新的事物并获得一定有益效果的行为。

创新的过程一般分为准备阶段、思考阶段、顿悟阶段和验证阶段。

（1）准备阶段。找准问题，收集资料，分析问题，找到创新的关键点。

（2）思考阶段。找到创新关键点后，开始寻找解决问题的突破口。

（3）顿悟阶段。在顺着问题的突破口思考的过程中，灵光乍现。

（4）验证阶段。将顿悟得到的创新成果进行实践检验。

（二）创新与创业的关系

创新是以新思维、新发明和新描述为特征的一个概念化过程。创业是人类社会生活中一项最能体现人的主体性的社会实践活动，它是一种劳动方式，是一种需要创业者组织和运用服务、技术、器物进行思考、推理、判断的行为。虽然创业与创新是两个不同的概念，但是这两个概念之间存在着本质上的契合、内涵上的相互包容和实践过程中的互动发展的关系。

（1）创新是创业的基础，创业推动着创新。从总体上说，一方面，科学技术、思想观念的创新促进人们物质生产和生活方式的变革，产生新的生产、生活方式，进而为整个社会不断地提供新的消费需求，这是创业活动之所以源源不断的根本原因。另一方面，创业本质上是人们的一种创新性实践活动。在创业实践的过程中，创业者的主观能动性得到充分的发挥，体现了创业的创新性特征。

（2）创新是创业的本质与源泉。创业包括创新未曾尝试过的技术。创业者只有在创业的过程中具有持续不断的创新思维和创新意识，才可能产生富有创意的想法和方案，才可能不断寻求新的模式、新的思路，最终获得创业的成功。

（3）创新的价值常常体现于创业。创新的价值在于将潜在的知识、技术和市场机会转变为现实生产力，实现社会财富的增长，造福于人类社会，而实现这种转化的根本途径就是创业。创业者可能不是创新者或发明家，但必须具有能发现潜在商机的能力和勇于冒险的精神。创新者也不一定是创业者或企业家，但是创新的成果经由创业者推向市场，使潜在的价值市场化，然后创新成果才能转化为现实生产力。这从侧面体现了创新与创业的相互关联性。

（4）创业推动并深化创新。创业可以推动新发明、新产品或新服务的不断涌现，创造出新的市场需求，从而进一步推动和深化各方面的创新，提高企业和整个国家的创新能力，推动经济的增长。

综上，创新是社会进步的灵魂，创业是推动经济社会发展、改善民生的重要途径。创新创业是培育和催生经济社会发展新动力的必然选择，是扩大就业、实现富民之道的根本举措，更是激发全社会创新潜能和创业活力的有效途径，是实现高水平科技自立自强，进入创新型国家前列，推动经济高质量发展的动力之源。

（三）创新意识的内涵

创新意识是指人们在实际社会活动中，主动开展创新活动的观念和意识，它表现为人们对创新的重视、追求和开展创新活动的兴趣及欲望。它是人类意识活动中的一种积极的、富有成果性的表现形式，是人们进行创新活动的出发点和内在动力，是唤醒、激励和发挥人们的潜在本质力量的重要精神动力，与创新能力一起贯穿于人们的创新活动的整个过程。

创新意识包括创造动机、创造兴趣、创造情感和创造意志。创造动机是创造活动的动力因素，它能推动和激励人们发动和维持创造性活动。创造兴趣能促进创造活动的成功，是促使人们积极探求新奇事物的一种心理倾向。创造情感是引起、推进乃至完成创造的心理因素，只有具有正确的创造情感，才能使创造成功。创造意志是在创造中克服困难、冲破阻碍的心理因素。创造意志具有目的性、顽强性和自制性。

（四）培养创新意识的方法

创新意识的培养和开发是培养创造人才的起点，是唤醒、激励和发挥人们所蕴藏的潜在力量的重要助推器。大学生是思维最活跃、最容易接受新生事物、最富于创新精神的群体。要实现2035年我国进入创新型国家前列的远景目标，必须从培养青年学生的创新意识着手。

（1）激发好奇心。好奇心是创新的动力，是人类乃至很多动物天生具备的情绪，它代表了求知欲、喜欢探究不了解事物的心理状态和情感行为。强烈的好奇心会增强人们对外界信息的敏感性，使人们对新出现的情况和新发生的变化及时做出反应，发现问题并追根寻源，提出一连串问题，从而激发思考，引起探索欲望，开始创新活动。

（2）培养兴趣。兴趣是创新的老师。孔子曰“知之者不如好之者，好之者不如乐之者。”浓厚的兴趣会使个体产生积极的学习态度，自觉克服困难，排除干扰，从而有所成就。兴趣以需要为基础。人们若对某件事物或某项活动感到需要，就会热心于接触、观察这件事物，积极从事这项活动，并注意探索其奥妙。

（3）善于观察。观察是创新的来源。观察力是构成智力的一个重要组成部分，是一种有意识、有目的、有组织的知觉能力。一旦你开始细心观察，各种见解和机遇就将出现在你面前。

（4）发现问题。问题是创新的大门。没有问题，就没有创新。现代思维科学认为，问题是思维的起点，任何思维过程都是指向某一具体问题的。其实问题意识也是以观察意识和好奇心、兴趣为基础的。那些对任何事情都不感兴趣的人，是不可能提出问题的；那些对事物缺少细致观察的人，也很难提出问题。当个体对事物感兴趣，并能够进行细致的观察时，他通常能够发现问题，从而打开创新之门。

二、培养创新思维

（一）创新思维的内涵

创新思维是指以新颖独到的方法解决问题的思维过程，通过这种思维过程能突破常规思维的界限，以超常规甚至反常规的方法、视角去思考问题，提出与众不同的解决方案，从而产生新颖的、独到的、有社会意义的思维成果。凡是能想出新点子、创造新事物、发现新路子的思维，都属于创新思维。

（二）创新思维的障碍

思维是人脑对客观事物的概括和间接的反应过程。如果人们总是沿着一定方向、按照一定次序进行思考，久而久之会形成一种惯性，我们称之为“思维惯性”。如果对于自己长期从事的事情或日常生活中经常发生的事务产生了思维惯性，并多次以这种思维惯性来对待客观事物，就会形成较为固定的思维模式，我们称之为“思维定式”。思维惯性和思维定式结合起来，很容易形成思维障碍。我们要进行创新，首先就要突破思维障碍。

常见的思维障碍一般有以下几种。

（1）习惯型思维障碍。习惯型思维障碍会使人们不由自主地犯错误。虽然通过习惯型思维解决一些简单的问题可能会节省时间，但对于比较复杂的问题如果也使用习惯型思维，就会使我们犯错，或者使我们在面对新问题时一筹莫展。

（2）直线型思维障碍。存在直线型思维障碍的人普遍认为是即是，非即非，除此之外都是错误。他们往往难以理解是中有非、非中有是，对中有错、错中有对，失败中包含成功、成功中包含失败等情况。

（3）权威型思维障碍。有人存在的地方就会有权威，权威是任何时代和社会都实际存在的现象。有不少人习惯引用权威的观点，不加思考地以权威的是非为是非，一旦发现与权威相违背的观点或理论，就想当然地认为其必错无疑，并大加贬低。

（4）从众型思维障碍。从众，就是跟从大众、随大流，它是思维障碍中最常见、最重要的类型之一。这种少数服从多数的心理常常会压抑人的创造性。

（5）自我中心型思维障碍。自我中心型思维障碍包括两种：一是过于迷信自己，秉持一己之见，自以为是，刚愎自用，听不得不同声音和意见：二是存在反面类型的“自我中心”，如存在自卑、麻木、偏执、浮躁、懒惰、封闭、怯懦、侥幸等心理。

（三）培养创新思维的方式

习近平总书记在党的二十大报告中强调要“不断提高战略思维、历史思维、辩证思维、系统思维、创新思维、法治思维、底线思维能力”，其中，“创新思维”成为习近平总书记近年来在不同场合讲话中提及的高频词汇。“青年强，则国家强”，当代青年大学生是全面建成社会主义现代化强国、实现第二个百年奋斗目标的新生力量，因此，培养其创新思维和能力是新时代经济社会高质量发展的需要，也是新时代人才培养的基本诉求。

1. 用发散思维寻找答案

发散思维是对已知信息进行多角度、多渠道的思考，从多方面寻找解决问题答案的思维方式。发散思维是创新思维的核心，其过程是从某一点出发，任意发散，既无一定方向，也无一定范围。利用发散性思维能够产生众多的可供选择的方案、办法及建议，能提出一些独出心裁、出乎意料的见解，使一些似乎无法解决的问题迎刃而解。

2. 用逆向思维思考问题

逆向思维是一种和人们通常考虑问题的思维方向恰恰相反的思维方法。运用这种“从反面倒过来看问题”的思维方法，需要思维主体具有极大的胆略、智慧和魄力。他要与众不同，不怕孤立，要兼顾正反两个方向的可能性，以达到出奇制胜的效果。逆向思维以悖逆常规、常理或常识的方式去寻找解决问题的新途径、新方法，在理论创新、技术创新、产品创新方面都有出奇的作用。

3. 用联想思维开阔思路

联想思维是指在人脑内的记忆表象系统中，由于某种诱因使不同表象发生联系的一种思维活动。简而言之，就是你因为看到了某样东西，从而联想到另一样东西。例如，人们看到蜻蜓，联想到可以造飞机；看到螳螂，联想到研制镰刀。联想思维是由一事物的概念、方法、形象想到另一事物的概念、方法和形象的心理活动。联想可以很快地从记忆里追索出需要的信息，构成一条信息链，通过事物的接近、对比、同化等条件，把许多事物联系起来思考，进而开阔思路，加深对事物之间联系的认识，并由此创造构想和方案。

随堂训练：
>> 你还能说出哪些培养创新思维的路径方法？

三、掌握创新方法

（一）思维导图法

思维导图，又名心智导图，是表达发散性思维的有效图形思维工具，它简单高效，是一种实用性的思维工具。思维导图是一种将思维形象化的方法。我们知道发散性思考是人类大脑的自然思考方式，每一种进入大脑的资料，无论是感觉、记忆还是想法——包括文字、数字、符码、香气、食物、线条、颜色、意象、节奏、音符等，都可以成为一个思考中心，并由此中心向外发散出成千上万的关节点。每一个关节点代表与中心主题的一个联结，而每一个联结又可以成为另一个中心主题，再向外发散出成千上万的关节点，呈现出发散性立体结构，而这些关节点的联结可以视为个人数据库。

绘制思维导图的四个基本步骤如下。

（1）确定主题，绘制中心图案。中心图案要绘制在正中央位置，颜色数量大于三种、小于七种，要充满联想和想象。

（2）确定一级分支。由时钟一点钟方向，按顺时针绘制，互不交叉。

（3）确定二级分支和关键词。关键词的提炼要准确，一词一线，从左到右书写，字写在线上。

（4）添加色彩和小图标。色彩数量大于三种、小于七种，重要内容用小图标画出。

（二）八何分析法

八何分析法又称5W3H分析法，5W3H是描述问题的手段，具体包括“what”“where”“when”“who”“why”“how”“how much”“how feel”。以创新为例，各维度的含义如下。

（1）who——何人承担创新任务？团队成员如何组建？面向何人？谁赞成？谁反对？谁被忽略了？

（2）what——创新的对象是什么？创新的目的是什么？创新的条件有哪些？创新的重点、难点是什么？创新的要素是什么？

（3）where——何地着手？何地有资源？何处改进？何地适宜？何处最经济？何部门采用？

（4）when——何时完成？何时实施？研究的期限是多久？研究的顺序是什么？何时实施最适宜？何时效果最好？

（5）why——为何需要创新？为何是这种现状？为何会发生？为何会受到束缚？为何要有这样的举措？

（6）how——怎样实施？怎样改进？怎样能最快实施？怎样做效果最好？怎样能更方便？怎样避免失败？怎样能更受喜爱？

（7）how much——达到什么水平？有什么功能？效果如何？安全性如何？成本及盈利如何？

（8）how feel——该问题对客户满意度造成了什么影响？

（三）和田十二法

和田十二法，也称和田创新法则，是指人们在观察、认识一个事物时，可以考虑是否可行。和田十二法是我国学者许立言、张福奎在奥斯本稽核问题表法基础上，借用其基本原理，加以创造而提出的一种思维技法。它既是对奥斯本稽核问题表法的继承，又是对其的大胆的创新。例如，其中的“联一联”“定一定”

等，就是一种新发展。同时，这些技法更通俗易懂、简便易行、便于推广。目前，该法已被译成日文、英文，在世界各国流传和使用。在表1-3中以电视机设计生产为例，简要介绍和田十二法的应用。

表1-3　电视机设计生产中和田十二法的应用

序号	方法	含义	以电视机为例
1	加一加	加高、加厚、加多、组合	加一个机顶盒，成为数字电视
2	减一减	减轻、减少、省略等	减去底座，悬挂起来，成为壁挂电视、教室教学电视
3	扩一扩	放大、扩大、提高功效等	扩大屏幕，成为大屏幕彩电（或增加屏幕，成为多画面电视）
4	缩一缩	压缩、缩小，使之微型化	体积变小，成为微型掌上电视
5	变一变	改变形状、颜色、气味、音响、次序、位置等	改变放置方式，成为壁挂式彩电
6	改一改	改缺点、不便等不足之处	改变屏幕形状，成为专为儿童设计的卡通电视
7	联一联	把原因和结果联系起来	电视与音响、话筒、网络设备等组合成为卡拉OK“唱吧”
8	学一学	模仿形状、结构、方法，学习先进	与网络结合成为网络电视（与新技术合作）、手机电视
9	代一代	用别的材料代替，用别的方法代替	成为投影电视、家庭影院
10	搬一搬	移作他用	连接手柄游戏机，用于智能电视游戏
11	反一反	能否颠倒一下	平面电视改为曲面电视
12	定一定	定个界限、标准，能提高工作效率	网络电视应定时更新、录制节目

随堂讨论：
>>电视机还可以如何设计？

（四）类比法

类比法是指不同事物、对象在某些方面存在相似或相同的属性，通过比较可以推断它们在其他方面也可能存在相似或相同的属性，以此启发思路获得创新线索。例如，将A事物与B事物进行比较，A事物有a1、a2、a3、a4等特性，而B事物有b1、b2、b3等特性，其中a1和b1是相类似的特性。那么，可以推测B事物应该也有b4特性，且b4与a4类似。类比法不是主观想象的产物，而是有客观依据的。类比法是以比较为基础，其客观根据是对象之间的同一性，是建立在类比推理基础上的同中求异或异中求同式的创新技法。较为常见的类比法有原型启发法，如带齿小草是鲁班发明锯的原型；移植法，如用干细胞移植术治疗瘫痪病人；仿生法，如模仿蝙蝠的回声定位制作雷达。

（五）头脑风暴法

头脑风暴法，又称智力激励法，当一群人围绕一个特定的兴趣领域产生新观点时，这种情境就叫作头脑风暴。由于团队讨论使用了没有拘束的规则，人们能够更自由地思考，进入思想的新区域，从而产生很多新的观点和问题解决方法。当参加者有了新观点和想法时，他们就大声说出来，然后在他人提出的观点之上建立新观点。记录下所有的观点但不进行评估。只有头脑风暴会议结束的时候，才对这些观点和想法进行评估。

头脑风暴法通过一定的讨论程序与规则来保证创造性讨论的有效性，因此，从程序来说，组织头脑风暴法的关键在于以下几个环节。

（1）确定议题。一个好的头脑风暴法必须从对问题的准确阐明开始。因此，必须在会前确定一个目标，使参加者明确通过这次会议需要解决什么问题，同时不要限制可能提出的解决方案的范围。一般而言，比较具体的议题能使参加者较快产生设想，也能使主持人较容易掌握会议局面；比较抽象和宏观的议题引发设想的时间较长，但设想的创造性也较强。

（2）会前准备。为了使头脑风暴法的效率较高、效果较好，可在会前做一点准备工作。例如，收集一些资料预先给大家参考，以便参加者了解与议题有关的背景材料和外界动态。就参加者而言，在开会之前，对于待解决的问题一定要有所了解。可对会场做适当布置，座位排成圆环形的环境往往比教室式的环境更为有利。此外，在头脑风暴会正式开始前，还可以出一些创造力测验题供大家思考，以便活跃气氛，促进思维。

（3）确定人选。一般以8~12人为宜，也可略有增减（5~15人）。参加者人数太少不利于交流信息、激发思维，而人数太多则不容易掌握，并且每个人发言的机会相对减少，会影响会场气氛。只有在特殊情况下，参加者的人数可不受上述限制。

（4）明确分工。要确定一名主持人，1~2名记录员（秘书）。主持人的作用是在头脑风暴会开始时重申讨论的议题和纪律，在会议进程中启发引导、掌握进程，如通报会议进展情况、归纳某些发言的核心内容、提出自己的设想、活跃会场气氛、让大家静下来认真思索片刻再组织下一个发言高潮等。记录员应将参加者的所有设想都及时编号、简要记录，应写在黑板等醒目处，让参加者能够看清。记录员应随时提出自己的设想，切忌持旁观态度。

（5）规定纪律。根据头脑风暴法的原则，可规定几条纪律，要求参加者遵守。例如，要集中注意力积极投入，不要消极旁观；不要私下议论，以免影响他人的思考；发言要针对目标、开门见山，不要客套，不必做过多的解释；参加者之间相互尊重、平等相待，切忌相互褒贬等。

（6）掌握时间。会议时间由主持人掌握，不宜在会前准确敲定。一般来说，以几十分钟为宜。时间太短，参加者难以畅所欲言；时间太长，参加者容易产生疲劳感，影响会议效果。经验表明，创造性较强的设想一般在会议开始10~15分钟后逐渐产生。

随堂讨论：

>>设计一个议题，分小组进行头脑风暴展示。

（六）TRIZ理论

TRIZ（拉丁文Teoriya Resheniya Izobreatatelskikh Zadatch的词头缩写）意为发明问题的解决理论，是苏联科学家阿奇舒勒通过对20多万份高价值专利的研究,探索技巧，于1946年得出的一套解决发明创新问题的方法论。其目的是运用跨学科的方法，帮助人们克服思维障碍，直接寻求有效的问题解决方案。TRIZ理论的强大作用在于为人们创造性地发现问题和解决问题提供了系统的理论和方法。现代TRIZ理论体系主要包括以下几个方面。

1. 创新思维方法与问题分析方法

在TRIZ理论中提供了如何系统分析问题的科学方法，如多屏幕法等；而对于复杂问题的分析，则包含了科学的问题分析建模方法，它可以帮助人们快速确认核心问题，发现根本矛盾所在。

2. 技术系统进化法则

针对技术系统进化演变规律，在大量专利分析的基础上，TRIZ理论总结提炼出八个基本进化法则。利用这些进化法则，可以分析确认当前产品的技术状态，并预测其未来发展趋势，开发具有竞争力的新产品。

3. 技术矛盾解决原理

不同的发明创造往往遵循共同的规律。TRIZ理论将这些共同的规律归纳成40个创新原理。针对具体的技术矛盾，可以基于这些创新原理，结合工程实际，寻求具体的解决方案。

4. 创新问题标准解法

针对具体问题的物–场模型的不同特征，采用对应的标准模型处理方法，包括模型的修整、转换、物质与场的添加等。

5. 发明问题解决算法

发明问题解决算法（ARIZ）主要针对问题情境复杂、矛盾及其相关部件不明确的技术系统。它是一个对初始问题进行一系列变形及再定义等非计算性的逻辑过程，实现对问题的逐步深入分析、问题转化，直至解决问题。

6. 基于物理、化学、几何学等工程学原理而构建的知识库

基于物理、化学、几何学等领域的数百万项发明专利的分析结果而构建的知识库，可以为技术创新提供丰富的方案。

▶ 任务总结

● 任务检测

扫描下方二维码，测一测你对本任务知识的掌握程度。

● 任务实施

1. 活动说明

现实生活中并不缺乏运用各种创新方法的实例，关键是我们缺乏发现的眼睛。掌握一定的创新方法对于激发创新意识、培养创新思维、提高创新活动成效大有裨益。请寻找生活中运用创新方法的实例，并完成表1-4的填写。

表1-4　寻找生活中运用创新方法的实例

创新方法	实例名称	实例描述	实例照片
思维导图法			
八何分析法			
和田十二法			
类比法			
头脑风暴法			
其他方法			

2. 评价标准

（1）实例名称（40分）。实例名称应与创新方法吻合，如果错误计0分。

（2）实例描述（50分）。实例描述应与实例名称和创新方法一致，如果错误计0分。

（3）实例照片（10分）。鼓励原创，对于原创想法，可不提供照片，用手绘的图片代替。

● 任务反思

“问渠那得清如许，为有源头活水来。”创新就是一个国家和民族发展进步的源头活水，是干事创业的不竭源泉，只有创新，才能占得先机、取得优势、赢得未来。

请结合本任务所学知识，完成思考笔记（表1-5）的填写。

表1-5　思考笔记

思考题目	记录
创新与创业的关系	
如何激发创新意识	
如何培养创新思维	
创新方法有哪些	

任务三　他山之石——别人是怎么创业的

▶ 任务引入

他山之石[1]

“我知道我的未来不是梦，我认真地过每一分钟……”《我的未来不是梦》是一首经典的励志歌曲。欧思琴觉得自己有创业者潜力，也想要实现创业梦，但是她没有创业经验，虽然激情四射，但感觉无从下手。这时有人建议她做三件事：一是分析自己创业的优势、劣势，可以扬长避短；二是研究别人的创业故事，可以汲取经验；三是调查适合自己的创业方向，可以少走弯路。欧思琴觉得很有道理。

▶ 任务解码

云端课堂

大学生创业的优势与劣势

一、大学生创业的优劣势

大学生的创业热情比较高，但是有很多劣势，如缺乏具体开拓市场的经验与相关知识，只凭着创业热情去创业，可能适得其反。因此，分析一下自己创业的优势和劣势是很有必要的。

（一）优势

大学生创业的优势如下。

（1）创业激情。大学生往往对未来充满希望，他们充满激情，具有“初生牛犊不怕虎”的精神，而这些都是一个创业者应该具备的素质。

（2）创新精神。高校给大学生提供了许多培养创新能力的平台，如大学生社团活动、学科竞赛、科技创新比赛等。学生在参加活动过程中能够锻炼沟通能

① 出自《诗经·小雅·鹤鸣》：“他山之石，可以为萩”，比喻能帮助自己改正缺点的人或意见。

力、组织能力、事务处理能力等。此外，各高校还通过举办各类创新创业竞赛，培养大学生的创新精神和创业意识，提高大学生的创新创业能力。拥有创新精神的大学生往往对传统观念和传统行业有挑战的信心和欲望，这是大学生创业的动力源泉。

（3）知识储备。大学生在学校里学习了许多理论知识，有着一定的知识储备，尤其是对高新技术有一定的了解，而目前较有前途的创业项目是开办高科技企业。因此，技术的重要性是不言而喻的。如果大学生创业从一开始就走向高科技、高技术含量的领域，那么创业成功的概率会大大提高。“用智力换资本”是大学生创业的特色之路。一些风险投资家往往因为看中了大学生掌握的先进技术而愿意对其创业计划进行资助。

（4）内在动力。大学生创业的最大好处在于能提高自己的能力，增长社会实战经验，将理论知识学以致用；通过成功创业，可以实现自己的理想，证明自己的价值。

（5）国家支持。国家鼓励大学生创业，从中央到地方各级政府都为大学生创业提供了包括税收优惠政策、担保贷款和贴息政策、资金扶持政策、工商登记政策、户籍政策、创业服务政策、学籍管理政策等扶持政策。

（二）劣势

大学生创业的劣势如下。

（1）抗压能力不足。对于创业中的挫折和失败，许多大学生创业者感到痛苦、茫然，甚至沮丧、消沉。创业者往往看到的是成功的例子，心态自然都是理想主义的。其实，成功的背后还有更多的失败。既要看到成功，也要看到失败，这才是正确看待市场竞争的态度。只有这样，才能使大学生创业者变得更加理智。

（2）市场意识及管理经验缺乏。大学生虽然掌握了一定的理论知识，但缺乏必要的实践和经营管理经验。此外，由于大学生对市场营销等缺乏足够的认识，很难快速胜任企业经理人的角色。

（3）股权分配不太合理。大学生创业者多是与自己的同学、好友或志同道合的人组成团队，这种良好的关系虽然能够使团队关系更加紧密，合作更加默契，但相对而言，大部分大学生创业团队都存在一个共性的问题，即股权结构不合理。很多人认为股权不好分配是因为团队成员关系太好，所以很多大学生创业团队的股权都是松散而平均的，这会造成真正遇到问题时，不知道听谁的。同时，投资人也极其反感股权不明晰的问题，认为会有极大的风险。

（4）市场把握不够透彻。大学生想要做的东西，确实会在某些方面有一定的创新，但其实同质商品都会有一些其他企业产品不具备的特点，合作企业关心的是产品的创新是否会被其他公司复制，即是否有自己的独家配方，如果产品能够被复制，那么该企业就会拒绝与新公司的合作。一些大学生还停留在只会认真做产品的阶段，认为只要自己的产品质量好，就能酒香不怕巷子深，这个想法也过

随堂讨论：

>>作为一名大学生，你认为自己有何创业优势？

于理想化。

（5）人脉关系欠缺。创业一方面靠点子，另一方面和人脉关系密不可分，人脉方面的欠缺会让大学生创业走很多弯路。

二、大学生成功创业的启示

2022年3月，由全球顶尖风投机构500 Global（其前身是500 Startups）和中国传媒大学联合发布的《2021中国大学生创业报告》显示，在受访大学生中，有96.1%的大学生曾有过创业的想法和意愿，有14%的大学生已经创业或正在准备创业。大学生的知识储备较丰富，敢闯敢拼，愿意且有时间试错，拥有创新创业的天然优势。但是，在其创业过程中也存在一些问题，如创业前期准备不充分、相关资源储备不足、创业项目缺乏竞争力等。因此，大学生研究别人成功的创业故事，可以汲取经验，少走弯路。

（一）乡村振兴，双手抓得住机遇

乡村振兴战略是党的十九大提出的一项重大战略，是关系全面建设社会主义现代化国家的全局性、历史性任务，是新时代“三农”工作总抓手。党的二十大报告进一步强调，全面推进乡村振兴，坚持农业农村优先发展，巩固拓展脱贫攻坚成果，加快建设农业强国，扎实推动乡村产业、人才、文化、生态、组织振兴。近年来，在党和国家的大力支持和推动下，农业农村发展迎来更多机遇，越来越多的大学生和有志青年投身乡村田野，实现青春梦想。

（1）乡村振兴需要大学生。当前，我们开启了全面建设社会主义现代化国家新征程，正昂首阔步行进在实现中华民族伟大复兴的道路上。实现第二个百年奋斗目标，短板仍然在农业农村。瞄准第二个百年奋斗目标，必须巩固拓展脱贫攻坚成果，接续推进脱贫地区发展，全面推进乡村振兴。大学生要主动融入乡村振兴，主动扛起历史责任，在乡村振兴中建功立业，实现人生价值。实施乡村振兴战略，必须打造一支强大的乡村振兴人才队伍，以一定质量、足够数量的多元化人才作支撑。长期以来，乡村中青年、优质人才持续外流，人才总量不足、结构失衡、素质偏低、老龄化严重等问题较为突出，乡村人才总体发展水平与乡村振兴的要求之间还存在较大差距。加快推进乡村人才振兴，既是中央部署的工作要求，也是基层实践的迫切需要。大学生具备专业知识和综合学习能力，能将所学知识运用在田间地头，推动乡村事业创新发展，是推进乡村振兴的重要力量。

（2）乡村振兴急需专业人才。一是农业生产经营人才。产业兴旺是乡村振兴的基石。农学、农业工程、食品科学与工程、环境科学与工程等涉农学科，生物技术、智慧农业、智能装备、休闲农业、共享农业、航天农业、互联网农业以及农业新能源与新材料等新兴学科，以及生命科学、信息科学等专业，在农业农村现代化发展中大有可为。二是农村二、三产业发展人才。要深入实施农村创业创新带头人培育行动，壮大新一代乡村企业家队伍。大学生可以运用所学专业知识，通过创办领办家庭农场、农民合作社等，推动农村产业发展，也可以在政策扶持下，利用电商平台、开展直播带货等，发展农业平台经济，促进乡村产业兴旺、农民生活富裕。三是公共服务人才。进一步提升公共服务水平，是乡村振兴重点工作之一，需要教科文卫等各方面的人才。师范专业大学生可以服务乡村教育事业，提高农村文化水平；医药专业大学生可以提供卫生健康服务；土木、环境类大学生可以参与乡村规划建设、特色景观制作，促进乡村生态文明建设；文化旅游体育专业大学生可以参与乡村文旅事业发展。

（3）要带着感情走进乡村、扎根乡村、建设乡村。2022年4月11日下午，习近平总书记来到海南省五指山市水满乡毛纳村考察调研。王启望有幸作为返乡创业大学生代表，在村寨凉亭里向总书记报告了自己“回乡当农民”的经历与收获：回来带动乡亲们一起致富，让家乡变得更美好。家乡海拔高、气温低，农业资源匮乏，村民们尝试过种植很多作物，但产量和效益都不高。这些年，政府引导农户种植茶叶，并通过发展生态旅游业有效带动了茶叶销量。受此启发，王启望开始尝试立体有机农业，在茶园里套养家禽、家畜，不使用农药，最大限度保护茶园生态环境。结果出奇地好——茶园和养殖互相促进，产量、质量双双提高，养殖业的短期回报反哺回报周期较长的茶园，实现了“以短养长”。慢慢地，立体有机生态农业的模式逐步被人们认可，那些原本不理解的村民也纷纷加入，很多还成了致富带头人。

（二）专创融合，脑海想得到目标

专创融合是指将创新创业教育融入到学生的专业教育中，以达到将创新创业贯穿学生的整个学习过程中，从思想上引导学生具备创新创业意识，提高学生的创新创业能力，实现知识结构的优化。

（1）认清专业与创业的关系。中国有句古话“闻道有先后，术业有专攻”，大学专业是高等学校根据国家建设及社会专业分工的需要而设立的学业类别，各个专业都有独立的教学计划，以实现专业的培养目标和要求。专业是创业的基础资源，一般来说，创业者会在自己所学专业领域选择创业项目，如大疆、小米等公司的创始人皆是如此。创业需要多学科、复合型的知识，创业从筹划到设立公司，从打造产品到推广市场以及管理财富，涉及行业、法律、财务、人力、市场等方方面面的知识，需要多学科、复合型知识结构。刚刚毕业的大学生或在校大学生大多通过三四年的学习，对自己所学习的专业知识和相关信息有比较全面的了解，在与专业相关的行业中，选择创业项目是理性的行为和合理的选择。

（2）结合专业做好创业规划。例如，山西农业大学园艺学院2010级学生江利斌在高考前就已经规划好了自己的创业目标：学农业、学技术，探索一个适合自己及适合在家乡发展的好项目。江利斌迈入山西农业大学的第13天，老师带领大家参观学校食用菌种植基地，一株株比手掌还大的平菇齐刷刷地出现在眼前，一种奇妙的感觉在心间流淌，让江利斌一下子爱上了它们。于是，江利斌一边学习食用菌种植技术，一边找种植户们聊天取经。大学四年，江利斌都在为学会种植食用菌而奔跑着。蹭课、去菜市场卖食用菌，自己搭大棚种食用菌……渐渐地，江利斌也从门外汉成为小能手。大学毕业后，江利斌就在村里建起4个大棚，成了县里第一个种植食用菌的人。慢慢地，大棚从4个增加到50多个，还发展到了邻村。

（三）“互联网+”思维，眼睛看得准潮流

近年来，“互联网+”成为潮流，由此引发的新业态和新模式层出不穷。在“大众创业、万众创新”的大潮下，凭着对互联网新技术的敏感和青春的激情，越来越多的年轻人加入互联网创业大军。

（1）关注跨界融合。“互联网+”就是跨界，就是变革，就是开放，就是重塑融合。敢于跨界了，创新创业的基础就更坚实。随着科学技术的发展，利用信息和互联网平台，使得互联网与传统行业进行融合，利用互联网具备的优势特点，创造新的发展机会。“互联网+”通过其自身的优势，对传统行业进行优化升级转型，使得传统行业能够适应当下的新发展，从而最终推动社会不断地向前发展。例如，“90后”大学毕业生韩爽曾是一名西班牙语翻译和国家认证金融理财师，还是微博等平台的旅行博主。“在韩国，穿传统服装游览一些景点甚至可以免门票”，热爱汉服和传统文化的韩爽由此萌生了创业的想法，并创立了十步汉飏汉服体验馆。韩爽紧跟当下热点潮流，仿照流行影视作品《长安十二时辰》《花木兰》等进行造型，用现代的时尚感，演绎不一样的传统文化。如今，十步汉飏品牌已小有名气，在线上了解产品、预约体验的消费者稳步增长，全国首家汉服室内实景体验自拍馆也应运而生，其背后，汉服体验和消费日益成为潮流。

（2）关注产业升级。“互联网+”不仅正在全面应用到第三产业，形成了诸如互联网金融、互联网旅游、互联网医疗、互联网教育等新业态，而且正在向第一和第二产业渗透。“互联网+”行业能催生出无数的新兴行业。比如，互联网与金融相结合，激活并提升了传统金融，创造出包括移动支付、第三方支付等模式的互联网金融，使用户可以在足不出户的情况下满足金融需求。互联网与商务相结合，利用互联网平台的长尾效应，在满足个性化需求的同时创造出了规模经济效益。

云端课堂

大学生创业的方向

三、大学生创业的方向

创业，说说容易，真要付诸行动，就不是一件简单的事情了。做什么？怎么做？这是创业者尤其是自主创业的大学生，最应该考虑的问题。就创业方向来说，可以从以下几个方向进行思考。

（一）国家大力提倡的乡村振兴和基层干事创业领域

在国家全面落实乡村振兴战略的时代背景下，大学生返乡创业逐渐成了打赢脱贫攻坚战、促进乡村振兴的重要助力。大学生具有丰富的知识、开阔的视野，并富有激情，同时需要广阔的平台来实现自我的价值。大学生熟知家乡产业的发展情况，能把发达地区先进的市场观念、资金技术带回家乡，对加速乡村产业振兴、推动地区脱贫致富具有积极、重要的作用。大学生返乡创业，不仅能很好地解决自身就业问题，还能在基层的实践中施展才华、检验所学、锤炼自我，同时助力乡村产业发展，带领乡亲们发家致富。

积极投身基层干事创业，在一线广阔天地实现人生抱负，已经成为不少高校毕业生的目标，也是当下越来越多学子的选择。国家近几年出台了一系列优惠政策，鼓励高校毕业生积极参加社会主义新农村建设、城市社区建设和应征入伍。2022年5月，在国务院办公厅印发的《关于进一步做好高校毕业生等青年就业创业工作的通知》中提出，社区专职工作岗位出现空缺要优先招用或拿出一定数量专门招用高校毕业生；继续实施“三支一扶”计划、农村特岗教师计划、大学生志愿服务西部计划等基层服务项目，合理确定招募规模；对到中西部地区、艰苦边远地区、老工业基地县以下基层单位就业的高校毕业生，按规定执行给予学费补偿和国家助学贷款代偿、高定工资等政策，对其中招聘为事业单位正式工作人员的高校毕业生，可按规定提前转正定级。

（二）以所学专业为依托的专创融合领域

身处高新科技前沿阵地的大学生在这一领域创业有着优势，但并非所有的大学生都适合在高新科技领域创业。一般来说，技术功底深厚、学科成绩优秀的大学生更有可能创业成功。有意在这一领域创业的大学生，可积极参加各类创业大赛，获得更多机会，同时吸引风险投资人的关注。

（三）投资较少的连锁加盟领域

对创业资源有限的大学生来说，借助连锁加盟商的品牌、技术、营销、设备优势。可以较少的投资、较低的门槛实现自主创业。但连锁加盟并非“零风险”。在市场鱼龙混杂的现状下，大学生涉世不深，在选择加盟项目时更应注意规避风险。一般来说，大学生创业者资金实力较弱，适合选择启动资金不多、人手配备要求不高的加盟项目，从小本经营开始，如动漫店、快餐业、家政服务、校园小型超市、数码速印店等；此外，应选择运营时间在5年以上、拥有10家以上连锁加盟店的成熟品牌。

（四）快速发展的养老产业领域

随着社会发展，我国人口老龄化速度将加快，这就形成了庞大的老年消费市场。当前，国家在政策层面大力推动养老产业的发展，为提升我国新时期养老产业发展水平、完善养老体系进行了顶层设计。为老年人开发服务或产品，不仅

随堂讨论：
>> 你认为还有哪些适合大学生的创业方向？

具有巨大的市场前景，还能满足社会的痛点需求。例如，养老服务、健康产品开发、健康膳食、居家监测、老年娱乐产品等。

▶ 任务总结

● 任务检测

扫描下方二维码，测一测你对本任务知识的掌握程度。

● 任务实施

1. 活动说明

结合个人实际，列出你认为自己在个人素质、能力和条件方面最主要的弱点及改进计划，通过分析别人的创业案例，提出自己的创业方向，并完成创业方向分析表（表 1–6）的填写。

表 1–6　创业方向分析表

项目	分析	
分析自己	弱点	1.
		2.
		3.
	改进计划	1.
		2.
		3.
分析别人的创业案例	题目	
	网址链接	
	经验	
	教训	
提出自己的创业方向并说明理由	方向	
	理由	1.
		2.
		3.

2. 评价标准

（1）针对性（30分）。要求针对个人的弱点提出的改进计划，要有针对性，切实可行。

（2）经验总结（30分）。分析别人的创业案例，总结经验教训。

（3）创业方向（40分）。提出的创业方向可行且理由充分。

● 任务反思

如果一件事有许多人在做，那么即使看起来利润非常可观，也要慎重介入。创业也是如此，与其追随潮流，不如另辟蹊径，多分析别人的创业案例，找到适合自己的创业方向。请结合本任务所学知识，完成思考笔记（表1-7）的填写。

表1-7　思考笔记

思考题目	记录
大学生创业的优势	
大学生创业的短板	
大学生成功创业案例启示	
创业方向归纳	

任务四　居安思危——如何防范创业风险

▶ 任务引入

居安思危[①]

“敢爱敢做勇敢闯一闯，哪怕遇见再大的风险再大的浪，也会有默契的目光……”这首《奔跑》很多人听了都会感觉充满激情。欧思琴在学习了解创业者必备的素质后，感觉自己在心理上已经做好了充分的准备，初步确定了创业方向，她觉得如果真要创业，那么自己成功的概率应该很大，退一步讲，就算失败，也是一种经验财富和社会阅历。欧思琴的父母在了解女儿的想法后，用周围朋友创业失败的教训提醒她，创业之前要想好为什么创业、有什么必备的条件、要如何对风险进行防范。欧思琴觉得父母的提醒是对的，应仔细考虑这些问题。左思右想，欧思琴觉得作为一个在校大学生，创业前一定要准备充分，必须对今后的创业风险进行仔细的研究，多和教师、朋友交流，争取在创业路上一帆风顺。

▶ 任务解码

云端课堂

大学生创业风险分析

一、大学生创业风险分析

创业风险是创业者在创业过程中存在的风险，是指创业环境的不确定性、创业机会与创业企业的复杂性，创业者、创业团队与创业投资者的能力与实力的有限性导致创业活动偏离预期目标的可能性。

（一）项目选择风险

项目选择风险是指在创业初期因选择的创业项目不当，导致企业无法盈利而

① 出自《左传·襄公十一年》：“居安思危，思则有备，有备无患”，常指随时有应付意外事件的思想准备。

难以生存的风险。目前，大学生创业的项目选择多集中在高新科技领域和智力服务领域，如软件开发、网络服务、家教中介、设计工作室等。此外，快餐、零售等连锁加盟店也是大学生青睐的创业项目。大学生创业时，如果缺乏前期市场调研和论证，不去了解市场，只凭自己的兴趣和想象来决定创业项目，不结合自身掌握的资源状况就做出决定，那么其在创业过程中一定会到处碰壁，甚至创业失败。

（二）技能不足风险

大学生从象牙塔走出来就开始创业，期间还未实现由学校人向社会人的完全转变，其年龄、阅历、心理等与有社会经验的人相比处于劣势。创业本身是一个复杂的系统工程，市场不会因为创业者是学生就网开一面。在单纯的校园环境中成长起来的大学生，面对社会和市场时，相比于有社会经验的人更容易迷失，他们思考问题理想化，对困难估计不足。另外，部分大学生缺乏创业必备的知识和能力，不了解创业的相关政策法规，没有在相关企业的工作、实践经历，缺乏能力和经验。同时，这种缺乏不仅表现在职业技能、技术、管理等方面，还表现在人生阅历、心理承受等方面。因此，我国大学生创业成功概率不高的主要因素之一，是技能不足。

（三）环境风险

创业环境与创业活动是相互作用的，对创业的成败起着决定作用。无论是企业还是个人，都处于一定的环境之中，如社会环境、企业治理环境、政治环境等。这些环境的变化，都会对大学生的创业造成较大的影响，这种影响尤其表现在创业的中后期，其一旦发生，对企业的危害就是致命性的，尤其是高新技术产品的创新活动及一些敏感性产业。在我国，对大学生创业造成较大的影响的是政治环境，我国政治环境变化及由此引起的法律环境的变化，对于所有企业的影响都很大，更重要的是，这种变化往往是大学生创业者自身无法预料和改变的。

（四）社会资源匮乏风险

社会资源是企业及个人在社会上获得成功的重要因素之一，社会资源越广泛，其获得成功的可能性越大。企业作为社会企业类公民，需要与各方进行沟通和联系，如政府、社会团体、供应商、销售商等，企业的所有工作都需要调动足够多的社会资源。然而，初入社会的大学生的社会资源相对较少，尽管有教师和同学的帮助，有政府创业机构的支持，但这些帮助对于大学生的创业尤其是企业的持续经营而言，还不足够。因此，当大学生走入社会实施创业时，在广告宣传、市场营销、工商税务等方面会遇到很多挫折和困难，在面对这些困难时，他们往往会显得一筹莫展，并为此耗费大量精力、物力及人力。

（五）资金短缺风险

资金短缺风险是指因不能适时地筹集和供应资金而导致创业失败的可能

性。可以说，资金短缺风险贯穿在创业活动的整个过程中。足够的资金规模，可以保证企业投资的需要。合理的资金结构可以降低和规避企业融资风险。融资方式的妥善搭配，可以降低资金成本。我国大学生自主创业的资金主要来源于家庭支持、银行贷款、风险投资、典当融资、股权融资和融资租赁等渠道。其中，除家庭支持外，其他资金的获得途径都需要一定的资质和担保，这对于刚创业的大学生而言，是非常困难的，因为无论是银行还是风险投资担保机构，都要求大学生有实业或者其他企业机构的担保。当今社会，如果没有广泛的融资渠道，创业计划就无从谈起；如果没有足够的流动资金，就很可能导致创业失败。因此，资金短缺风险是大学生创业前期面临的主要风险。

（六）管理风险

管理风险是指在创业管理运作过程中因信息不对称、管理不善、判断失误等影响管理水平，而导致创业失败的风险。企业的管理不仅需要知识，还需要阅历，更需要在平常的工作中日积月累而形成的经验。一些大学生创业者虽然接受过创业方面的培训，但是这些创业知识大部分来自书本，过于理想化。他们怀抱着一腔热情和抱负创业，但是存在经营理念淡薄、产品营销方式呆滞、信息闭塞等问题，特别是大学生知识结构单一，经验、资金和心理素质明显不足，这会增加管理的风险。

随堂讨论：
>>你认为大学生创业还会面临哪些风险？

云端课堂

大学生防范创业风险的措施

二、大学生防范创业风险的措施

创业风险的存在是必然的，但我们不能因噎废食，没有一点闯的精神，没有一股勇气，就干不出新的事业。因此，大学生创业应在各环节做好风险的防范。

（一）找到合适的切入点

在创业之前，必须脚踏实地、科学地进行市场调研，而不能仅进行理想化的推断。避免浮躁心理，选择合适的时机、合适的项目和合适的规模进行创业。手中没有较多资金且无经营经验的大学生创业者，不妨先从小事业做起。不积跬步无以至千里，小事业虽然发展慢，但能积累经验，为下一步做大事业打下基础。

（二）养成勤学好问的习惯

爱学习一直是成功人士必备的品质，尤其是缺乏社会经验的大学生创业群体，学习不可放下，应该进行多方面且有实效的学习。做事不能一意孤行，向别人多多请教，请教的人不局限于成功的创业前辈，还包括目标消费人群。同时，大学生还应去企业打工或实习，积累相关的管理和营销经验。积极参加创业培训，积累创业知识，接受专业指导，提高创业成功率。

（三）进行有效的环境评估

创业环境对创业有十分重要的影响。对于大学生创业者来说，必须在创业前对创业的环境进行详细的分析，对由环境带来的创业风险进行有效的管理。首先，应对当地的人口、政策法规环境、社会舆论及市场经济发展状况等进行调查；其次，应该对当地的行业环境及微观环境进行调查。面对当今复杂的创业环境，创业者需要抓住机遇，顺应时代的环境，把握好地利，因地制宜，利用地域特点进行创业，这样才能有效地控制由环境带来的创业风险。

（四）扩大人际交往的范围

大学生创业者平时应多参加各种社会实践活动，扩大人际交往的范围。创业前，大学生创业者可以先到相关行业领域工作一段时间，通过这个平台，为日后的创业积累人脉。

（五）拓展融资渠道

要想解决资金问题，就要增加融资渠道。对于大学生创业者来说，融资渠道主要包括以下几种。

（1）个人资金。个人资金主要来源于父母和创业者自身的资金积累，可以节省大量时间与精力。

（2）亲友资金。亲友资金就是向身边的亲人或朋友筹措创业启动资金。它没有烦琐的手续，而且出于亲情关系，这种融资渠道的成功率较高。

（3）天使投资。天使投资是自由投资者或非正式风险投资机构，对处于构思状态的原创项目或小型初创企业进行的一次性的前期投资。天使投资优势在于民间资本的投资操作程序较为简单，融资速度快，门槛也较低；其劣势也很明显，很多民间投资者在投资的时候总想控股，因此容易与创业者发生矛盾。

（4）高校创业基金。高校的创业基金在大学生创业期间起到一种鼓励、促进的作用。很多高校都设有相关的创业基金，以鼓励本校学生进行创业尝试。高校创业基金的优势在于大学生创业者通过此途径融资比较有利；劣势在于资金规模不大，支撑力度有限，面向的对象不广。

（5）商业融资。商业融资即创业者初期以申请贷款或以典当、转让股份、租赁等形式从市场或商业机构中获取资金。

（6）合作融资，也叫合伙投资。创业者按照“共同投资、共同经营、共担风险、共享利润”的原则，直接吸收单位或个人投资，建立起一支紧密的创业团队，合伙创业。合作融资的对象可以是同学、朋友、亲戚等。采用合作融资的方式，既能有效解决资金问题，还能充分发挥人才的作用，且有利于对各种资源的利用和整合，能尽快形成生产力，降低创业风险。

（六）完善企业运营管理机制

企业建立后，大学生创业者应尽快完善企业的运营管理机制。一个企业能够正常运行，不仅要选定好的项目、具备良好的资金保证，还必须有一批高素质的企业管理者。创业者可以选择招募一批高素质的管理者。企业管理分为员工招聘管理、营销管理、生产管理、财务管理。任何一个环节出现纰漏，都可能导致企业跌入低谷甚至倒闭。一个企业要想持久地保持活力，除了要有创新意识，还要有敏锐的市场观察能力、严格的管理制度。无论合作伙伴是谁，在企业的管理制度面前都是平等的，在出现问题时应该严格按照制度处理。

随堂讨论：

>> 产品研发遭遇瓶颈，你该怎么办？

▶ 任务总结

● 任务检测

扫描下方二维码，测一测你对本任务知识的掌握程度。

● 任务实施

1. 活动说明

结合自己的实际情况，重点分析3个你认为最重要的创业风险，并写出应对措施，完成创业风险分析表（表1-8）的填写。

图1-8　创业风险分析表

项目	分析	
风险分析	风险点	1.
		2.
		3.
	风险描述	1.
		2.
		3.
风险应对措施	风险点	1.
		2.

续表

项目	分析	
风险应对措施	风险点	3.
	应对措施	1.
		2.
		3.

2. 评价标准

（1）风险分析（50分）。风险分析要有理有据。

（2）应对措施（50分）。应对措施需针对性强且切实可行。

● 任务反思

大学生创业融资的渠道还是很多的，可以结合多个渠道融资。不过要注意，千万不要因急需用钱而通过不正规的渠道融资。请结合本任务所学知识，完成思考笔记（表1-9）的填写。

表1-9　思考笔记

项目		风险表现/措施描述
风险点	项目选择风险	
	技能不足风险	
	环境风险	
	社会资源匮乏风险	
	资金短缺风险	
	管理风险	
防范措施	找到合适的切入点	
	养成勤学好问的习惯	
	进行有效的环境评估	
	扩大人际交往的范围	
	拓展融资渠道	
	完善企业运营管理机制	

创业有样

香港青年陈升：在大湾区闯出一片新天地

2018年10月24日，习近平总书记来到广东自由贸易试验区深圳前海蛇口片区（以下简称前海），实地察看前海开发情况。习近平总书记同我们一一握手，亲切交谈，让我们在大湾区创业更有信心。细细回味习近平总书记的话，对我们明确创业发展的方向有极大的启发。

“2012年12月，习近平总书记考察前海并发表重要讲话，香港社会各界非常关注。一时间‘前海’成了我们同事间讨论的热词，也在我心里埋下了创业的种子。”那一年，陈升和朋友们在香港创办了一家人力资源培训顾问公司，频繁来往内地与香港，深圳成为他停留时间最长的城市。

习近平总书记要求前海“依托香港、服务内地、面向世界”。“我就是看到这句话，才想到来前海。”陈升清晰记得，他刚到前海时，周边还是一片大工地，只有两条路，交通不便。

昔日的泥泞滩涂，如今已是高楼林立、满眼繁华的都市。陈升见证着这里日新月异的变化，“前海真是一年一个样”。数据显示：前海经济总量迈上千亿元量级并持续提升；累计注册港资企业超过1.1万家；累计推出制度创新成果645项，在全国复制推广65项创新成果……前海，这个“因深港合作而生、因深港携手而兴”的合作区阔步前行，逐渐成为香港青年创新创业的热土。

“那天在前海石前，习近平总书记和我们亲切交流。总书记语重心长，既讲了改革开放和前海发展的历史背景，又讲了深港合作的重大意义。总书记对我们说，前海的模式是可行的，要研究出一批可复制可推广的经验，向全国推广。”

“对我们香港青年来说，这就是一堂生动的国情课，习近平总书记关心我们香港青年，帮我们指明发展的方向，让我们在创业之路上走得更加坚定。”陈升说。

2018年，陈升到香港科技大学攻读硕士学位。“听了习近平总书记的重要讲话，我更深刻地认识到，我们香港青年是改革开放的直接受益者，更要做改革开放的积极参与者。”陈升发现，许多从前海走出去的团队在其他地方同样取得了不俗的成绩，“我一边在香港科技大学深造，了解科创领域的最新进展，一边深入了解香港青年的新需求，希望把我在前海积累的创业经验分享给更多人。”

如今，陈升又开始了“二次创业”。这次他的目标是为到深圳创业的香港青年提供专业的导航、孵化服务。他把公司命名为“港湾”，“希望香港青年拥抱大湾区，也希望这里成为他们的‘港湾’”。

“总书记说，青年是国家的未来。我要把这份责任和使命传递给更多人。”陈升把习近平总书记的话牢记在心里，一次又一次地坚定自己服务香港创业青年的决心。

跨过深圳河，天地更广阔。这是很多香港青年的心声。在毗邻深圳河的河套深港科技创新合作区深港国际科技园里，陈升创立的“UNI香港青年创业空间”已经签约入驻40多个香港创业团队。“希望这是一个能够成就大家梦想的舞台。”

“深港青年同读一本书”，这是陈升正在策划的一个活动。“阅读是学习的重要一环，也是香港青年了解祖国、融入大湾区建设的好方法。希望深港两地青年在共同阅读中找到共鸣，碰撞思想的火花，促进互学互鉴、共同成长。”

谈起创业这些年的经验，陈升的回答干脆利落：“及时关注最新政策，因为这就是风口。”《前海方案》出台，他就把方案打印出来，仔细研读；香港特区政府推动北部都会区建设，他就请在香港的朋友专门领取宣传册寄来深圳。“我正在关注前海扩区的内容，将会有新的项目在前海落地。同时，北部都会区建设是香港发展的重大机遇，我希望把在深圳学到的好经验和好模式带回去，助力香港科创发展。”说起未来的规划，陈升信心满满。

陈升还有一个更大的心愿。“我希望能够沿着深圳河，使罗湖、福田、前海、南山等地的香港青年创业基地联动起来，形成一个链条，让香港青年有更多机会和选择。”如今，陈升已参与建设多个青年创业基地，辅导了超过300个创业团队。“香港青年同是湾区人，大湾区能够承载香港青年的宏大梦想。”

深圳湾畔，暖湿的海风再一次拂过前海，旁边的摩天大楼一座座拔地而起。牢记习近平总书记的嘱托，敢闯敢干，陈升和他的朋友们正朝着梦想不断进发。

（资料来源：程龙，程远州.在大湾区闯出一片新天地（总书记和我握过手）——回访在深圳创业的香港青年陈升.人民日报，2022-02-10.有删改.）

创业有行

猜职业

1. 目标

深入了解各种职业，抓住其本质特征。

2. 规则与程序

准备写有职业名称的卡片、计时器，向每组学生展示的时间不超过1分钟。步骤如下。

（1）两人一组，甲负责表演，乙负责猜。主持人事先准备一些卡片，上面写好各种职业名称，负责向甲展示卡片和计时。

（2）甲根据主持人展示的职业名称进行表演，但不能说话，也不能借助其他道具。

（3）乙根据甲的表演猜职业，猜不中可以提示主持人展示下一个职业。

（4）在规定时间内猜中最多的为胜利者。

项目二

拿什么创业

项目路径

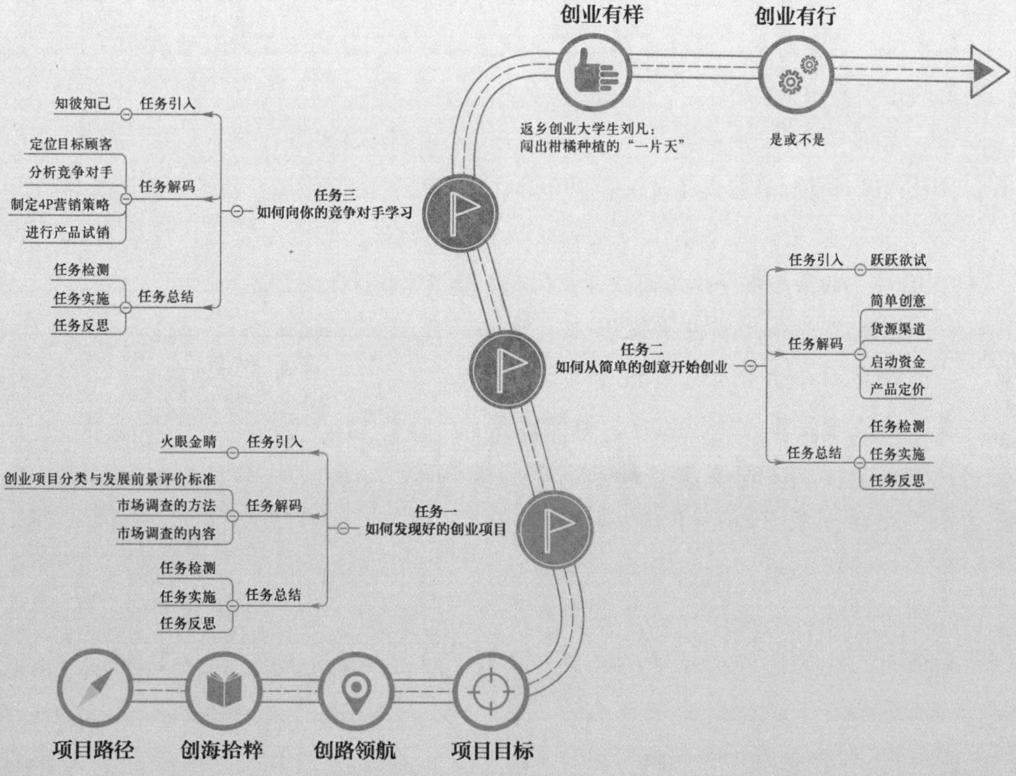

创海拾粹

中国改革开放后第一张个体工商业营业执照

中国共产党历史展览馆展出了中国改革开放后颁发的第一张个体工商业营业执照，它是1980年12月11日由浙江温州市工商行政管理局颁发的，持有人叫章华妹。营业执照的左下角贴着章华妹的照片。很难想象，照片上这个扎着两个麻花辫、绽放着灿烂笑容的年轻姑娘，竟是改革开放之初第一批“吃螃蟹”的勇敢开拓者。

那时候，温州姑娘章华妹家里很穷，母亲生病，父亲靠每月30多元的工资养活一家9口人，日子过得很艰难。1979年，18岁的章华妹依然没有工作。当时，温州有些人为生活所迫，试着在自家门口摆个摊，卖些生活日用品。于是，章华妹学着别人的样子，把一张小桌子摆放在自家门口，出售一些针线、纽扣、表带、纪念章等小商品，一个月下来能挣20多元，这让章华妹很开心。但是，章华妹的小生意在当时属于违规，政府工作人员经常在街上巡察，抓住章华妹这样的商贩，就会罚款、没收商品。章华妹摆摊时看到他们来了就赶紧收摊关门，等他们走了再出来。

党的十一届三中全会以后，我们党为非公有制经济发展打开了大门。1980年7月11日，温州市政府签发了《关于对个体工商户进行全面登记、整顿、发证工作的报告》，第一批发放的个体工商业营业执照共1844张，其中编号为“东工商证字第10101号”的第一张个体工商业营业执照发给了章华妹（图2–1）。

创业启示：

>>要善于抓住机遇，智者贵在乘时，时不可失。世上许多有成就的人，并不一定比你会做事，但他一定比你敢做。创业不能怕吃苦，胜不骄，败不馁。成功是通过一次次面对现实的挫折和失败建立起来的，因此要有不服输的劲头。

领取了个体工商业营业执照，章华妹终于可以合法经营了。经历波折起伏后，她坚守最初的纽扣生意，依靠诚信、勤劳和执着，不断发展。如今，章华妹是温州华妹服装辅料有限公司董事长，年营业额达数百万元，成为一名成功的民营企业家。依靠许许多多像章华妹这样敢为人先的民营企业家的努力和政府的引领扶持，温州创造了著名的“温州模式”，成为中国改革开放的先行地、民营经济的重要发祥地。

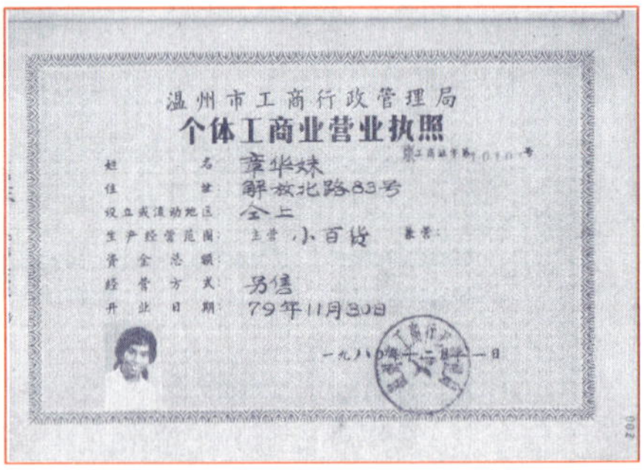

图2–1 中国改革开放后第一张个体工商业营业执照

（资料来源：学习时报．中国改革开放后第一张个体工商业营业执照．光明网，2022–03–25．有删改．）

创路领航

祖国的青年一代有理想、有追求、有担当，实现中华民族伟大复兴就有源源不断的青春力量。希望你们扎根中国大地了解国情民情，在创新创业中增长智慧才干，在艰苦奋斗中锤炼意志品质，在亿万人民为实现中国梦而进行的伟大奋斗中实现人生价值，用青春书写无愧于时代、无愧于历史的华彩篇章。

——2017年8月15日，习近平总书记给参加第三届中国国际“互联网+”大学生创新创业大赛“青年红色筑梦之旅”的大学生的回信

项目目标

● 知识目标

（1）了解判断创业项目好坏的标准，掌握常用的市场调研方法。

（2）熟悉货源组织的渠道，掌握启动资金预测和产品定价的方法。

（3）掌握针对目标顾客和竞争对手进行分析的方法。

● 能力目标

（1）具备根据创业项目实际开展市场调研的能力。

（2）具备启动资金预测和产品定价的能力。

（3）具备根据目标顾客和竞争对手制订市场营销策略的能力。

● 素养目标

（1）具有“市场为王”的意识。

（2）具有实事求是、规划全局的意识。

（3）具有积极进取的工作作风。

任务一　火眼金睛——如何发现好的创业项目

▶ 任务引入

火眼金睛①

当前，国家政策鼓励大学生创业。欧思琴在了解了相关政策以后，觉得自己也可以尝试创业。可是，选择什么项目来创业呢？欧思琴陷入了苦恼，她决定先做市场调研，用自己的“火眼金睛”确定创业项目。

▶ 任务解码

德国工业大学曾经对全球40多个国家和地区进行调查，结果显示，虽然各国被调查者的创业意愿非常强烈，但5年后还在坚持创业的被调查者不到总数的5%，10年后还在坚持创业的不到1%。那么，是什么原因造成了创业的低成功率呢？原因很多，也很复杂，但其中最重要的一个原因是创业项目本身质量不高。

云端课堂

什么样的项目才是好的创业项目

一、创业项目分类与发展前景评价标准

（一）创业项目分类

创业项目是指创业者为了达到商业目的而具体实施和操作的工作。创业项目分类很广，从观念来看，创业项目分为传统创业、新兴创业和最近兴起的微创业；从方法来看，创业项目分为实业创业和网络创业；从投资来看，创业项目分为无本创业、小本创业、微创业等；从方式来看，创业项目分为自主创业、加盟创业、体验式培训创业和创业方案指导创业。自主创业需要对资金链、人员、场地、产品等多项内容进行系统化规划，创业起步较高，风险较大，而加盟创业比

① 出自《西游记杂剧》：“这厮瞒神唬鬼，铜筋铁骨，火眼金睛”，形容人的眼光锐利，能够识别真伪。

较普遍，是一种比较正统、专业、规模化的创业方式。

（二）创业项目发展前景评价标准

1. 需求的大小

正所谓有需求才会有商机，解决大的需求就是大的商机，解决小的需求就是小的商机。

2. 市场的大小

产品再有需求，如果市场规模太小，那么它的商机也不会大。

3. 发展的趋势

发展的趋势就是即使当下参与或使用该项目的人群不多，但未来一定会有越来越多的人参与或使用该项目的趋势。看准趋势，顺势而为，才会事半功倍。

4. 核心竞争力

核心竞争力是关键，因为在到处刮着山寨风气的商海中，如果没有受保护的、别人难以复制的核心竞争力，即便是再好的项目，也会因很快有人模仿而进入红海市场且无利可图。

5. 是否有成功的模式

有一个稳健的、经过多年市场验证的成功的模式，是创业成功的真正保障。成功的模式已经很成熟，加入该模式后创业成功的概率更大。

二、市场调查的方法

市场调查是指用科学的方法，有目的地、系统地搜集、记录、整理和分析市场情况，了解市场的现状及其发展趋势，为企业的决策者制定政策、进行市场预测、做出经营决策、编制计划，提供客观、正确的依据。市场调查的方法包括文案调查法、询问调查法、观察调查法和实验调查法，其中后三者被统称为实地调查法。

（一）文案调查法

1. 文案调查法的概念

文案调查法又称间接调查法，是利用企业内部和外部现有的各种信息、情报资料，对调查内容进行分析研究的一种调查方法。

文案调查法在应用中需要注意资料的针对性、时效性和准确性。

（1）针对性。大部分资料最初都是针对原有目标进行搜集的，所以调查员需要根据研究的目的，有针对性地搜集和整理与市场调查相关的资料。这就需要在搜集资料时，确定资料的搜集是出于何种研究目的而展开的，从而使搜集到的资料能够满足市场研究的需要。

（2）时效性。由于资料是研究者针对特定目的而搜集整理的，往往是过去某一段时间市场信息的反映，资料反映的情况如果已经发生变化，也就失去了利用价值。因此，在进行文案调查时，要十分注意所选取资料的有效性，尽量搜集最新、最全的资料，并及时进行数据的分析、更新和整理。

（3）准确性。由于资料大部分是为其他目的而搜集整理的，因此，调查员需要科学地选择符合自己调研目的的资料。

2. 文案调查的渠道

（1）内部资料。内部资料主要包括公司内部业务资料、统计资料、财务资料、内部数据库等。

（2）外部资料。外部资料主要包括免费资料和付费资料。免费资料获取的途径包括电视、报纸、网络、统计单位或行业协会发布的公开资料，免费资料一般需要二次加工整理后才能使用；付费资料获取的途径包括文献数据库、数据类数据库、指南类数据库等各类专业数据库。文献数据库是指包含各类期刊、论文数据的数据库，如中国知网的中国期刊全文数据库、中国博士学位论文数据库、中国优秀硕士学位论文全文数据库、中国重要报纸全文数据库和中国重要会议论文全文数据库等。数据类数据库是指包含各类专业数据的数据库，如中国资讯行高校财经数据库、中经网统计数据库等。指南类数据库是指关于某个特定机构、个人或政府部门等信息的数据库，它可提供企业的单位名称、详细地址、邮政编码、联系电话、传真、企业负责人姓名、经济类型、产品名称、所属行业、企业规模等信息，如企查查等。

随堂讨论：

>>如果资料之间信息发生矛盾，该如何取舍？

3. 文案调查法的优缺点

文案调查法的优点是资料容易获得、所用时间较短、成本较低；缺点是相关性差、时效性差、免费的非官方资料可靠性低。

（二）询问调查法

询问调查法是指调查人员采用访谈询问的方式向被调查者了解市场情况的方法。询问调查法按询问方式可以分为面谈调查、电话调查、邮寄调查、网络调查等。

云端课堂

面谈调查

1. 面谈调查

面谈调查是指调查者与被调查者面对面地进行交谈，收集调查资料的方法，也称直接访问法，包括入户访问、留置调查、街头拦截调查等方式。

（1）入户访问。入户访问是指调查者根据抽样方案中的要求，到被抽中的家庭中按照事先规定的方法选择适当的被调查者，再依照问卷或调查提纲进行面对面直接访问的方法。入户访问的优点是有效问卷回收率高，具有较高的真实性，调查者容易控制问卷质量；其缺点是入户困难，费用较高，被调查者容易受到调查者的影响，访问过程不易控制。

（2）留置调查。留置调查是指调查者将调查表当面交到被调查者手中，并详细说明调查意图和填写要求，由被调查者自行填写，再由调查者按照约定的日期回收的方法。留置调查的优点是有效问卷的回收率较高，被调查者可以不受调查者的影响；其缺点是受到调查区域的限制，费用较高，难以掌握调查信息的真实性。

（3）街头拦截调查。街头拦截调查是指调查者在适当的地点拦住适当的被调查者进行访问的方法。这种调查一般是在超市、商贸中心等繁华地段展开的，在调查过程中调查者按照规定的程序和要求选取被调查者，征得其同意后，在现场或附近的访谈室展开调查。街头拦截调查的优点是成本相对较低，避免出现入户困难的问题，便于对调查者进行监控；其缺点是被调查者拒绝回答的可能性比较高，不适合进行较长的问卷调查，不适合进行复杂的调查。

随堂训练：

>>设计一个简短的、有关饮品的面谈调查。

2. 电话调查

电话调查是指通过电话向被调查者询问有关调查内容和征求市场反应的调查方法。

云端课堂

电话调查

（1）电话调查应注意的问题如下。

①开场白。说明词要开门见山，应包括以下内容：调查问候、负责机构及调查者身份的自我介绍、调查目的、电话号码的获得方法及请求接受访问、访问所花的时间、保密的保证、结果的处理。

②记录部分。记录要做事前准备，包括被调查者的电话号码、姓名（查询电话簿或直接询问获取，如果被调查者拒绝提供，则免填），调查者姓名，问卷编号，访问结果，联络时间和次数，访问起止时间，拒绝访问的原因。

③问题部分。问题部分应主题突出，问题数量不宜过多；注意选择适当回答问题的方式；尽量避免回忆性问题；问句要短、意思明晰、完全口语化。

（2）适用范围及优缺点。电话调查法要求询问的问题不能太多，在调查时间紧迫、被调查者分布范围比较广的情况下比较适用。电话调查的优点是时间短、速度快、成本低、覆盖面广、易于接受。缺点是问题不能深入探讨、记录准确性较差。

3. 邮寄调查

云端课堂

邮寄调查

邮寄调查是指调查者将印制好的调查问卷或调查表格，通过邮政系统寄给选定的被调查者，由被调查者按要求填写后，按约定的时间寄回的调查方法。对于时效性要求不高，被调查者名单、地址、邮编都比较清楚，调查费用比较紧张的调查项目，可考虑使用这种方法。 邮寄调查的优点是调查的区域广、调查费用较低、回答问题准确、被调查者所受影响小、无须对调查者进行培训；缺点是有效问卷回收率低、调查时间长、问卷回答可靠性无法保证。

4. 网络调查

云端课堂

网络调查

网络调查是指以互联网为媒介进行资料收集的调查方法。网络调查应用范围比较广泛，既可以做个案调查，也可以做统计调查。网络调查的优点是调研范围广、信息反馈及时、匿名性好、费用低、不受时空限制；缺点是只能进行定量调查、真实性易受质疑、网民的代表性不强、被调查者难以控制。

（三）观察调查法

观察调查法是指调查者凭借自己的感官和各种记录工具，深入调查现场，在被调查者未察觉的情况下，直接观察和记录被调查者行为，收集市场信息的调查方法。

1. 神秘购物法

神秘购物法是指让调查者扮成购物者深入购物现场，通过从旁观察、倾听或直接与销售人员交流，收集商店的有关观测数据及销售人员与顾客之间交流的数据的调查方法。

2. 单面镜法

单面镜法是指让调查者通过单面镜观察被调查者的反应的调查方法，如生产商观察儿童使用玩具的行为时就常用这种方法。

例如，有家玩具工厂为了选择畅销玩具娃娃的品种，采用了单面镜法来帮助他们做决策。他们先设计了十余种玩具娃娃，放在一间屋子里，请小孩子做决策。每次放入一个小孩，让她玩“娃娃”，在无拘束的气氛下观察这个小孩喜欢哪种玩具娃娃。为了求真，这一切都是在不受他人干涉的情况下进行的。通过对300个孩子进行调查，然后决定生产哪种样式的玩具娃娃。

云端课堂

顾客观察法

3. 顾客观察法

顾客观察法是指调查者在各种商场秘密观察、跟踪和记录普通顾客的行踪和举动，总结出企业经营所需信息的调查方法。

云端课堂

人文调查法

4. 人文调查法

人文调查法是指调查者深入被调查者所处的环境中，仔细观察、评判他们的行为，了解他们的习惯的调查方法。

例如，某省会城市的繁华地段有一家新建的大酒店，开业初期生意很不景气。公司经理为了寻找症结，分别从大中型企业、大专院校、机关团体、街道居民团体中邀请代表参加座谈会，并走访了东西南北四个区域的部分居民，还在旅游景点拦截了一些外地游客进行调查。结果发现，本酒店没有停车场，顾客来往很不方便；本市居民及外地游客对本酒店的知晓率很低，更谈不上满意；大部分居民不清楚本酒店与其他酒店相比，经营有什么特色。为此酒店做出了兴建停车场、在电视上做广告、开展公益及社区赞助活动、突出经营特色、开展多样化服务等决策。决策实施后，酒店的生意日渐火红。

云端课堂

痕迹测量法

5. 痕迹测量法

痕迹测量法是指调查者不是直接观察被调查者的行为，而是对被调查者遗留下来的痕迹或实物进行观察，以此了解或推断被调查者行为的调查方法。例如，某公司为了弄清哪种媒体可以把更多的商品信息传播出去，选择在几种媒体上做同类广告并在广告中附有回条，顾客凭回条可到公司购买优惠折扣的商品。根据回条的统计数量，就可找出适合该公司的广告媒体。

（四）实验调查法

云端课堂

实验调查法

实验调查法是指从影响调查问题的许多因素中选出一个或几个因素，将它们置于一定条件下进行小规模的实验，然后对实验结果做出分析、研究，得出实验结论的调查方法。

1. 实验过程

实验调查法的实验过程分成八个阶段。下面通过一个案例“包装大小会影响人们的消费量吗？”来进行说明。

（1）确定实验目的。包装大小是否会影响人们的消费量。

（2）确定自变量。A牌食用油和B牌面粉的包装分为大包装和小包装，大包装的容量是小包装的两倍，但大包装只装一半，小包装装满。

（3）确定因变量。本实验的因变量为产品的使用量。

（4）确定测试单位。调查者通过当地学校的家长会，招募100位成年女性，并向每个被调查者支付报酬。

（5）设定实验组和控制组。在本实验中只有实验组，没有控制组。

（6）进行现场实验。准备了四个独立的小房间，在这些房间里都放着两种产品之一的小包装或大包装。使用面粉时应告知被调查者“你正在为自己或其他成年人做面条”；使用食用油时则应告知被调查者“你正在为自己或其他成年人做炸鸡”。

（7）分析实验结果。通过对每个人的食用油和面粉的消耗量进行测量后发现，即使在包装上推荐了使用量，70%的消费者在一个满满的容器中所使用的量也要比在一个半空的容器中所使用的量更多。

（8）得出实验结论。为了增加消费者的使用量，同样分量的产品应用小包装。

2. 实验前后有无控制对比

（1）实验前后无控制对比实验。实验前后无控制对比实验是指实验前对正常情况进行测量记录，然后测量记录实验后的情况，进行实验前后对比，通过对比观察了解实验变化的效果。这种实验调查法是最简单的一种，可用于企业调查改变产品花色、规格、款式、包装、价格等措施是否有利于扩大销售、增加利润的实验。

例如，某面粉厂为了扩大销售，准备改进其方便面外包装的图案，但对新设计的外形效果没有十足的把握。因此，决定运用实验前后无控制对比实验的方法进行调查。实验前后无控制对比实验表如表2-1所示。

表 2–1　实验前后无控制对比实验表

单位/元

<table>
<tr><th>实验过程</th><th>实验单位</th><th>实验前销售额 Y_1</th><th>实验后销售额 Y_2</th><th>变动 Y_2-Y_1</th></tr>
<tr><td rowspan="4">1. 选定实验单位A、B、C
2. 对实验单位在实验前（在未改变方便面外包装图案前）一段时期内（如一个月、一个季度等）方便面的销售量做事先统计
3. 在实验单位改售新的改变了外包装图案的方便面
4. 统计相同时期内的方便面销售量
5. 测定实验前后不同时期方便面销售量的增减量及其变动幅度
6. 测定实验处理变量的效果</td><td>A</td><td>2 000</td><td>3 400</td><td>1 400</td></tr>
<tr><td>B</td><td>1 300</td><td>1 400</td><td>100</td></tr>
<tr><td>C</td><td>1 600</td><td>2 400</td><td>800</td></tr>
<tr><td>合计</td><td>4 900</td><td>7 200</td><td>2 300</td></tr>
</table>

（2）实验前后有控制对比实验。在同一时间周期内，随机抽取两组条件相似的实验单位，一组作为实验组，另一组作为控制组（即非实验组，作为与实验组对照比较的样本），在实验前后分别对二组实验单位进行测定比较。这种实验方法的变数多，有利于消除实验期间外来因素（季节因素、供求因素）的影响，可大大提高实验结果的准确性。同时，这种方法要求对实验组和控制组分别进行实验前测量和实验后测量，然后进行实验前后对比。在这里，实验前实验组的销售量为 X_1，控制组的销售量为 Y_1；实验后实验组的销量为 X_2，控制组的销售量为 Y_2；实验效果，即两组实验前后对比的实验效果为 $(X_2-X_1)-(Y_2-Y_1)$。实验前后有控制对比实验表如表2–2所示。

表 2–2　实验前后有控制对比实验表

单位/元

<table>
<tr><th>实验过程</th><th>实验单位</th><th>实验前销售额</th><th>实验后销售额</th><th>变动</th></tr>
<tr><td rowspan="6">1. 在实验单位中选定实验组 X 和控制组 Y
2. 对实验单位在实验前（在未改变方便面外包装图案前）一段时期内（如一个月、一个季度等）方便面的销售量做事先统计
3. 在实验组改售新的改变了外包装图案的方便面，控制组不改变
4. 统计相同时期内方便面的销售量
5. 测定实验前后不同时期方便面销售量的增减量及其变动幅度
6. 测定实验处理变量的效果</td><td rowspan="2">X</td><td>X_1</td><td>X_2</td><td>X_2-X_1</td></tr>
<tr><td>2 000</td><td>3 400</td><td>1 400</td></tr>
<tr><td rowspan="2">Y</td><td>Y_1</td><td>Y_2</td><td>Y_2-Y_1</td></tr>
<tr><td>2 000</td><td>2 400</td><td>400</td></tr>
<tr><td rowspan="2">实验效果</td><td colspan="3">$(X_2-X_1)-(Y_2-Y_1)$</td></tr>
<tr><td colspan="3">1 400–400=1 000</td></tr>
</table>

3. 实验调查法的优缺点

实验调查法的优点是具有一定的客观性和实用性，实验结果准确度较高；缺点是时间长、费用高。

三、市场调查的内容

这里提及的市场调查的内容主要是针对项目市场活动展开的，它涉及营销活动的整个过程，主要包括以下几个方面。

1. 市场环境调查

市场环境调查是指对影响项目生产经营活动的外部因素进行调查的调查方法。它可以从宏观上调查和把握影响项目运营的外部因素及产品的销售条件等，主要包括政治、经济、社会文化、技术、法律和竞争等方面。这些影响因素会对企业的生产和经营产生巨大的影响。

2. 市场需求调查

市场需求调查主要包括消费者需求量调查、消费者收入调查、消费结构调查、消费者行为调查，即对消费者为什么购买产品、购买什么产品、购买数量、购买频率、购买时间、购买方式、购买习惯、购买偏好和购买后的评价等进行调查，以确定产品运营的方向。

3. 市场资源调查

市场资源调查是指对一定时期内市场所拥有的商品供应量进行调查，主要包括产品生产能力调查、产品实体调查等，具体为调查市场可以提供的某种产品的数量、质量、功能、型号、品牌，以及生产供应该产品的企业的情况等。

4. 市场竞争调查

市场竞争调查主要包括对竞争企业的调查和分析，了解同类企业的产品、价格等方面的情况，了解它们采取了什么样的竞争手段和策略，通过调查帮助企业确定竞争策略。

▶ 任务总结

● 任务检测

扫描下方二维码，测一测你对本任务知识的掌握程度。

● 任务实施

1. 活动说明

分别用文案调查法、询问调查法、观察调查法、实验调查法四种方法，调查在校学生或教师，了解他们的市场需求，思考有什么好的创业项目，并完成创业调查表（表2-3）的填写。

表2-3　创业市场调查表

项目	内容			
选定的潜在客户	□教师　　□学生			
选用的调查方法	说明：写明调查方法的优缺点及采用该方法对应的调查内容，包括消费者需求量调查、消费者收入调查、消费结构调查、消费者行为调查（消费者行为调查是指消费者为什么购买产品、购买什么产品、购买数量、购买频率、购买时间、购买方式、购买习惯、购买偏好和购买后的评价等）			
	调查方法	优势	劣势	调查内容
	文案调查法			
	询问调查法			
	观察调查法			
	实验调查法			
佐证材料	说明：采用调查方法的原始佐证材料（如网址、截图、问卷、谈话记录、照片等）			
调查结论	你的创业项目是：			
	理由1			
	理由2			
	理由3			

2. 评价标准

（1）合适性（30分）。选用的调查方法、其优缺点分析及该方法对应的调查内容合适度（30分）。

（2）可行性（30分）。原始佐证材料能够佐证采用该方法进行调查的可行性（30分）。

（3）充分性（40分）。调查结论及理由充分（40分）。

● 任务反思

一个好的创意或产品，对创业成功至关重要。如果你还没有确定创业项目，那么不妨从市场调研开始，用你的“火眼金睛”选出好的创业项目。请结合本任务所学知识，完成思考笔记（表2-4）的填写。

表2-4　思考笔记

<table>
<tr><th>思考题目</th><th colspan="2">记录</th></tr>
<tr><td rowspan="2">文案调查法</td><td>文案调查渠道</td><td>文案调查的优缺点</td></tr>
<tr><td></td><td></td></tr>
<tr><td rowspan="4">询问调查法</td><td>面谈包括哪些方式</td><td>电话调查应注意的问题</td></tr>
<tr><td></td><td></td></tr>
<tr><td>邮寄调查的优缺点</td><td>网络调查的优缺点</td></tr>
<tr><td></td><td></td></tr>
<tr><td rowspan="2">观察调查法</td><td>观察调查具体有哪五种方法</td><td>观察调查法的优缺点</td></tr>
<tr><td></td><td></td></tr>
</table>

任务二　跃跃欲试——如何从简单创意开始创业

▶ 任务引入

跃跃欲试[1]

经过前面的分析，欧思琴对自己的创业项目有了越来越清晰的想法。于是，她准备开启自己的创业计划，计划的第一步就是准备货源。有人告诉她可以在网上进货，也有人告诉她应该到批发市场上进货，还有人建议她自己动手制作产品（do it yourself，DIY）。一时之间，她又有些困惑，到底应该如何组织货源呢？生产出来的产品该卖多少钱呢？

▶ 任务解码

云端课堂

从简单的创意开始创业

一、简单创意

在人们的传统认识里，创业是一件困难的事情。其实不然，伴随着互联网、新媒体的日益发展，创业正变得越来越简单。线下有资源的人，只需要通过一个“简单创意”和一台计算机或一部智能手机，就可轻松变身为创业者。

（一）简单创意的内涵

这里的“简单创意”，是指创业者对容易生产制造、便于销售的新产品的想法。具有简单创意的产品对消费者和制造商有很大的吸引力，因为它能很容易地走进人们的生活，对商家来说好卖，对制造商来说好做。

1. 对成熟市场中的现有产品加以改进

对现有产品进行改进通常是最聪明、最简单的市场入门方法。例如，“名人鸭”就是把典型的小橡皮鸭变成以名人肖像为主的高品质橡皮鸭，它的市场定位

① 出自《官场现形记》：“一席话说得唐二乱子心痒难抓，跃跃欲试”，形容心里急切地想试试。

是喜欢收藏的成年人，而不是未成年人。

2. 直接把开创先河的简单创意带入市场

只要创意能用特有的方法解决普遍的问题，且生产相对容易、成本相对低廉就可以转化为产品。为此，你可能要付出更多的努力把产品生产出来，最终将它们摆在商店的货架上。如果该产品很有市场，盈利潜力很大，那么所有的努力都是值得的。例如，消痛冰袋就是通过冰敷的方法来缓解肌肉拉伤带来的刺痛感，使用非常方便。

3. 简单创意加上更容易获得成功的产品属性

事实上，无论你的产品能否给行业带来巨大变革，只要创意足够简单，风险就会降低，成功的概率就会提高。如果你的产品同时具备可收藏或被广泛使用、有巨大的市场潜力、有独一无二的优点、有让人眼前一亮的元素、体积小、可用现有的技术和材料进行制作、体现个人风格、有很好的盈利空间等属性，就更容易获得成功，如曲别针就是成功的简单创意产品。

（二）简单创意的产品要便于生产

如果你的产品无法生产或者太难生产、成本太高，那么就很难获得成功。因此，在设计产品、制造样品、申请专利并推向市场之前，了解这些关键因素非常重要。你无须成为一名制造业专家，也无须得到确切的报价，只需对生产材料、生产过程及产品生产和包装相关成本有基本的认识即可，同时应具备可以将其制造出来的技术。

1. 提前做好信息搜集工作

你可以做一些初步信息搜集工作，与一些曾将类似产品推向市场的人或者对你所在的行业非常了解的专家（可以在展览会或贸易协会上找到）进行交流，了解自己的创意是否能投入生产。你还可以通过网站查找制作产品的相关资料。

2. 与两三位潜在的签约制造商交流

你可以通过贸易协会、在线指南、门户网站或在线搜索找到制造商，把你的创意告诉他们，把图纸、模型或产品样品给他们看。在此之前，要确保已经申请了专利，已经在你的图纸和规格表格上打印了“专利保护”的字样，同时让签约制造商签署一份保密协议。你还要考虑签约制造商能否用他们自己的设备生产你的产品。如果可以，那么一般而言生产不同数量的产品有不同的报价。

生产销售的最终目的是获取利润。因此，生产产品时要了解是否有额外的成本。如果签约制造商无法将你的创意生产成产品，则要知道原因。之后，你可以重新设计或重新加工自己的创意，以便于生产制造。有时，这样的市场活动会让你的创意遭受打击。简单创意的魅力在于“制造不是问题，盈利指日可待”。

（三）简单创意的产品要有销售市场

1. 产品能不能卖出去是关键

在产品开发过程中，有些人喜欢运用逆向思维，他们先生产出产品，再为产品找市场，而不是先确定市场机会，再在此基础上生产产品。发明家和创业者尤为典型，他们创造的产品都是自己想要的、需要的或喜欢的，很少或几乎不考虑往哪儿销售、谁愿意买单、人们为什么愿意买单这些问题。更有甚者，将创意激进地推向市场，却根本没有对样品设计、专利、生产及促销等情况进行市场调查，甚至根本没有确认自己的产品到底有没有市场。生产自己会买的产品是一回事，生产能卖出去的产品是另一回事。当你把所有的心血都投入产品生产和市场调查时，就要实现商店愿意进你的产品、消费者愿意购买你的产品的目的。

2. 市场调研是重点

作为创业者，你既不能仅凭猜测和假设做出判断，也不能单一地听取你的家人、朋友、同事的想法。你需要通过市场调研，了解当下真实的信息。进行市场调研时，须重点关注以下几个方面。

（1）行业。尽可能多地了解你所处的行业和产品，即使你对该领域拥有丰富的经验和知识，也需要了解更多的最新信息。要知道，全球市场变化非常迅速，了解行业的近况及趋势尤为重要。

（2）潜在消费者。为了创新市场，必须锁定市场目标。你需要了解潜在消费者和零售商是谁，了解他们买你的产品的原因及愿意付出的价格。你需要确定市场的潜在规模——有多少商家和消费者有可能买你的产品。

（3）竞争对手。通常，对其他产品缺乏了解会让你的产品被淘汰出局。如果市场上有许多产品和你的产品类似，就说明相关市场已经快接近饱和了，没有空间给你施展创意了；如果你的产品和已经面世的产品极其相似，那么市场有可能不会接受相似的模仿品；如果没有类似产品，则说明市场也许不需要你的产品，或者还没有准备好去接受你的产品。面对不同的研究结果，需要进一步深入了解市场需求。

（四）简单创意的产品要能盈利

1. 评估自己的创意能否带来利润

生产中的每个环节都会产生成本，你合作的厂商、经销商、零售商，还有你自己都需要赚取利润。因此，将创意的产品带入市场之前，有必要确定其能否带来利润。要做到这一点，就需要评估生产成本（制造和包装）、批发价格（经销商和零售商会付给你多少钱）和零售价格。 你还要评估一年能售出的产品的数量，然后可以算算你的产品能否盈利。当然，消费者必须愿意支付你所定的价格，这就需要通过市场研究来定价。大型超市（如永辉超市）和仓储式大卖场（如盒马X会员店）通常希望批发价更低或有额外折扣。还有非常重要的一点，其他所有营业费用，包括保险费、办理许可证产生的费用、营销费、税费、专利费、办公费、仓储费、工资等的支出，都从毛利中产生。这时，无需确定公司的所有成本，只要合计一下毛利能不能支付你的账单，是否还有余额即可。

2. 评估结果不理想怎么办

即使你算下来没有余额，也不一定说明你的产品没有盈利的机会。也许可以通过调整、重新设计或重新包装来降低生产成本，只要确保这些变化没有破坏产品销量或大幅降低消费者的购买意愿即可。你只要确定自己的产品能卖出一个好价钱，且销量足够大、生产成本足够低，就有利可图。

二、货源渠道

云端课堂

组织货源

货源一般是指进货或货物的来源。货源很重要，只有好的货源加上好的创意，才能够保证一个好的销售量，才能有利于你的产品打开市场，树立自己在业界的口碑，在业界逐步站稳脚跟。

（一）寻找货源渠道

一般来说，寻找货源渠道最基本的方法包括搜索引擎查找、产品包装获得、商标网站查询、展会收集资料、寻找产业集聚地等。在寻找货源渠道的同时，要考虑货源准备的一些相关问题。例如，寻找多少个货源比较合适；如果在网络平台进货，是否能够退货退款，供应商是否能够提供商品资料等。

（二）选择进货渠道

1. 联系品牌代理商

（1）优势。联系品牌代理商采购日用百货、食品饮料等快消商品，是较为常用的进货渠道。通过品牌代理商拿货，对单次进货的数量没有要求，是最方便、最容易的进货方式之一。

（2）劣势。代理层级越多，进货价格越高。

2. 寻找生产厂家

（1）优势。能够与生产厂家达成长期合作的协议，可以获得充足的货源和产品质量保证，对今后销售信用有较高的保障。同时，能够享有较好的售后服务，甚至可以争取到宽松的产品调换政策。

（2）劣势。生产厂家起批量高，产品单一，要求进货者有足够的资金储备。

3. 在本地市场批发

（1）优势。货物种类齐全且可以货比三家，在进货数量上不受限制，运输费用比较少，还可以通过谈判得到更优惠的价格和送货上门服务。

（2）劣势。新手卖家销量一般不会太大，因此难以获得有竞争力的价格。

4. 从网络渠道采购

如今网上可以找到各种商品的货源，通过正规的电子商务网站或品牌官方网站，瞄准促销时机订货，也是一种不错的选择。正规的网络采购渠道如阿里巴巴、京东超市、天猫超市等。

（1）优势。

① 由于网络商城省去了租店面、聘雇员等一系列费用，其商品价格较一般实体店的同类商品更便宜。

② 进货效率高，不受时间限制，随时可以“逛商店”并获得大量的商品信息，还可以买到当地没有的商品。

③ 网上支付相比于传统的现金支付更加安全，可避免现金丢失的风险。

④ 从订货、买货到送货上门，无须亲临现场，既省时又省力。

（2）劣势。非面对面交易，不容易了解商品属性、有可能遭遇欺诈。

5. 参加各类展会

可以参加各类展会，直接在展会上订货，收集厂家和代理商的联系方式，与同业者交流经验。常见的展会如日用百货商品交易会、糖酒交易会、广交会、农博会等。

云端课堂

如何进行启动资金预测

三、启动资金

启动资金是指开办企业并使其正常运转需要准备的资金。在制订创业计划时，预测启动资金非常重要。需要预测开办企业必须购买哪些物资，有哪些必要的开支，否则可能会让你一开始创业时就陷入困境。启动资金按用途可分为投资所需资金和流动资金两大类。

（一）投资所需资金

企业要想正常运营，前期必然要进行各种投资，买入各种设备，支付各种费用。如果将这些支出费用进行归类，一般可分为四类，分别是固定资产、无形资产、开办费和其他投资。

1. 固定资产

固定资产是指企业为生产产品、提供劳务、出租或经营管理而持有的，使用时间超过12个月且价值达到一定标准的非货币性资产。固定资产预测通常包括以下内容。

（1）房屋、建筑物。根据企业生产经营活动的需要，拟购置的房屋、建筑物等经营生产场所。

（2）机器、机械和其他生产设备。根据企业销售量预测，假设达到100%的生产能力，拟购置的生产用机器设备。

（3）器具、工具和家具。根据企业生产经营活动的需要，拟购置的检测工具、文件柜、办公桌椅等。

（4）交通工具。根据企业需要，拟购置的汽车、摩托车等。

（5）电子设备。根据企业办公需要，拟购置的计算机、手机、计算器等。

2. 无形资产

无形资产是指企业拥有或控制的没有实物形态的可辨认非货币性资产。例如，根据企业需要，购买的专利许可、商标、特许经营等。

3. 开办费

开办费是指企业在筹建期间发生的各项费用，包括培训费、差旅费、印刷费、注册登记费等。

4. 其他投资

根据企业需要，除固定资产、无形资产、开办费外，开业前还需要支付的费用，如装修费、转让费等。

投资预测表模板如表2–5所示。

表2–5　投资预测表模板

项目		金额/元	备注
固定资产	房屋、建筑物		
	机器、机械和其他生产设备		
	器具、工具和家具		
	交通工具		
	电子设备		
无形资产			
开办费			
其他投资			
合计			

（二）流动资金

一般情况下，企业要经营一段时间后才有销售收入，产品必须经过采购原材料、生产、加工、包装、运输、推广等多个环节后才能销售。在此期间，还需要给工人发工资，因此需要更多的资金投入。

流动资金一般按月计算，包括原材料（或商品）及包装费用和其他经营费用。其中，其他经营费用包括工资、租金、促销费、保险费、水电费、办公用品购置费、交通费等。流动资金（月）表模板如表2–6所示。

表2–6　流动资金（月）表模板

项目	金额/元	备注
原材料（或商品）及包装费用		
工资		

续表

项目	金额/元	备注
租金		
促销费		
保险费		
水电费		
办公用品购置费		
交通费		
合计		

随堂训练：
>>就你了解的某个项目，分析其需要的启动资金数额。

不同的企业所需的流动资金也不同。有的企业需要足够的流动资金来支付6个月的费用，也有的企业只需要支付3个月的费用。你必须预测并计算在获得销售收入之前，你的企业能够支撑多久。刚开始时，大多数产品的销售并不乐观，因此，流动资金要计划得更宽裕一些。

四、产品定价

为了创业项目的有序进行，对产品应合理定价，定价过高过低都会影响创业项目收益。定价策略一般是指制定和变更商品或服务的价格的策略，它能使营销效果和收益更好。产品定价方法很多，常见的有成本导向定价、需求导向定价和竞争导向定价三种方法。

（一）成本导向定价

1. 成本导向定价的概念

成本导向定价是指依据产品的成本决定其销售的价格。成本导向定价简单方便，容易取得资料，能够保证企业全部成本得到补偿并获得正常利润。当产品需求量增大时，还能通过成本分摊而获得更高的利润。但是，该方法由卖方定价，容易忽视产品需求的弹性变化，不能适应迅速变化的市场要求，不利于企业降低产品成本，容易掩盖企业经营中非正常费用的支出，不利于企业提高效益。

2. 成本导向定价的关注点

成本是产品销售价格的底线。企业在制定产品的价格时，如果不能覆盖生产、销售和管理等方面的成本，就有可能导致亏本。企业的成本分为两种，即固定成本和变动成本。固定成本是指不随产量变化的成本，如无论企业是否开工，都必须支付厂房每月的租金、设备维护费用、取暖费及其他方面的开支；而变动成本直接随产量变化而变化。例如，生产计算机，会涉及中央处理器（central processing unit，CPU）、主板、显示器和组装等的成本。一般而言，这些成本是大体相同的，它们的总成本往往与数量成正比。与此同时，有一项成本在决策中至关重要，应该引起企业重视，那就是管理费用。一个企业会有总经理、副总经理、总监等管理层人员产生的管理费用需要分摊，特别是当企业有多个部门、多条产品线时，管理费用有多少分摊到某条产品线，有多少分摊到某个部门，会直接影响企业产品定价的决策。

（二）需求导向定价

1. 需求导向定价的概念

需求导向定价是指根据国内外市场需求和消费者对产品价值的理解来制定产品的销售价格。需求导向定价主要考虑顾客可以接受的价格及在这一价格水平上的需求量，而不是考虑产品的成本。按照这种方法，同一产品只要需求量不一样，就需要制定不同的价格。

2. 需求导向定价的关注点

在明确了解营销目标以后，我们有必要了解顾客的需求，因为他们决定了产品定价是否合适。尽管他们的需求并不是一成不变的，但是我们必须了解他们现在需要的是什么。这是一个看似简单的问题，但在实际操作中解决并不简单。有的人会认为“我做市场营销工作10多年了，还不知道顾客的需求吗？”但是，有时候我们确实不知道，或者说我们只知道部分顾客的需求，也可能只知道以前目标顾客的需求，但这些人现在已经不再是我们的目标顾客了。我们经常会得到销售的反馈，说产品价格不好，说产品质量不好。但是，仔细分析会发现可能是我们把目标顾客群弄错了。我们可能花了大量时间在与顾客沟通，但是这部分人并不是我们的目标顾客；也有可能他们是我们的顾客，但是要的并不是这部分产品。因此，每过一段时间，可以是半年或一年，要问一下自己，谁是我们的顾客？我们要找什么样的顾客？如果我们找到的是高端顾客，但我们的产品是低端的，那就不匹配。这个问题看似简单，但是如果不仔细分析，我们就可能把顾客弄错。

（三）竞争导向定价

1. 竞争导向定价的概念

竞争导向定价是指在竞争十分激烈的市场上，企业通过研究竞争对手的生产条件、服务状况、价格水平等因素，依据自身的竞争实力，参考成本和供求状况来确定商品价格，以市场上竞争者的类似产品的价格作为该企业产品定价的参照系。 大多数情况下，市场上并非只有我们一家企业，可能有同类的企业，或者有更高档次的企业，也可能有比我们低一个档次的企业。因此，我们必须了解谁是竞争对手，他们的战略是什么、优势是什么，还应该了解他们的成本、价格及可能对企业定价做出的反应。

2. 竞争导向定价的关注点

以相机为例，一个正在考虑购买相机的消费者在做出购买决策之前，会比较市场上的各种品牌，如佳能、奥林巴斯、三星和索尼等品牌产品的价格、质量和外观，结合自己的预算做出决策。在制定价格之前，我们应该对市场上竞争对手

随堂讨论：
>>不同的产品定价方法存在哪些利弊？

的产品价格、质量和各方面的性能有全面的了解，并以此为基础对自身的产品进行定位。只有这样，才能使产品价格更有针对性和竞争力。

▶ 任务总结

● 任务检测

扫描下方二维码，测一测你对本任务知识的掌握程度。

● 任务实施

1. 活动说明

根据自己的设想，尝试设计或改进一款产品或服务，并完成产品或服务的设计、改进信息表（表2–7）的填写。

表2–7 产品或服务的设计、改进信息表

<table>
<tr><th>项目</th><th colspan="5">设计、改进信息</th></tr>
<tr><td rowspan="3">产品或服务的名称、优点、缺点</td><td colspan="5">你尝试设计、改进的产品或服务名称：</td></tr>
<tr><td colspan="2">市场上已有的产品或服务</td><td colspan="2">优点：</td><td>缺点：</td></tr>
<tr><td colspan="2">你尝试设计、改进的产品或服务</td><td colspan="2">优点：</td><td>缺点：</td></tr>
<tr><td rowspan="4">原材料进货渠道</td><td>主要原材料</td><td colspan="3">进货渠道（供应商）名称</td><td>单价/元</td></tr>
<tr><td></td><td colspan="3"></td><td></td></tr>
<tr><td></td><td colspan="3"></td><td></td></tr>
<tr><td></td><td colspan="3"></td><td></td></tr>
<tr><td rowspan="10">启动资金预测</td><td colspan="2">（一）投资项目</td><td>金额/元</td><td>（二）流动资金/月</td><td>金额/元</td></tr>
<tr><td rowspan="5">固定资产</td><td>房屋、建筑物</td><td></td><td>原材料（或商品）及包装费用</td><td></td></tr>
<tr><td>机器、机械和其他生产设备</td><td></td><td>工资</td><td></td></tr>
<tr><td>器具、工具和家具</td><td></td><td>租金</td><td></td></tr>
<tr><td>交通工具</td><td></td><td>促销费</td><td></td></tr>
<tr><td>电子设备</td><td></td><td>保险费</td><td></td></tr>
<tr><td colspan="2">无形资产</td><td></td><td>水电费</td><td></td></tr>
<tr><td colspan="2">开办费</td><td></td><td>办公用品购置费</td><td></td></tr>
<tr><td colspan="2">其他投资</td><td></td><td>交通费</td><td></td></tr>
<tr><td colspan="2">投资合计</td><td></td><td>流动资金合计</td><td></td></tr>
</table>

2. 评价标准

（1）条理性（25分）。对市场上已有的及你尝试设计、改进的产品或服务的优缺点分析准确。

（2）准确性（25分）。原材料进货渠道调查准确，对原材料、进货渠道、供应商名称及采购价格调查准确。

（3）科学性（25分）。启动资金预测符合市场规律、科学合理。

（4）合理性（25分）。产品定价采用竞争导向定价，能够根据竞争对手的定价制定自己的产品或服务价格。

任务反思

创业不怕从零开始，有想法不要观望。要立即行动起来，行动是实现梦想的唯一捷径。请结合本任务所学知识，完成思考笔记（表2–8）的填写。

表2–8　思考笔记

<table>
<tr><th>思考题目</th><th colspan="2">记录</th></tr>
<tr><td rowspan="2">简单的创意</td><td colspan="2">简单的创意表现在哪些方面</td></tr>
<tr><td colspan="2"></td></tr>
<tr><td rowspan="2">组织货源</td><td>寻找货源渠道的方法</td><td>进货渠道有哪些</td></tr>
<tr><td></td><td></td></tr>
<tr><td rowspan="2">产品定价</td><td>需求导向定价特点</td><td>竞争导向定价特点</td></tr>
<tr><td></td><td></td></tr>
</table>

任务三　知彼知己——如何向你的竞争对手学习

▶ 任务引入

知彼知己[1]

经过前期准备，欧思琴对自己的产品越来越有信心，于是她计划将产品推向市场，开启创业之旅。这时有人告诉她，要想产品“一炮打响”，需要充分了解市场，知道产品卖给谁，了解与竞争对手相比自己的产品有哪些优势，应先进行目标顾客和竞争对手分析，再进行产品试销，最后根据顾客反馈意见进行调整。欧思琴觉得有道理，她决定试试。

▶ 任务解码

云端课堂

目标顾客定位

一、定位目标顾客

随着市场上的商品日益丰富，顾客面临的选择也越来越多。作为创业者，必须充分了解顾客，知道你的顾客是谁，了解你的顾客有哪些需求。

（一）顾客的内涵

顾客，泛指前来购买产品或服务的对象，包括单位和个人。顾客购买产品或服务是为了满足自己不同的需求。顾客的购买动机示例如图2-2所示。

顾客是企业生存的根本，如果你不能以合理的价格为他们提供所需要的产品或服务，他们就会购买别的产品或服务。对你的产品或服务感到满意的顾客，会成为你的回头客，他们会向自己的朋友和其他人宣传你的企业。因此，让顾客满意，往往会给你带来更高的销售额和利润。

---

① 出自《孙子·谋攻》：“知彼知己者，百战不殆”，原意是如果了解透彻敌我双方的情况，打起仗来就可以立于不败之地，泛指对双方情况都很了解。

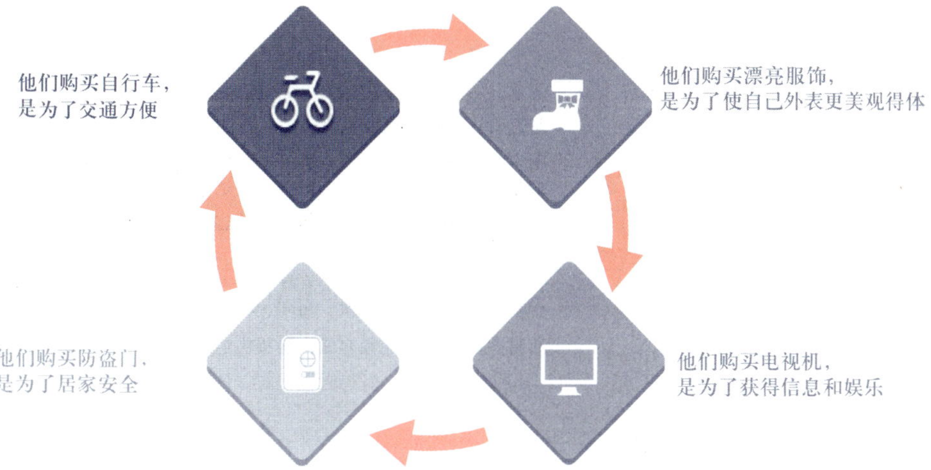

图 2-2　顾客购买动机

（二）目标顾客的内涵

目标顾客是指企业产品或服务的直接购买者或使用者。随着经济的发展和市场的日益成熟，市场的划分越来越细，以至于每项服务都要面对不同的需求。企业应当根据每种产品和服务来选择不同的目标顾客。只有确定了消费群体中的某类目标顾客，才能有针对性地开展营销并获得成功。因为顾客是由形形色色的人组成的群体，各群体无论在社会分工上还是在社会关系上，都不能用单一的职业、性别、年龄、收入等特征进行区别，所以你不可能用一种产品或服务让所有顾客都感到满意；同时，也不是每位顾客都能给企业带来正价值，优秀顾客给企业带来大价值，一般顾客给企业带来小价值，劣质顾客给企业带来负价值。事实上，很多企业的营销费用并没有花在带来价值的顾客身上，而是花在了不能带来价值的顾客身上，浪费了大量的财力和人力。因此，目标顾客定位与控制成本一样重要。

目标顾客定位就是寻找目标顾客的过程。面对众多的顾客，你需要知道哪些顾客有可能购买你的产品或服务、他们在哪里、他们有没有共同的特点、你的企业需要针对哪些群体开展营销活动。

随堂训练：

>>就自己常用的一个产品，分析其目标顾客是谁?

（三）目标顾客的调查

对目标顾客进行调查，内容通常包括目标顾客的购买意向、需求动机、影响购买动机的因素、购买行为、购买渠道模式、影响目标顾客购买行为的社会因素及心理因素等。无论采用哪种方法，在调查前都要将自己想知道的问题一一列出。目标顾客调查问题设计如图2-3所示。

将这些问题设计成问卷或调查表，通过对目标顾客进行调查分析并得出结论。你对顾客的信息掌握得越充分、越准确，越有利于做出正确的决策。

图 2-3 目标顾客调查问题设计

云端课堂

竞争对手分析

二、分析竞争对手

企业参与市场竞争，不仅要了解谁是自己的顾客，还要了解谁是自己的竞争对手。从表面上看，识别竞争对手是一项非常简单的工作，但是，需求的复杂性、层次性、易变性，以及技术的快速发展和演变、产业的发展，使得市场竞争中的企业面临复杂的竞争形势。一个企业可能会被新出现的竞争对手打败，或者由于新技术的出现和需求的变化而被淘汰。因此，企业必须密切关注竞争环境的变化，了解自己和竞争对手的竞争地位及优劣势。只有知己知彼，方能百战不殆。

（一）了解竞争对手

竞争对手是指与你的企业提供的产品或服务相似，并且所服务的目标顾客也相似的其他企业。竞争对手与你的企业有利益冲突，且对你的企业构成一定的威胁。

在不断变化的市场环境中，谁能最先适应市场竞争，谁就会在市场竞争中掌握主动权。因此，对竞争对手进行分析十分重要。创业者应在经营过程中发现那些和自己有相同的目标顾客、销售相同的产品或提供相同的服务的主要竞争对手，对其进行分析，主要了解其基本情况（产品情况、顾客群体、经营实力、技术等），并做出及时的应对策略。竞争对手分析的目的是通过了解竞争对手的信息，获知竞争对手的发展策略及行动，以实施适当的运营策略。

（二）发现竞争对手

一般而言，你的竞争对手会有三个显著的特征：一是与你的企业在同一区域，或者都是互联网某一领域内的；二是与你的企业有共同的目标顾客；三是其经营的产品对你的产品的市场份额有一定的影响。

通常情况下，企业可以从以下三个角度发现竞争对手。

1. 从本行业角度发现竞争对手

由于竞争对手首先存在于本行业之中，企业先要从本行业角度出发发现竞争对手。提供同类产品或服务的企业，或者提供可相互替代产品的企业，共同构成一个行业，如家电行业、食品行业、运输行业等。同行业企业的产品或服务具有相似性和可替代性，因而彼此形成了竞争关系。在同行业内部，如果某种商品的价格变化了，就会引起相关商品的需求量的变化。例如，如果滚筒式洗衣机的价格上涨，就可能使顾客转向购买其竞争产品波轮式洗衣机，这样波轮式洗衣机的需求量就可能增加；反之，如果滚筒式洗衣机的价格下降，顾客就会转向购买滚筒式洗衣机，从而使得波轮式洗衣机的需求量减少。因此，企业需要全面了解本行业的竞争状况，制定针对行业竞争对手的战略。

2. 从市场消费需求角度发现竞争对手

企业还可以从市场消费需求角度发现竞争对手。凡是满足相同的市场需要，或者服务于同一目标市场的企业，无论是否属于同一行业，都可能是企业的潜在竞争对手。例如，从行业来看，电影可能以同属于影视业的电视剧为主要的竞争对手。但是，从市场的观点来看，特别是从满足顾客需求来看，顾客感兴趣的是谁能满足其欣赏影视作品的需要。因此，能够直接播放影视作品的各种媒介构成了对电影业的竞争威胁。从满足顾客需求出发发现竞争对手，可以从更广泛的角度认识现实竞争对手和潜在竞争对手，有助于企业在更宽广的领域中制定相应的竞争战略。

3. 从市场细分角度发现竞争对手

为了更好地发现竞争对手，企业可以从行业和市场两个方面结合产品细分和市场细分来进行分析。假设市场上同时销售5个品牌的某产品，而且整个市场可以分为10个细分市场。 如果某品牌计划进入其他细分市场，就需要估计各细分市场的容量、现有竞争对手的市场占有率，以及各竞争对手当前的实力及其在各细分市场的营销目标与战略。从市场细分出发发现竞争对手，可以更具体、更明确地制定相应的竞争战略。

（三）调查竞争对手

通常情况下，企业可以从以下八个方面调查竞争对手。

1. 产品

调查竞争对手产品在市场上的地位、产品的适销性，以及产品系列的广度与深度。

2. 销售渠道

调查竞争对手销售渠道的广度与深度、销售渠道的效率与实力、销售渠道的服务能力。

3. 市场营销

调查竞争对手市场营销组合的水平、市场调研与新产品开发的能力、销售队伍的培训与技能。

4. 生产与经营

调查竞争对手的生产规模与生产成本水平、设施与设备的技术先进性与灵活性、专利与专有技术、生产扩展能力、质量控制与成本控制、区位优势、员工状况、原材料的来源与成本、产业纵向整合程度。

5. 研发能力

调查竞争对手内部在产品、工艺、基础研究等方面所具有的研究与开发能力，研究与开发人员在创造性、可靠性、研发能力等方面的素质与技能。

6. 资金实力

调查竞争对手的资金结构、筹资能力、现金流量、资信度、财务比率、财务管理能力。

7. 组织

调查竞争对手组织成员价值观的一致性与目标的明确性、组织结构与企业策略的一致性、组织结构与信息传递的有效性、组织对环境因素变化的适应性与反应程度、组织成员的素质。

8. 管理能力

调查竞争对手管理者的领导素质与激励能力、协调能力，管理者的专业知识，管理决策的灵活性、适应性、前瞻性。

（四）其他特殊的竞争对手

很多时候，企业的竞争对手不一定是销售相同或相似产品的企业，而是其他一些特殊的竞争对手。越来越多的案例表明，企业的竞争对手有可能是顾客第一需求、顾客传统观念、顾客的旧习惯、跨界思维等。

1. 用户第一需求

例如，在索尼 A7单反相机出现前，全画幅相机市场基本上是佳能单反相机的天下。索尼如果仍把竞争对手定为佳能单反相机，去跟佳能单反相机比拼成像、操作，则难度很大。后来，索尼发现顾客花大钱买了单反相机却很少用，原因是“用的机会少”。普通顾客拍照需求多数是在旅游途中，“便于携带”往往是第一需求，“画质”是第二需求。于是，索尼瞄准单反相机太大、太重、不好携带的缺点，推出索尼A7单反相机，把消费级单反相机市场拖入全画幅微单领域。

2. 用户传统观念

例如，婴儿纸尿裤刚刚面世时，某厂商推出的广告诉求是“用纸尿裤，妈妈们更轻松”。广告花了很多钱，但货卖得非常不好。于是厂商去做调查，以为是产品价格、质量、渠道出了问题，后来发现最主要的原因是“妈妈们觉得用纸尿裤，家人会觉得她们在偷懒”。找到这个原因后，厂商立即更改广告，将广告诉求改为“用纸尿裤更透气，对宝宝小屁股好”，产品很快就卖火了。

3. 跨界思维

例如，如果你是做牛奶的，那么你的对手可能不是伊利或蒙牛，而是“忘记喝牛奶的习惯”。不妨将你的产品定位为“专门睡前喝”的牛奶，除了在配方中加强安眠作用，还可以和智能硬件商家合作，做一些有趣的提醒和奖励。如在市场推广创意上就反复说“十点喝别忘了，十点喝别忘了，十点喝别忘了”。试试用跨界思维寻找竞争对手，也许会碰撞出有趣的模式，产生意想不到的效果。如果你觉得你的产品在本领域机会不大，不妨换个思路，试试跨界，这类似于经典创意手法中的“旧元素的新组合”，具体如下。

（1）如果你是经营电视的，那么你的竞争对手可能不是创维，而是计算机。

（2）如果你是经营自行车的，那么你的对手可能不是捷安特，而是健身房。

（3）如果你是经营白酒的，那么你的对手可能不是茅台，而是保健品。

（4）如果你是经营家纺的，那么你的对手可能不是多喜爱，而是无趣的卧室。

（5）如果你是经营生鲜配送的，那么你的对手可能不是超市，而是厨房调味料。

随堂训练：

>>根据所学内容，寻找华为手机的竞争对手。

三、制定4P营销策略

4P营销策略是20世纪60年代随着营销组合理论的提出而出现的，它被归结为四个基本策略的组合，即产品（product）策略、价格（price）策略、渠道（place）策略、推广（promotion）策略。

（一）产品策略

1. 产品策略的内涵

产品策略是指企业以向目标市场提供各种适合顾客需求的有形产品和无形产品的方式来实现其营销目标的策略，包括对与产品有关的品种、规格、式样、质量、包装、特色、商标、品牌及各种服务措施等可控因素的组合和运用。

云端课堂

产品策略

一个完整产品的属性包括三个层次，即核心产品、形式产品和附加产品。

（1）核心产品。核心产品是指为顾客提供的产品的基本效用和利益，是顾客真正要购买的利益和服务。例如，洗衣机的核心利益体现在它能让顾客方便、省力、省时地清洗衣物。

（2）形式产品。形式产品是指核心产品借以实现的形式，通常由品质、式样、特征、商标及包装五个方面构成。例如，洗衣机能在省时省力地清洗衣物的同时不损坏衣物，洗衣时噪声小，方便进排水，外形美观，使用安全可靠等，这些特点可能会更吸引顾客。

（3）附加产品。附加产品是指顾客购买产品或服务时附带获得的各种利益。例如，洗衣机的送货服务、安装服务、维修服务、产品说明书、产品质保书等。

2. 产品定位策略

产品策略最关键的是要有清晰的产品定位、独特的产品卖点。“怕上火，喝王老吉”“今年过年不收礼，收礼就收脑白金”都是比较成功的产品定位案例。大品牌的成功之处在于它们对产品有准确的定位。中小企业也需要进行产品定位，只是定位的策略与大品牌有所不同。产品定位策略具体如下。

（1）基于企业或产品角度的定位策略。

① 产品原料。如牛奶的产地、葡萄酒的产地、原料矿的质量等。

② 技术工艺。如27层净化技术、防电墙技术、连接端子技术等。

③ 物理形态。如形状、大小、颜色、味道、包装等。

④ 概念创新。如苏泊尔柴火饭、五谷道场非油炸等。

⑤ 价格优势。如奥克斯、小米、京东的价格优势。价格优势定位策略适用于产品推广前期，后期应转化为性价比策略。

⑥ 服务优势。如海尔、海底捞、顺丰、京东售后等的服务。

⑦ 历史文化。如同仁堂、云南白药、老凤祥等的历史文化优势。

（2）基于顾客角度的定位策略。

① 顾客利益点。说明顾客使用产品会得到哪些好处，如海飞丝的“去头屑，让你靠得更近”。

② 顾客损失点。说明顾客不使用该产品会有哪些损失，如舒肤佳的“有了舒肤佳，变异细菌我不怕”。

③ 顾客行为点。潜台词是产品代表顾客的个性特征，如雪津的“是兄弟就一起喝”。

④ 消费使用环境。利用图文营造产品使用时的可视场景，如农夫果园的“喝前摇一摇”。

⑤ 消费使用感受。利用图文营造产品使用时的心理感受，如奥利奥饼干的“先扭一扭、舔一舔、再泡一泡”。

（3）基于行业环境角度的定位策略。

① 行业地位。重点强调在行业中的领先地位，但忌夸大事实。例如，香飘飘强调“香飘飘连续多年在全国销量领先，一年卖出10亿多杯，杯子围起来可绕地球3圈”。

② 时事潮流。与大型活动、大型赛事进行关联。例如，蒙牛集团与中国航天基金会联合推出的蒙牛航天品质牛奶，伊利与“快乐女声”节目开展的联合活动等。

③ 认证。认证包括专业机构认证，广大消费者的认可、好评，营造从众效应等。例如，君乐宝奶粉强调“欧盟双认证，中国好奶粉”。

（4）基于竞争对手角度的定位策略。

① 跟随策略。例如，伊利是草原乳业领头羊，蒙牛就采取跟随策略。

② 对抗策略。例如，京东与天猫的对抗策略，华为与小米的对抗策略，统

一与康师傅的对抗策略。

（二）价格策略

云端课堂

价格策略

价格策略是指企业按照市场规律制定价格和变动价格来实现其营销目标的策略，包括对与定价有关的基本价格、折扣价格、津贴、付款期限、商业信用及各种定价方法和定价技巧等可控因素的组合和运用。

制定价格前，企业必须了解产品成本、顾客愿意出多少钱购买产品、竞争对手同类产品的价格，要根据不同的市场定位，制定不同的价格策略。

1. 渗透定价——迅速占领市场的“不二法则”

渗透定价是指以低价进入市场，在价格和单量之间尽量做到量的极致。企业以较低的产品价格打入市场，目的是在短期内加速市场成长，牺牲高毛利以期获得较高的销售量及市场占有率，进而产生显著的经济效益。

（1）优点。

① 产品能迅速占领市场，并借助大批量销售降低成本，获得长期稳定的市场地位。

② 利用微利阻止竞争对手进入。

③ 低价策略有利于促进消费需求。

（2）缺点。

① 难以树立优质产品的形象。

② 影响资本的回报率。

（3）应用案例。

① 淘宝“九块九包邮”类产品。此类产品如果只卖给一个人一件，那么估计得亏损了。实际上，该类产品的货单价很低，但是客单价很高，综合起来就赚钱了，这也是赚钱的基点。货单价就是一件产品的本身价格（如1双袜子10元），客单价就是一个顾客的成交价格（如1个人一次买了3双这款袜子，共花费30元）。部分商家可能前期不赚钱，但是，他们这种活动吸引了不少顾客，从而提高了他们的知名度或拉动了店铺内其他商品的销售量。以做天猫保健品为例，5元成本的减肥药标价69元，拍下减65元，4元全国包邮（限时5天），再加上好评返现，瞬间冲量到上万单，抢下关键词第一名，每天搜索“减肥”一词点击产品的顾客达2.5万人。如果每天卖800~1 000单（价格回到69元），前期亏损的就可以弥补回来。

② 360杀毒软件。渗透定价的极致就是免费，360公司开始做安全软件的时候，直接将杀毒软件免费，把原来很难撼动的瑞星、金山和江民这“三座大山”推倒了，带动了杀毒软件的免费趋势，将360安全卫士布满计算机终端。360公司敢于免费，是因为他们有增值服务。

2. 撇脂定价——第一个吃螃蟹的人的特权

撇脂原意是指取牛奶上的那层脂肪，含有捞取精华的意思。撇脂定价是指商家把新产品推向市场时，利用一部分顾客的求新心理，定一个高价，在竞争对手研制出相似的产品之前，尽快收回投资，并且取得相当的利润；然后随着时间的推移，再逐步降低价格，使新产品进入弹性大的市场。

（1）优点。

① 可以实现短期利润最大化，利用高价产生的厚利，使企业能够在新产品上市之初迅速收回投资。

② 可以用高价来控制市场的成长速度，使当时的生产能力足以应付需求，减缓供求矛盾，并且可以利用高价获取的高额利润进行投资，逐步扩大生产规模，使其与需求状况相适应。

③ 拥有较大的调价空间，在其新产品进入成熟期后，既可以拥有较大的调价余地，也可以通过逐步降价保持企业的竞争力。

④ 容易形成高价、优质的品牌形象。

（2）缺点。

① 高价产品的市场需求规模有限，过高的价格会牺牲一定的销售量。

② 高价有利于竞争对手入场，随着仿制品、替代品的大量出现，产品价格急剧下降。

③ 价格远远高于价值，在某种程度上损害了顾客利益，可能诱发公共关系问题。

④ 难以界定价格究竟定得多高合适。

（3）应用案例。

在汕头有一家罐头厂，以生产橘子罐头出名，但是剩下的橘子皮一直没有很好的处理方法，于是便将橘子皮以每斤不到1元的低价销往药品收购站，但依然十分困难。经过一段时间的研究，该企业终于开发出“珍珠陈皮”这一新用途，可将橘子皮制作成小食品，而且这种小食品具有养颜、保持身材等功能。以何种价格销售这一产品？该企业经市场调查发现，妇女和儿童尤其喜欢吃零食，但惧怕吃零食会导致肥胖，而“珍珠陈皮”正好解其后顾之忧，且市场上尚无同类产品。于是，该企业决定每袋装“珍珠陈皮”售价15元。投放市场后，该产品销售火爆。

云端课堂

组合定价

3. 组合定价——明修栈道暗度陈仓

组合定价是指对于互补产品、关联产品，在制定价格时为了迎合顾客的某种心理，把有的产品价格定得高一些、有的产品价格定得低一些，以取得整体效益的定价方法。例如，顾客对滞销、价值高的产品价格比较敏感，反之对畅销、价值低的产品价格迟钝一些。适当降低前者价格，提高后者价格，可使两者销售相互得益，从而增加总盈利。需要注意的是，高价和低价一般不宜经常性地变动，以维护价格政策在顾客心目中的一贯性。常见的组合定价如下。

（1）产品线定价。根据顾客不同类型的需求，设计不同功能和品质的产品，如不同配置的汽车。

（2）副产品定价。利用同一产品的不同部分对某些顾客具有差异价值来定价。

（3）捆绑式定价。将数种产品组合在一起，以低于分别销售时支付总额的价格销售，其核心是顾客单买某一个产品价格很贵，但是购买套餐价格相对便宜，如吃饭时常见的单点和套餐的价格。

（4）备选品定价。在提供主要产品的同时，还附带提供备选品与之搭配。主要产品价格低，备选品价格高，如某些烧烤店的食物便宜，但啤酒贵。

（5）附属产品定价。类似于二段收费，产品价格低而耗材费用高，如打印机的墨盒。

（6）分步式定价。从免费到收费，从收费逐步到收更多的费，如某些公园门票免费，入园后一些特殊项目再额外收费。

（7）单一定价。把价值接近的商品组合在一起定价，避免顾客对价格做过多的思考和比较，如10元店。

4. 差异定价——厚此薄彼

差异定价，通常是指商品或服务的提供者在向不同的顾客提供相同等级、相同质量的商品或服务时，在顾客之间实行不同的销售价格或收费标准。一般来说，如果所有顾客的信息掌握程度是相当的，那么每个相同质量单位的产品之间的价格就不存在差别了。因为任何比现有市场价格要高的产品，都没有人购买。然而，在某些特定环境下，差异定价是很常见的，如飞机头等舱与普通舱的差异定价。

（1）应用案例。

电影首映时并不会多什么“彩蛋”，但票价要贵于普通票价，这是利用观影“先后顺序”不同而进行的差异定价。我们经常能看到，身高120厘米以下的儿童免票、持学生证半价、成人全价，这些都是根据不同人群进行的差异定价。

（2）适用场景。

①“留住重要的人”。顾客对产品依赖程度不同，或者不同顾客对企业重要程度不同时，可针对顾客“重要程度”的不同进行差异定价。

②“付出就有回报”。想享受低价的顾客，愿意付出“金钱”以外的成本时，如时间成本、人脉等，可以根据顾客“付出成本”的不同进行差异定价。需要注意的是，这种付出一定是流程简单、操作轻松的。

③“优先权是值钱的”。当产品的新鲜程度具有价值时，可以通过“先后顺序”来进行差异定价。

④“收入多的多出，收入少的少出”。当产品服务的对象有明显的差异时，可

通过“服务对象”进行差异定价，如针对老人、学生、会员进行不同的差异定价。

⑤“给价格敏感者优惠”。当产品想要留住价格敏感者时，可以释放低价，如每天推出一款打折产品，这其实就是一场通过“机会竞争”的差异定价。

⑥“要酷就得多花钱”。最典型的例子是各类游戏的皮肤，基本上是同质化的产品，在制作成本上往往相差无几，只是通过详细地划分种类、层次，进行“同质产品花样性”的差异定价。

5. 动态定价——老醋新装，追求供需平衡

动态定价是指企业根据市场需求和自身供应能力，以不同的价格将同一产品适时地销售给不同的顾客或不同的细分市场，以实现收益最大化的策略。动态定价的规则是由市场（供需关系）这双“看不到的手”决定的。例如，冬天蔬菜的价格会提高，是因为蔬菜供给量少了；房价的上升，是因为需求多了；飞机一旦起飞、演出一旦开始，即使还有空座，这部分收入也会永远失去，因此企业要降价，以便尽快清空库存；当某一区域刮风、下雨、下冰雹或处在早晚上下班高峰时，打车的人增多，为了刺激更多的司机来这里提供服务，相关企业会对车费实行动态加价。周边区域的司机会因更高的车费而开往此地，使车辆数量增加，最终实现供需平衡。

6. 心理定价——不要完全相信你的眼睛

心理定价是指在价格浮动不大的前提下，通过尾数、对比、拆分、措辞、替换等手段，从心理上让顾客更乐于接受产品、接受价格。例如，在线上支付方式被人们普遍接受的网络时代，找零不再是一件痛苦的事情，这就更加方便了采取“小数点前减1”的定价策略。满眼望去各种“××.9”，同样，不难理解为什么是9.9元包邮，而不是10元包邮。

（三）渠道策略

渠道策略是指企业以合理选择分销渠道和组织商品实体流通的方式来实现其营销目标的策略，包括对与分销有关的渠道覆盖面、商品流转环节、中间商、网点设置及储存运输等可控因素的组合和运用。

分销渠道就是企业生产出来的产品，通过哪种方式在哪里让顾客知道、了解、体验、消费的路径集合。按流通环节的多少，可将分销渠道分为直接渠道与间接渠道。直接渠道是指生产企业不通过中间商环节，直接将产品销售给顾客，即制造商—顾客；间接渠道是指生产企业通过中间商环节把产品传送到顾客手中，最长的是三级渠道，即制造商—代理商或批发商—零售商或顾客。渠道模式一般有三种，具体如下。

（1）直接渠道。线上官方旗舰店+网络营销、线下门店+线下营销。

（2）间接渠道。代理商/分销商、代销等，含部分推广职能。

（3）直接渠道+间接渠道。以“直营+代理+代销”的模式较为普遍。

（四）促销策略

促销策略是指企业通过人员推销、广告、公共关系（记者招待会、社会赞助、典礼仪式、危机处理）和营销推广等各种促销手段，向顾客传递产品信息，引起他们的注意和兴趣，激发他们的购买欲望和购买行为，以达到扩大销售目的的活动。一个好的促销策略，往往能起到多方面的作用。例如，提供信息情况，及时引导采购；激发购买欲望，扩大产品需求；突出产品特点，建立产品形象；维持市场份额，巩固市场地位等。

1. 借力打力策略

借助竞争对手的某种力量，通过一定的策略将优势进行转化。例如，某保健品是一个地方性品牌，临近高考期，在其他知名保健品牌纷纷展开效果促销并请知名人士现身实地说法时，该品牌掀起了“服用后视效果付余款”的促销风潮。作为实力较弱的企业，在广告上无法跟大品牌相比，而在促销上也无法进行更多的投入。因此，只能在跟进促销中借力打力，采取“服用后视效果付余款”的活动。由于与大品牌一起进行促销活动，并采取了特殊策略，有效地解决了顾客的信任问题，提升了品牌的知名度。

2. 击其软肋策略

在与竞争对手竞争前，一定要做到知己知彼，这样才能百战不殆。实际上，竞争对手无论怎么投入资源，在整个渠道链条上都会有薄弱部分。例如，如果在渠道上投入过多，在终端上的投入就较少；如果在终端上投入过多，在渠道上的投入就较少。当面临不同区域市场的时候，竞争对手可能会在某些区域市场不具有优势，这些都是潜在的机会。例如，某国外品牌手机厂家在为自己的新品大打广告的时候，某些国产品牌手机厂家则迅速占领终端市场，在抢占终端市场过程中，也大打“新品”招牌，并且低价进入，以此将竞争对手吸引到零售店的顾客牵引一部分到自己的柜台、专区。在竞争对手忽略终端市场的时候，这种模式是最有效的。

3. 寻找差异策略

当竞争对手比自己强大时，要学会使用寻找差异策略。例如，竞争对手采取价格战，你就进行赠品战；竞争对手进行抽奖战，你就进行买赠战。当某饮料在北京上市时，由于产品定位是带有神秘配方的适合5~12岁小孩喝的果汁，其价格定位比果汁饮料市场领先品牌产品的价格高20%。当时，市场竞争十分激烈，很多企业都大打降价牌。最终，该企业找到了促销创新的新路子，决定采用“角色行销”的方式。于是，吃套餐送饮料、买饮料赠送玩偶、朋友圈点赞30次以上参加幸运抽奖、指定网红打卡地打卡赠送礼品、海选品牌代言人等策略纷纷出现。

4. 提早出击策略

有时候，竞争对手非常强大，他们的促销力度也很强。此时，你最好的应对方法是提前做促销，令顾客的需求提前得到满足。当竞争对手开展推广时，顾客已经毫无兴趣。例如，A公司准备上一款新的洗衣粉产品，并针对B公司品牌产品策划了一系列的产品上市促销策略。B公司虽然不知道A公司到底采用什么样的推广方法，但知道自己的实力无法与之抗衡。于是，在A公司产品上市前一个月，B公司开始了疯狂的促销，推出了大包装，并且买二送一、买三送二，以低价格吸引了绝大多数顾客。当A公司产品正式上市后，由于顾客已经储备了大量的B公司产品，A公司产品几乎无人问津。

5. 针锋相对策略

简单地说，针锋相对策略就是针对竞争对手的策略而发起的对抗策略。例如，某著名花生油品牌厂家大量印发宣传品，针对市场上反映某品牌食用油产品不达标，宣传自己的产品在营养和风味方面的特色，迅速得到顾客的认可。

6. 搭乘顺车策略

当明知竞争对手即将运用某种借势的促销策略时，由于各种条件限制，你无法与其形成竞争，也无法照样进行，但如果不跟进，就会失去机会。此时，最好的办法是搭乘顺风车。例如，在国际足联世界杯上，某运动品牌全方位赞助，而另一运动品牌则另辟蹊径，其网络用户大多数是年轻人（潜在客户），因此选择与某门户网站合作，创建了“足球迷”社群网站，让足球发烧友在这个网络平台上一起交流喜欢的球员和球队，下载并观看比赛录像短片，浏览信息、运动员的广告等。社群网站开通后，数百万人登记成为该网站注册会员，取得了很好的宣传效果。

7. 高唱反调策略

部分顾客的心智是很易转变的。因此，当竞争对手的推广做得非常有效，而你无法与之形成竞争时，就要采用高唱反调策略，将顾客的心智扭转过来，从而达到削弱对手推广效果的目的。例如，某微波炉品牌启动了一项旨在“清理门户”的降价策略，将一款畅销微波炉的零售价格降至299元，矛头直指其他同类产品。6个月之后，该品牌将其国内高档主流畅销机型全线降价。此时，另一同类品牌高唱反调，在各大媒体上曝光其宣传不实，使自己的产品也得到了宣传效果。

8. 百上加斤策略

所谓“百上加斤”的策略，是指在竞争对手的促销幅度上再加大一点的策略。例如，竞争对手打7折，你就打5折，竞争对手满100元送10元，你就满80元送10元。在很多时候，顾客会因多一点的优惠而改变购买意愿。例如，某瓶装水公司，举行了“购买一箱（12瓶）水送5包餐巾纸”的活动。开始的两个星期，该活动在传统渠道（终端零售小店）取得了很大的成功。对此，另一家瓶装水公司则加大了促销力度。推出了“买水得美钻”的活动，即促销期间将赠送100颗美钻，价值5 600元/颗，通过抽奖方式确定获得者。另外，在促销期间，该公司承诺顾客每购买价值100元的水，可以获得价值800元的“美钻购买代金券”，在指定珠宝行购买美钻，并承诺中奖率高达60%以上，取得了良好的推广效果。

9. 促销创新策略

创新是促销制胜的法宝。实际上，即使是一次普通的价格促销，也可以组合出各种不同的玩法，达到相应的促销目的，这也是促销创新的魅力所在。例如，某饮料品牌为了配合其品牌核心内涵“多喝多漂亮”而推出的一系列促销组合，不但促进了产品销售，而且达到了与顾客有效沟通、建立品牌忠诚度的目的。该品牌结合品牌定位与目标顾客的特点，开展了一系列的与“漂亮”有关的促销活动，以加深顾客对品牌的理解。例如，在不同的区域市场推出的“×××都市漂亮秀”“阳光女孩选拔赛”等活动，极大地提高了该品牌在主要顾客群体中的知名度与美誉度，促进了终端消费的形成，扫除了终端消费与识别的障碍。

10. 整合应对策略

整合应对策略是指与互补品牌合作进行联合促销，以此达到最大化的推广效果，并超越竞争对手的策略。例如，看房送福利彩票；方正计算机与伊利牛奶、可口可乐的联合促销；海尔冰吧与新天地葡萄酒联合进行的社区、酒店促销推广。在推广过程中，要善于“借道”：一方面，要培育多种不同的合作方式，如可口可乐与网吧、麦当劳、迪士尼公园等的合作，天然气公司与房地产开发商的合作，家电公司与房地产开发商的合作等；另一方面，要借助专业性的大卖场和知名连锁企业，抢占终端市场，然后逐步形成对终端市场的控制力。

11. 连环促销策略

保证促销环节的联动性就保证了促销的效果，同时更容易战胜竞争对手。实际上，促销活动一般有三方参加：顾客、经销商和业务员。如果将业务员的引力、经销商的推力、活动现场对顾客的拉力3种力量联动起来，就能实现购买吸引力，从而最大限度地提升销售量。例如，某公司活动的主题是“减肥有礼，三重大奖等您拿”，奖品从数码相机到保健凉席等，设一、二、三等奖和顾客参与奖。凡是购买减肥产品达到一个疗程的顾客均可获赠刮刮卡奖票一张。没刮中大奖的顾客，如果在刮刮卡附联填写顾客姓名、电话、年龄、体重、用药基本情况等个人资料并寄到该公司或留在药店收银台，则在活动结束后可参加二次抽奖。如果年龄在18~28岁的年轻女性将本人艺术照片连同购药发票一同寄到该公司促销活动组，则可参加该公司与报社联合举办的“佳丽评选活动”（该活动为本次促销活动的后续活动）。这次活动的顾客参与度高、活动周期长、活动内容丰富，效果超过竞争对手单一的“买一送一”活动。

12. 善用波谷策略

某纯果汁A品牌针对竞争对手的活动，采取了有针对性的策略，推出了“大型的消费积分累计赠物促销活动”（按不同消费金额给予顾客不同赠品奖励）。活动开始后不久，A品牌就受到竞争对手B品牌更大力度的同类型促销活动的反击。A品牌的促销活动时间原定是4周，见到竞品有如此强大的反击，便立即停止了促销活动。一周之后，A品牌的促销活动又重新开始了，但形式变成了“捆绑买赠”。结果，虽然竞争对手花了巨大的代价来反击A品牌的促销活动，但A品牌依然在接下来的一个月里取得了不俗的销售业绩。

随堂讨论：

>>你认为新能源汽车上市最佳的促销策略是什么？

四、进行产品试销

试销是在产品全面上市前，选择某一区域市场进行测试，以估计其未来销售情形的活动。试销是对新产品正式上市前所做的最后一次测试，且该次测试的评估者是顾客。尽管从新产品构思到新产品实体开发的每个阶段，企业开发部门都对新产品进行了相应的评估、判断和预测，但这种评估和预测在一定程度上带有新产品开发人员的主观色彩。企业对最终投放到市场上的新产品能否得到目标市场顾客的青睐没有把握，只有通过产品试销将新产品投放到有代表性地区的小范围的目标市场进行测试，企业才能真正了解该新产品的市场前景。

（一）试销的利弊

1. 试销的优点

（1）通过试销，让顾客了解商品性能，收集顾客意见，为进一步促销奠定基础。

（2）试销有利于企业了解市场行情，收集市场信息。通过试销，企业可以掌握顾客对商品性能、商品质量、销售价格、销售方式、销售服务等方面的评价，以便及时调整销售策略。

（3）试销有利于企业选择更好的目标市场。企业想面对全部市场进行经营是不可能或不现实的。因此，必须选择适合自己企业和所经营产品的目标市场。通过试销反馈的各种信息，企业可以选择有效的细分市场，增强经营的针对性。

（4）试销有利于企业选择更好的促销组合策略。通过试销，企业可以了解各种促销策略的效果，并可根据目标市场选定广告、公共关系、营业推广或人员推销的组合。

（5）试销有利于减少企业风险。由于试销是采用小批量销售的方式，在市场出现不利因素的情况下，企业不至于遭受较大损失。

（6）试销有利于促进顾客的购买行为。试销作为一种促销手段，可以将有关产品和销售活动中的各种信息传递给顾客，使顾客了解并认识产品，增强其消费需求；同时，顾客在试用过程中，可建立良好的印象和记忆，并起到免费宣传的作用，从而促进产品销售。

2. 试销的缺点

（1）试销成功并不意味着以后的市场销售就一定成功。这主要是因为顾客的心理和习惯不易被准确估计、竞争情况复杂多变、经济形势难以预料等。

（2）试销的费用较高，占用的时间较长。对于准备推向全国市场的新产品，试销花费较多，且占用的时间较长，可达半年至一年。

（3）试销给竞争对手提供了竞争的机会。竞争对手可能会监测你的试销数据，窃取你的成果，由此迅速发展它们的新产品或制定竞争对策。

（二）试销关注的重点

试销需要关注的重点如下。

（1）新产品宣传的效果。在新产品试销过程中，大量的广告宣传是必不可少的，可同时应用其他的促销方式如人员推销、展销、邮件营销等。管理人员的任务是要注意检查这些促销宣传的效果，以便发现问题，及时修改市场营销策略。这项工作要由有经验的市场调查人员来做。

（2）试销成本。在试销期间，生产的小批量样品单位成本较高。因此，产品销售利润通常不高，甚至是负值。要尽快摆脱这种状况，必须扩大销售量，并控制成本。经验表明，完成一次试销所花费费用的分摊情况如下：市场调研占45%，生产占15%，包装设计占6%，广告和促销占30%，分销占4%。

（3）试销的执行标准。要根据目标市场的状况和企业自身的营销能力制定执行标准（计划目标）。例如，市场份额标准的制定要考虑目标市场的销售潜力和竞争情况的变化；营销费用标准的制定要考虑产品的制造、分销渠道、与中间商的关系、广告媒体的有效性等多种因素。执行标准除了要求定量化，还要求合理。例如，如果新产品的销售量达到了预期的增长率，该产品就被认为是成功的。但是，如果这一增长率低于同时期的行业增长率，那么这个标准并不合理，这意味着产品或产品组合试销并不成功。

（4）试销时间。试销时要控制时间，使其尽可能短，这是新产品成功的关键，原因有以下两点。

① 产品寿命周期正在缩短。产品寿命周期的缩短是由顾客无止境地追求新产品引起的，它迫使制造厂商不断地推出新产品，加强相互间的竞争。

② 竞争的压力。产生竞争压力的原因是竞争对手会在试销期间学习这种新产品，或者制定有针对性的营销对策，以对抗新产品。因此，有的企业把力量集中于产品主要功能的试验和使用试验，并模拟计算销售预测值，越过试销阶段直接进行商品化。但是，如果市场试验时间过短，全面的销售战略可能就会建立在不准确、不完整、没有说服力的数据基础上。

▶ 任务总结

● 任务检测

扫描下方二维码，测一测你对本任务知识的掌握程度。

● 任务实施

1. 活动说明

根据自己的创意或产品特点，进行目标顾客和竞争对手分析，制定相应的营销策略，并完成目标顾客分析表（表2–9）、竞争对手分析表（表2–10）、4P营销策略制定表（表2–11）的填写。

表2–9　目标顾客分析表

目标顾客特征	情况
谁将成为你的顾客（一般性描述）	
年龄	
性别	
地点（他们住在哪里）	
工资水平（具体数字）	
他们平均多长时间购买一次你的产品或服务（每日、每周、每月、每季度、每年）	
他们愿意付出多少钱购买你的产品或服务	
他们的购买量有多大	
未来的市场规模和趋势（未来顾客数量会增加、减少或保持不变）	

表2–10　竞争对手分析表

分析项目	你的产品或服务	竞争对手甲的产品或服务	竞争对手乙的产品或服务	竞争对手丙的产品或服务
名称、地址、电话				
价格合理性				
质量可靠性				
购买方便性				
顾客满意度				
员工技术水平				

续表

分析项目	你的产品或服务	竞争对手甲的产品或服务	竞争对手乙的产品或服务	竞争对手丙的产品或服务
企业知名度				
品牌信誉度				
广告有效性				
交货及时性				
地理位置优越性				
销售策略（如赊销、折扣）				
售后服务				
设备				
销售量				

表2-11　4P营销策略制定表

<table>
<tr><th>策略</th><th colspan="4">内容</th></tr>
<tr><td rowspan="2">产品策略</td><td>产品属性</td><td colspan="3">核心产品：
形式产品：
附加产品：</td></tr>
<tr><td>产品定位描述</td><td colspan="3"></td></tr>
<tr><td rowspan="7">价格策略</td><td>名称</td><td>是否选用</td><td>理由</td><td>选用的策略如何实施</td></tr>
<tr><td>渗透定价</td><td></td><td></td><td rowspan="6"></td></tr>
<tr><td>撇脂定价</td><td></td><td></td></tr>
<tr><td>组合定价</td><td></td><td></td></tr>
<tr><td>差异定价</td><td></td><td></td></tr>
<tr><td>动态定价</td><td></td><td></td></tr>
<tr><td>心理定价</td><td></td><td></td></tr>
<tr><td rowspan="4">渠道策略</td><td>名称</td><td>是否选用</td><td colspan="2">如何执行</td></tr>
<tr><td>直接渠道</td><td></td><td colspan="2" rowspan="3"></td></tr>
<tr><td>间接渠道</td><td></td></tr>
<tr><td>直接渠道+间接渠道</td><td></td></tr>
<tr><td rowspan="8">促销策略</td><td>名称</td><td>是否选用</td><td>理由</td><td>选用的策略如何实施</td></tr>
<tr><td>借力打力策略</td><td></td><td></td><td rowspan="7"></td></tr>
<tr><td>击其软肋策略</td><td></td><td></td></tr>
<tr><td>寻找差异策略</td><td></td><td></td></tr>
<tr><td>提早出击策略</td><td></td><td></td></tr>
<tr><td>针锋相对策略</td><td></td><td></td></tr>
<tr><td>搭乘顺车策略</td><td></td><td></td></tr>
<tr><td>高唱反调策略</td><td></td><td></td></tr>
</table>

续表

策略	内容			
促销策略	百上加斤策略			
	促销创新策略			
	整合应对策略			
	连环促销策略			
	善用波谷策略			

2. 评价标准

（1）详细度（20分）。目标顾客分析详细且准确。

（2）准确度（40分）。竞争对手分析详细且准确，每个竞争对手分析的分值为10分。

（3）吻合度（40分）。制定的4P营销策略符合市场规律，每个营销策略的分值为10分。

● 任务反思

一款产品从生产到推向市场、拓宽销路，必然需要产品促销。产品的促销对企业来说是一个非常重要的环节，无论是产品销量、品牌知名度，还是业绩提升，都需要产品促销。进行目标顾客和竞争对手分析，根据分析结果制定营销策略是做好产品促销的关键。请结合本任务所学知识，完成思考笔记（表2-12）的填写。

表2-12　思考笔记

思考题目	记录	
目标顾客定位	为什么要进行目标顾客定位	
竞争对手分析	竞争对手的显著特征有哪些	特殊的竞争对手有哪些

续表

思考题目	记录	
4P营销策略	产品策略的关键点包括什么	常见的价格策略有哪些
4P营销策略	分销渠道包括什么	常见的促销策略有哪些
产品试销	产品试销的利弊是什么	试销关注的重点是什么

创业有样

返乡创业大学生刘凡：闯出柑橘种植的“一片天”

放弃稳定收入，他返乡种起水果

2010年，刘凡考上了四川水利职业技术学院。和大多数学生一样，他带着憧憬，以及父母的期待，离开农村到了四川成都。毕业后，他成功进入一家网络公司工作，有着不错的收入。“但工作一年多，却始终没有归属感。”2015年，刘凡与在四川农业大学读书的同学交流中，聊到了农业的发展前景。“那时候，家乡脱贫攻坚事业正如火如荼地进行，农业又是一个朝阳产业，有很好的政策扶持，可以试试。”交谈中，刘凡萌发了返乡创业的想法。最初，刘凡成立了一个农产品销售公司，专营脆李的销售。在销售中，他注意到农户们基本都按照土方法进行种植。脆李的口感好，品相却不好，缺乏科学种植技术的“加持”。认识到这点后，刘凡自筹资金50余万元，10余次组织农户到湖北、重庆、云南、广西等水果产业发达的地区学习科学的产业发展理念和先进水果种植技能，并与四川农业大学进行校企合作，成功申报四川省科技扶贫项目。“川农的老师组队过来指导农户种植，两年过后，脆李品相变好了，每斤售价也增加了0.5元。不仅受到村民、游客们的喜欢，还得到水果商们的青睐，每到脆李成熟季节，客户都络绎不绝。”返乡3年，刘凡参与了多项水果种植扶贫项目，积累了一定的工作经验。在对古蔺县26个乡镇268个建制村开展的实地调研中，他嗅到了“商机”。刘凡的家乡太平镇九龙村，处在半高山地区，产业单一，农业种植全靠“望天水”，土地产出效益低。但好处是，这里平均海拔450米，气候和土壤特别适宜种植柑橘。于是，刘凡有了一个大胆的想法：通过土地流转，种植柑橘。

付出终有收获，小小柑橘也能做出“大文章”

2018年3月，刘凡贷款60万元在太平镇九龙村流转土地216亩（1亩≈666.67平方米），新建了当地首个优质杂交柑橘科技示范基地，引进了春见耙耙柑、爱媛38号果冻橙、金秋砂糖橘，创办了古蔺县金秋农夫生态种植专业合作社，发展特色水果种植。虽然生长在农村，但刘凡从未从事过农业生产实践，对农业的认识此前仅停留在书本上，对于种植果树，他更是个“门外汉”。那时，家里人对于返乡创业的刘凡也不理解，父母曾生气地质问他：“好好的大城市不待，非要回来，创业失败怎么办？”除了来自家人的压力，不少村民也在私下议论：“连田都不会种，能发展出个什么产业？”因此，最初只有17人加入合作社。大部分的村民还是抱着观望的态度。“以后亏本了，都没有人来赔。”面对质疑，刘凡也不气馁。他拜访农户，走访学习，深入田间地头，与村民共同种植果树……为了突破柑橘种植的技术难关，刘凡边学边干，一边购买书籍自学，一边虚心地向果农和专家请教，经常从早上7时，忙活到夜里12时。功夫不负有心人，经过不断学习和试验，刘凡先后攻克了春见耙耙柑种植的六大技术难题，三伏天定植苗木成活率达到98%。曾经九龙村一大片的荒地，在刘凡的努力下，长成了茂密的果林，家人和村里的农户们也向他竖起了大拇指。短短一年的时间，合作社发放土地流转金和劳务费60余万元，就地安置就业30余人，示范带动周边村镇1 000余户农户发展水果种植30 000余亩，为当地创造财富5 000余万元，合作社成员也增加到了103人。

发展农业不求大但求精，未来将走“全链条”式发展之路

“吃起来又甜又化渣，味道真的不错！”每年2月份，在耙耙柑成熟期，都会有络绎不绝的游客穿梭在合作社基地里，一边品尝一边将采摘下的耙耙柑放进果篮。金灿灿、黄澄澄的果实垂满枝头，在翠绿的枝叶间格外显眼。刘凡介绍，他们对果园里的耙耙柑使用留树保鲜技术，可以将果实采收期控制在12月底至次年4月，延长鲜果供应期，与当地甜橙集中上市期错开，减轻采摘、运输、贮藏等压力，从而有效增加收入，缓解销售压力。返乡创业的这几年，刘凡不仅增长了见识，开阔了眼界，对农业产业化和乡村振兴也有了更深的认识。“农业是个见效慢、投入大的行业。因此，要先做好规划，选择适量规模进行种植，不求大，但求精。”如今，看着曾经的一片荒山变为万亩果园，刘凡觉得付出再多也是值得的。“乡村振兴，关键在人才，我希望通过政策引导，能有更多的年轻人返乡就业、创业。”谈及未来的发展方向，刘凡告诉记者，接下来他和他的团队打算成立一个社会化公司。“现在社会竞争日益激烈，产业发展不能再单打独斗，需要多方合作，信息互通，整合资源，抱团发展，走‘全链条’式发展之路。”

（资料来源：何佳欣，官悦.返乡创业大学生刘凡：闯出柑橘种植的“一片天”.四川新闻网，2022-04-17.有删改.）

创业有行

是或不是

1. 目标

体验顾客对新产品的认知过程

2. 规则与程序

使用画有各种新上市的、平时不太常见的产品的卡片、计时器。每组用时不超过3分钟。步骤如下：

（1）主持人事先准备一些卡片，上面画有各种新上市的、平时不太常见的产品，并确认该产品的目标顾客、产品功效和市场价格。

（2）学生3人一组，甲负责猜目标客户，乙负责猜产品功效，丙负责记录分析并最后确认答案。

（3）主持人展示产品卡片后开始计时，甲可以向主持人提出是非问题，如“是男女都用吗？”“是老人用的吗？”“是医生用的吗？”等。主持人只能回答“是”或“不是”。甲逐步缩小范围。

（4）乙根据甲确定的目标顾客，猜产品功效。主持人同样只能回答“是”或“不是”。

（5）规定时间内，丙根据自己的记录分析，确定该产品的目标顾客、产品功效，并给出参考价格。与实际情况差距最小者获胜。

3. 游戏提示

（1）3人团队应提前设计好问题，确定甲、乙两人之间的提问时长，以减少用时。

（2）当游戏难度太大，甲、乙两人耗时过多时，主持人可以给予提示，缩小猜测范围。

项目三

由谁来创业

项目路径

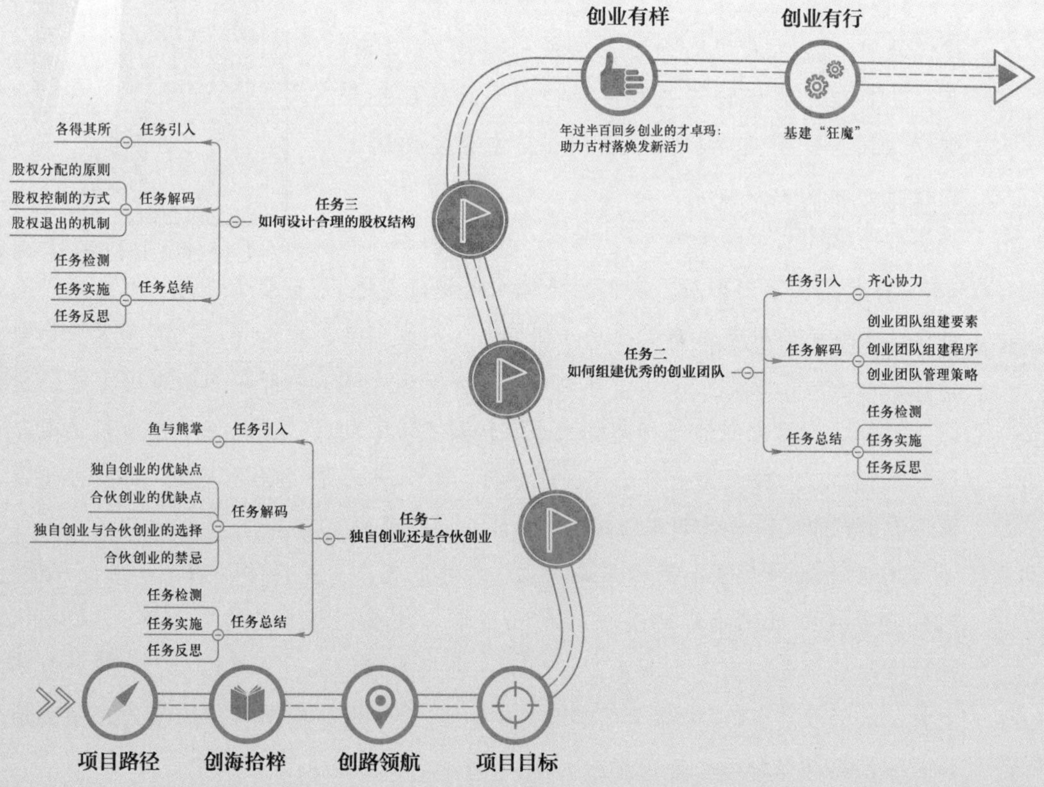

创海拾粹

中国改革开放后第一个实行厂长承包责任制的企业

纤薄的红檀木扇面，上万个形状各异的镂空小孔，组合成钱江潮、西湖景的图案，亚运会主题的运动形象点缀其中；古朴的黑纸折扇上，有真金微楷写下的《续书谱》……在中国（杭州）工艺美术精品博览会上，百年“中华老字号”王星记扇厂（图3-1）展示的传统工艺、创新扇艺，令观者惊叹不已。

“是改革让‘老字号’焕发新活力，让曾经濒临倒闭的企业涅槃重生。”国家级非遗代表性传承人、杭州王星记扇业有限公司董事长孙亚青感慨良多。孙亚青18岁进王星记扇厂学艺制扇，从一名普通技工成长为企业“掌门人”，亲历几十年间企业的发展变迁。

图 3-1　杭州王星记扇厂厂牌

1976年孙亚青进厂时，王星记刚开始恢复传统产品生产，老艺人带新学徒，传承制扇技艺。1983年，王星记率先实行厂长承包责任制。时任厂长俞剑明认为，老企业要加快产品创新，充分发挥职工积极性，才能更好发展。他带头签订承包协议，带领全厂干部员工实行改革。

“当时厂长干劲十足，我们生产工人也积极支持。”孙亚青记得，承包协议签订后，企业变化很大：新成立扇子研究所，研发新品，增加产品花色品种，如塑料微风扇、绢花扇等；企业还首次把展销会开到香港，打开东南亚市场。

一年后，承包经济指标超额完成。1984年4月7日，“王星记承包合同兑现大会”在浙江省人民大会堂热热闹闹地举行。俞剑明获得4 000元奖金，他全部拿出来用于生产研发；每位职工则获得加一级工资的奖励。

20世纪80年代末，因为产品老化、人才流失，王星记陷入困境，连年亏损。到1999年，王星记扇厂的员工只剩60多人。改革创新才是唯一出路。2000年，杭州市政府推进国有老企业王星记改制，孙亚青担任杭州王星记扇业有限公司董事长、总经理。“王星记是百年民族品牌，要保护好、传承好传统工艺，培养扇艺新人，担当起弘扬中华文化的责任。”孙亚青和员工们牢记使命。

近年来，王星记通过培育能工巧匠，把传统文化资源、非遗资源转化为产业资源，企业年产值达3 000多万元，国有资产增值到1亿多元。2016年，王星记扇子还成为G20杭州峰会官方纪念用品，向世界展示中国文化之美。

（资料来源：江南.中国改革开放后第一个实行厂长承包责任制的企业.人民网，2018-11-13.有删改.）

创业启示：

>>团队成员应该和你一样关心企业的未来发展，其秘诀就是逐渐培养每位员工的主人翁精神，充分发挥他们的积极性。通过交流和沟通，帮助团队成员找到他们真正想要实现的目标。

创路领航

航天报国的嫦娥团队、神舟团队平均年龄是33岁，北斗团队平均年龄是35岁。这样的青年英杰数不胜数！我们要用欣赏和赞许的眼光看待青年的创新创造，积极支持他们在人生中出彩，为青年取得的成就和成绩点赞、喝彩，让青春成为中华民族生气勃发、高歌猛进的持久风景，让青年英雄成为驱动中华民族加速迈向伟大复兴的蓬勃力量！

——2019年4月30日，习近平总书记在纪念五四运动100周年大会上的讲话

项目目标

● 知识目标

（1）了解独自创业和合伙创业的优缺点。

（2）掌握组建创业团队应考虑的主要因素。

（3）理解股权设计的核心、分配原则、控制方式和退出机制。

● 能力目标

（1）具备根据自身实际情况选择合适的创业方式的能力。

（2）具备根据自身实际情况组建优秀创业团队的能力。

（3）具备合理设计创业项目股权结构及退出机制的能力。

● 素养目标

（1）具有一定的遵纪守法意识。

（2）具有平等、和谐、友善的意识。

（3）具有一定的预判及规划设计理念。

任务一　鱼与熊掌——独自创业还是合伙创业

▶ 任务引入

鱼与熊掌①

欧思琴经过一番努力，终于将自己的创业项目确定下来。但在制订工作计划时，她发现资金、场地、采购、销售、财务、物流各环节的事情纷至沓来，自己一个人完不成。她想找人帮忙一起做，但找雇员还是合伙人，欧思琴还有些犹豫。现实中“1+1>2”和“三个和尚没水吃”的现象比比皆是，她决定先了解独自创业与合伙创业的优缺点，再结合自己的实际情况做决定。

▶ 任务解码

一、独自创业的优缺点

（一）独自创业的优点

1. 利益驱动力强

独立创业意味着创业者要独立担负企业的全部责任，随时准备承受因经营失败、企业倒闭而造成的全部损失，同时可能获得经营成功的全部收益。这种独担风险的责任感和独享成果的幸福感、成就感，会给予创业者极大的创业动力和精神鼓舞，促使创业者愿意吃更多的苦、受更多的累，竭尽全力把企业经营好。

2. 工作效率高

由于创业者管理所有的业务，不会出现管理权分散的现象。创业者不需要征

---

① 出自《孟子·告子上》：“鱼，我所欲也，熊掌亦我所欲也；二者不可得兼，舍鱼而取熊掌者也”，比喻都很想得到，难以抉择的事物。

求别人的意愿，不需要说服别人，不必与别人交涉、商讨彼此的责任与义务。这样，他可以及时、快速地抓住稍纵即逝的发展机遇，提高工作效率。

3. 营运成本低

在企业中，合伙人的管理费用占比较高，而独立创业的管理费用会大大降低，这样可以用较低的成本度过艰难的创业初期。

4. 较大的灵活性

由于独创企业内关系简单，创业者可以随时根据自己的独立判断和现实需要，机动灵活地采取各种行动，调整企业的行为。所谓“船小好调头”，就是对独创企业灵活性的写照。

（二）独自创业的缺点

1. 经营规模小且经营方式单一

由于个人投资的资金相对薄弱，独创企业面临的资金压力较大，在企业发展到一定程度时，难以攻破其发展的上限，而规模相对窄小的企业，也难以取得更好的规模效益。同时，为了将有限的资金投放到较好效益的产品上，企业不得不压缩其他经营品种，从而造成经营的局限性，这对企业的持续发展不利。因此，大多数独创企业往往处在较低的生存水平，甚至退出市场。

2. 决策易产生随意性

独创企业是以创业者的个人意愿而兴办的企业，整个决策都是由创业者个人的意志决定的，这样企业的兴衰荣辱都系于创业者一个人身上，而一个人的思维、能力与才干毕竟有限，存在着这样或那样的不足，性格也难免有缺陷，这就可能使企业经营潜伏着种种危机。

3. 创业者处于孤军作战的境地

独自创业是非常辛苦的，几乎所有的事情都由创业者一手操持，无人帮忙，其身心会面临着巨大的考验，并可能因此耽误事业的顺利发展。正因为如此，独创企业这一形态在企业的发展中，特别是二次创业时，常常被其他的企业形态所替代。

二、合伙创业的优缺点

（一）合伙创业的优点

1. 资金充足

刚开始创业时，一般会面临资金短缺的压力。如果是合伙创业，合伙人各出一些资金，资金问题就得到了很好的解决，容易使企业产生规模效益。

2. 决策理性

“滴水不成海，孤木难成林。”多人合伙创业，可以发挥集体智慧，取长补短，便于事业发展。

3. 互相监督

多元化利益主体会自然形成企业内部监督机制，使企业达到一种理性化、科学化的经营管理状态，在较高的起点上顺利开展经营活动，从而更容易承担市场压力和风险。

（二）合伙创业的缺点

1. 利益纷争

每个合伙人的能力有高有低，对企业的贡献有大有小，分工合作往往会加大差异，容易出现参差不齐的现象，使合伙人在企业管理、业务开展、利润分配等方面产生矛盾，影响合伙企业的正常运作和发展。

2. 个性不合

因为经验、友谊和共同兴趣结成的合作伙伴，在发现商业机会后共同创业的例子很多。这种关系驱动的模式比较符合中国文化的特点，团队的稳定性相对较高。人际交集往往会掩盖团队成员性格上的差异、处理问题的态度，关系的远近亲疏也经常会成为制约团队发展的瓶颈。如果创业合伙人之间性格或个性不合，则很容易在创业磨合期出现分歧甚至分裂，甚至引发团队解散。

3. 理念不同

创业之初，合伙人的选择难免出现随意性和偶然性，可能出现合伙人的经营理念、关注的重点不一致，团队思想不统一；或是随着企业的成长，有些合伙人的能力难以适应更大规模、更规范的企业经营管理的需要。这都会引发各种矛盾，最终导致整个创业团队解散。

云端课堂

独自创业与合伙创业该如何选择

三、独自创业与合伙创业的选择

（一）根据个人能力选择

创业者在实践中要根据自己的实际情况进行分析和选择。如果你是全能型的人才，有资金、懂技术，懂经营、善管理，那么选择独自创业比较好。反之，如果个人能力有限，则应选择合伙创业。因为一个人的能力毕竟有限，要想成就大事，必须与人合作，聚众人之智，这样成功率就会大大增加。

（二）根据经营规模选择

从总体来看，近年来合伙创业的成功率还是比较高的，尤其是在高新科技和互联网行业，合伙创业比独自创业的成功率高。有人曾对100家知名的创业型科技公司进行调查，调查结果显示，合伙创业的公司占51%，且有28家公司已上市，其融资和上市的比例均高于独自创业的公司。当然，也有不少人通过“单干”闯出了一片天地，干出了一番大事业。

（三）根据行业类型选择

某些特殊行业要求必须采用合伙创业的形式。例如，在创办律师事务所、会计师事务所时，如果没有合伙人，就很难开展业务；对资金、技术依赖性强的行业也不适合独自创业。因此，是否选择合伙创业和创业者及要进入的行业有很大关系。一些行业的创业者必须要有合作精神，要建立合作团队。

随堂讨论：
>>独自创业好，还是合伙创业好？

四、合伙创业的禁忌

（一）目标不一致

信仰趋同，一定要找跟你有共同价值观、文化底蕴、梦想的合伙人。只有合伙人与你的创业目标一致，他们对项目的想法和期望才会和你一致。

（二）能力不互补

合作之前要全面了解你的合伙人的性格、能力等，明确合不合适一起做事。你与合伙人之间的能力和技术要互补，如果不互补则可以考虑换个合伙人。很多创业者喜欢去找自己原来的同事，其实这是不对的，应找跟你能力差异互补的人，而不是能力相似的人，因为那样会产生竞争、分歧和矛盾。有人擅长营销，有人擅长技术，有人擅长产品，这就是能力的差异互补。

（三）股权不清晰

无论和多好的朋友创业，都要选出一个领导者。如何用股权机制让朋友之间更好地合作，这是创业的关键问题。股东间级别要有主次，而且一定要先签订书面协议，不要口头约定，所谓“口说无凭”。

▶ 任务总结

● 任务检测

扫描下方二维码，测一测你对本任务知识的掌握程度。

● 任务实施

1. 活动说明

根据创业项目的特点，确定选择独自创业还是合伙创业，并说明理由，同时完成创业方式选择表（表3-1）的填写。

表3-1　创业方式选择表

创业项目名称：

项目	分析		
选择的创业方式	创业方式	可能面临的问题	你的选择
	独自创业	问题1：	□独自创业 □合伙创业
		问题2：	
	合伙创业	问题1：	
		问题2：	
选择理由	理由1：		
	理由2：		
	理由3：		

2. 评价标准

（1）准确性（30分）。独自创业可能面临的问题分析准确。

（2）清晰性（30分）。合伙创业可能面临的问题分析准确。

（3）可行性（40分）。选择理由符合项目本身与创业者实际情况，条理清晰。

● 任务反思

创业者在做出创业的决定后，一般会遇到这样的问题：是自己单枪匹马闯天下，还是与人合伙创天下？现实的情况是，有人单枪匹马闯出了一片天地，有人却因独木难支而败下阵来；有人合伙创业却因“一山难容二虎”而令本已形势大好的事业半途而废，甚至合伙人对簿公堂、反目成仇；有人则因合伙人能“同仇敌忾”而“三个臭皮匠赛过诸葛亮”，干出了一番大事业。在独自创业和合伙创业之间如何选择是一个难题，关键在于你自己的判断。

请结合本任务所学知识，完成思考笔记（表3-2）的填写。

表3-2　思考笔记

思考题目	记录	
独自创业	优点	缺点

续表

思考题目	记录	
合伙创业	优点	缺点
如何选择独自创业与合伙创业	如何根据创业者能力选择独自创业或合伙创业	如何根据生意大小选择独自创业或合伙创业
	哪些特殊行业必须采用合伙创业形式	合伙创业的禁忌有哪些

任务二　齐心协力——如何组建优秀的创业团队

▶ 任务引入

齐心协力[①]

欧思琴也想拉上志同道合的伙伴共同创业。在组建创业团队时，欧思琴梳理了几个有意向的合作伙伴：小林听自己的话，但能力一般；小李能力强，但不怎么听取别人的意见；小王沟通能力强，但说得多做得少；小赵有资金，但为人高调，大家都不喜欢他……该选谁呢？欧思琴又犯愁了。

▶ 任务解码

云端课堂

组建创业团队应考虑的要素

一、创业团队组建要素

创业之路本就艰辛，为了成功抵达创业成功的彼岸，创业者更应该考虑周全，从组建团队时就要未雨绸缪，把创业之路铺垫好。寻找一流的合伙人、组建一个优秀的创业团队并不是一件容易的事。组建创业团队应考虑以下五个要素。

（一）目标

创业团队应该有一个既定的共同目标，该目标应成为创业团队的共同奋斗理想，为团队成员导航，明确团队的努力方向。在初创企业的管理中，目标常以企业的愿景、战略等形式体现。团队成员对该目标要有明确的认识，在为实现共同目标做出努力时，清楚地知道自己应该做哪些具体工作，以及怎样共同工作。

（二）人员

在新创企业中，人力资源是所有创业资源中最活跃、最重要的资源，人是构成创业团队最核心的力量。创业的共同目标是通过人来实现的，不同的人通过

① 出自《墨子·尚贤》：“《汤誓》曰：‘聿求元圣，与之戮力同心，以治天下”，指思想一致，共同努力。

分工共同完成创业团队的目标，因此人员的选择是创业团队建设中非常重要的部分，创业者应当充分考虑团队成员的能力、性格等方面的因素。

（三）定位

定位包含两层含义。

（1）创业团队的定位，即创业团队在企业中处于什么位置，由谁选择和决定团队的成员，创业团队最终应对谁负责，创业团队采取什么方式激励下属。这种定位往往影响着创业实体的组织形式，是合伙企业还是公司制企业。

（2）个体（创业者）的定位，即团队成员在创业团队中扮演什么角色，承担什么责任。创业活动的成功推进，不仅需要整个企业能够寻找到合适的商机，还需要整个创业团队能够各司其职，形成一种良好的合力。因此，每个创业团队成员都应当对自身在团队中的位置有正确的定位，并且根据定位充分发挥主观能动性，推进企业成长。

（四）权限

为了实现创业团队成员的良好合作，应赋予每个团队成员一定的权力。事实上，团队成员对于控制力的追求也是他们参与创业的一个重要原因。为了满足这一要求，创业者需要分配权限给他们，以达到激励的效果。对于创业活动来说，所面临的是更为动态多变的环境，管理事务也比较复杂。创业团队成员每个人都需要承担较多的管理事务，客观上也需要有一定的权力，能够在特定的条件下进行决策。因此，权力的分配有利于提高创业团队的运作效率。

（五）计划

计划是创业团队未来的发展规划，也是目标和定位的具体体现。从创业团队的组建和发展过程来看，计划的指导作用自始至终都是存在的。在计划的帮助下，创业者能够有效制订创业团队的短期目标和长期目标，提出实现目标的有效实施方案，以及实施过程的控制和调整措施。计划规定了团队成员在不同阶段的目标及达到目标的具体工作程序，从而保证创业团队的工作进度。这样，创业团队才能一步步地贴近目标，从而最终实现目标。

二、创业团队组建程序

（一）明确创业目标

拥有一个明确的、鼓舞人心的目标，意味着创业团队对主要任务达成了相互理解、共同努力的协议。当团队成员对于未来状态拥有共同愿景时，团队就会向着共同目标迈进。

（二）制订创业计划

在确定创业目标后，接下来就是研究如何一步步实现目标，这需要制订周密的创业计划。创业计划是一份全面说明创业构想及怎样实施创业构想的文件，是在对创业目标进行分解的基础上以创业团队为整体来考虑的计划，确定了在创业不同时期需要完成的任务，并通过逐步实现阶段性目标，最终实现创业总目标。

（三）招募团队成员

招募合适的团队成员是组建创业团队最关键的一步。招募团队成员需要考虑两方面的因素：一是志同道合，团队成员合作的基础是志同道合、目标一致。共同的目标和经营理念能将团队成员凝聚在一起。二是优势互补，即团队成员在性格、技能、知识能力等方面形成互补。这种互补性既有助于加强团队成员间的合作，又能保证团队的战斗力，从而更好地发挥团队的作用。

随堂讨论：

>> 如何说服各类精英加入自己的团队？

（四）划分团队职权

为了保证创业团队各项工作的顺利开展，必须在创业团队内部进行职权划分。创业团队职权划分是指根据执行创业计划的需要，确定每个团队成员所担负的职责和享有的权限。团队成员之间职权的划分必须明确，既要避免职权重叠和交叉，也要避免遗漏职责。此外，团队处于创业阶段，面临的创业环境复杂多变，会不断地出现新问题，团队成员也会发生变化，因此应根据实际情况不断调整创业团队成员的职权。

随堂训练：

>> 根据你的创业项目组建一个团队，确定好团队人员的主要工作职责。

（五）构建制度体系

创业团队的制度体系体现了创业团队对团队成员的控制和激励能力，主要包括团队的各种约束制度和激励制度。一方面，创业团队通过各种约束制度（主要包括纪律条例、组织条例、财务条例、保密条例等）避免其成员做出不利于团队发展的行为，对成员行为进行有效的约束，保证团队的稳定。另一方面，创业团队要实现高效运作，必须有有效的激励机制（主要包括利益分配方案、奖惩制度、考核标准、激励措施等），充分调动成员的积极性，最大限度地发挥团队成员的作用。

（六）调整融合团队

完美的创业团队不是一开始就能建立起来的，而是在企业创立一定时间以后，随着企业的发展而逐步形成的。随着团队的运作，团队组建时在人员匹配、制度设计、职权划分等方面的不合理之处会逐渐暴露出来，这时就需要对团队进行调整融合。问题的暴露需要一个过程，因此团队的调整融合也是一个动态持续的过程。在完成了前面的工作步骤之后，团队的调整融合工作专门针对运行中出现的问题，不断地对前面的步骤进行调整，直至满足实际需要为止。在进行团队调整融合的过程中，最为重要的是保证团队成员间经常进行有效的沟通与协调，培养并强化团队精神，提升团队士气。

三、创业团队管理策略

（一）确立团队领袖

创业团队领袖是团队的核心人物，是为了实现团队的目标，为团队其他成员提供指引和领导的人。大量创业案例显示，有团队领袖主导的创业团队更为稳定。团队领袖的凝聚力更好地保证了紧密的组织结构和较强的向心力，团队领袖能明确指出团队未来的努力目标和方向，使团队成员的目标保持一致。在创业团队中，团队领袖的思维方式、行为习惯乃至价值观念都会对团队成员产生影响，团队领袖的能力水平也决定了创业团队整体的能力水平。创业团队领袖的主要职责包括组建创业团队、确立团队目标和企业发展战略、建立有效的团队管理机制、整合资源等。

（二）建立良好的沟通机制

沟通是信息交流的重要手段，它就像一座桥梁，连接着不同的人、文化和理念。良好的沟通是高效率团队必备的要素之一。通过沟通，团队成员可以分享信息、理顺情绪、化解矛盾，最终达成共识，和谐相处，使团队更具有战斗力。作为团队的领袖，更要懂得合理运用各种沟通技能，选择恰当的创业团队沟通方式。

（三）制定有效的激励机制

在团队管理中，激励机制用于激发团队成员的工作热情，通过各种有效的方法调动成员的积极性，使其努力工作，完成既定的任务。制定激励机制时，要注意遵循以下原则。

（1）公平。创业团队领袖一定要以一种公平的心态来处理团队成员问题，做到对事不对人。

（2）及时。奖惩的时效性比奖惩的力度更重要，要尽量缩短奖惩周期。

（3）灵活。激励效果取决于团队成员的内心满足程度，因此激励要因人而异。

（4）适度。有效的激励制度，应该是根据团队成员贡献量的大小，使其获得与付出相对应的收益，并对未来的收益充满期待。

（四）建立合理的股权分配机制

股权即因出资而享有的股东权利，具体指股东从企业获取经济利益并参与企业经营管理的权利。创业团队成立后，面临的一个关键问题就是决策成员间的工作分工和股权分配。工作分工是对成员工作内容和职责的界定，而股权分配则是对创业利益分配方式的约定。工作分工有助于短期内维持创业过程的有序性，股权分配则有助于长期维持创业团队的稳定和企业的稳定发展。在团队成员之间进行股权分配，可以使团队利益和个人利益、团队目标和个人目标关联起来，从而激发每个团队成员的工作积极性，在实现个人目标和团队目标的过程中，达到团队利益和个人利益的长期最大化。

（五）注重团队成员共同学习

团队成员在组织内通过团队学习实现知识共享。在知识经济时代，团队竞争就是学习速度的竞争。个人学习的成果如果不经过团队学习的转化，就只是个人知识的增长，无法形成团队整体的学习力和竞争优势；相反，个人通过团队学习，实现团队成员的知识共享，能快速提高团队的知识总量和集体智慧，增强企业竞争力。

▶ 任务总结

● 任务检测

扫描下方二维码，测一测你对本任务知识的掌握程度。

● 任务实施

1. 活动说明

根据自己的项目，完成表3-3的填写。

表3-3　团队组建表

创业项目名称：

<table>
<tr><th>项目</th><th colspan="3">分析</th></tr>
<tr><td rowspan="6">成员概况</td><td>团队成员</td><td>主要工作职责</td><td>特点</td></tr>
<tr><td></td><td></td><td></td></tr>
<tr><td></td><td></td><td></td></tr>
<tr><td></td><td></td><td></td></tr>
<tr><td></td><td></td><td></td></tr>
<tr><td></td><td></td><td></td></tr>
<tr><td rowspan="3">团队整体的优势</td><td>1</td><td colspan="2"></td></tr>
<tr><td>2</td><td colspan="2"></td></tr>
<tr><td>3</td><td colspan="2"></td></tr>
<tr><td rowspan="3">团队劣势及解决思路</td><td>1</td><td colspan="2"></td></tr>
<tr><td>2</td><td colspan="2"></td></tr>
<tr><td>3</td><td colspan="2"></td></tr>
</table>

2. 评价标准

（1）职责明确（30分）。团队成员工作职责明确，个人特点鲜明。

（2）促进作用（30分）。团队整体的优势对创业项目的促进作用明显。

（3）解决思路（40分）。团队劣势分析准确，解决思路条理清晰。

● 任务反思

创业团队是由两个以上具有一定利益关系、共同承担创建新企业责任的人组建的工作团队。创业维艰，创业的路到底能走多远，很大程度上取决于人，而一个优秀的团队对于创业而言，至关重要，它决定了创业的成败。

请结合本任务所学知识，完成思考笔记（表3-4）的填写。

表3-4　思考笔记

思考题目	记录
组建创业团队应考虑的要素	
创业团队管理的技巧	

任务三　各得其所——如何设计合理的股权结构

▶ 任务引入

各 得 其 所①

欧思琴听过一个故事：一个创业公司有3个合伙人，老大出资50万元，老二出资30万元，老三出资20万元，并约定“出多少钱占多少股”。当公司发展到一定程度时，老二跟老大、老三不和，要求离职。于是，问题出现了——当时老二出资30万元占了公司30%的股份，现在怎么办？老二当然不同意退股，理由很充分。第一，这30%的股份是自己真金白银花30万元买的，退了，不合理；第二，《中华人民共和国公司法》和公司章程都没规定股东离职还要退股，退了，不合法。然后，老大、老三傻了眼，他们确实没理由把老二的股权收回来。但是，万一到时候公司升值了，老二跑回来说这个公司的30%是自己的，怎么办？最后，创始人内部会陷入无穷无尽的股权纠纷之中，投资人碍于股权纠纷也不敢投资……如此创业公司只会走向倒闭。看来设计合理的股权结构非常重要。欧思琴准备与4个朋友一起创业，在这5个合伙人里，欧思琴和两个朋友是全职工作，另一个朋友打算兼职，过一段时间再全职加入，还有一个朋友只出资金。欧思琴对自己这次创业信心十足，但她现在苦恼的是，公司的股权结构应该如何设置？

▶ 任务解码

合理的股权结构对创业公司的发展至关重要，股权结构一旦确定，特别是已经在市场监督管理部门登记了，就很难调整，因此，创业者在一开始就要设置好

① 出自《周易·系辞下》：“日中为市，致天下之民，聚天下之货，交易而退，各得其所”，常比喻每个人或事物都得到恰当的安排。

公司的股权结构。

一、股权分配的原则

云端课堂

股权分配原则

不合理的股权结构，可能会直接导致创业团队的分裂和创业项目的失败。因此，应遵循以下原则来设计合理的股权结构。

（一）按贡献和投入分配

回报和付出要相适应，谁的贡献和投入更多，谁就应当多分配一些股权。例如，创始人和联合创始人每个人投入的资源、职位和角色的重要程度、哪个人对项目的成功最重要、谁是全职谁是兼职等都是股权分配中需要考虑的因素。一般来说，创始人肯定是持有最多股权的，因为他付出最多、承担的风险最大，但也要考虑其他合伙人的利益。例如，有的项目创业团队由4个人组成，但只有创始人有股权，其他3个联合创始人都没有股权，或者创始人占有97%的股权，其他3个联合创始人每人只有1%的股权，这样的股权结构安排，要么是那3个人对公司并不重要，要么是创始人不愿意把股权分享给合伙人。如果是后者，则另外的合伙人未来可能因得不到合理的回报而离开。

假设创业公司有3个合伙人，一个负责技术，一个负责销售，一个负责市场，合伙人的资历都差不多（这也是大多数创业公司的标准组合），这种情况应该如何分配股权呢？一般来说，技术研发是一个比较长期的过程，销售通常只在公司初创时能带来短期的资源效应，而市场职能介于两者之间。因此，对于这三种职能的股权分配，应该按照各自职能的综合效应，由高向低依次排序为技术、市场、销售。据此，我们还可以延伸到运营公司过程中的股权激励占比问题。公司股权激励占比表如表3–5所示。

表3–5　公司股权激励占比表

项目	短期（工资、佣金）占比	中期（年终奖）占比	长期（年金）占比
技术	低	高	高
市场	高	中	中
销售	高	高	低

（二）不平均分配股权

在实践中，有很多经验不足的创业者喜欢平均分配股权，如两个合伙人每人占50%的股权。这种分配方式并不合适，甚至可以说，平均分配股权是最差的股权分配方案。平均分配股权有可能带来如下三个恶果。

1. 公司没有明确的“领头羊”

因为合伙人股权都是一样的，所以凡事都得商量着来。如果公司没有一个明确的带头人，没有人可以最终拍板决策，那么公司的运营效率就会很低，难以快速发展。

2. 没有人为公司的发展负责

平均分配股权很可能使得合伙人没有强大的动力坚持下去，不愿意为公司最终的发展负责。在公司遇到困难时，其他合伙人都可以退缩、放弃，但是持有股权最多的创始人一定不能退缩、放弃。可是，如果股权分配很平均，则大家都有可能会放弃，可能没有一个人会坚持到最后。

3. 产生公司控制权纠纷

在公司发展到一定规模后，股权分配过于平均可能会导致股东之间争夺公司的控制权。例如，某快餐店的两位创始人的股权比例都是50%，后来由于特殊原因，两位创始人对立，并开始争夺公司的股权和控制权，使企业的发展受到严重影响。

总之，公司的股权，不应当是平均分配的；公司的决策权，也不应当是均等的。在一般情况下，早期创业公司应当由股权比例最高的人出任CEO，并实际管理公司。曾经有这样一个项目，创业团队很强，创业者也有比较丰富的相关行业经验，但是由于种种原因，股权比例最高的创始人没有担任CEO，而是由股权比例第二高的联合创始人担任CEO和公司的法定代表人。在创业过程中，两个人因对公司发展方向的意见不一致而产生了争执，直至矛盾激化。最后，该公司只好分立为两个项目，各自发展。其实，这个项目如果大股东当CEO，情况会好很多。因为在决策过程中，大股东的发言权自然要重一些。当大股东和CEO不一致时，股东之间就容易产生争执。创业团队中有一个明确做最终决策的人，比“多头管理”要好很多。

随堂讨论：

>> 如果平均分配股权已经发生，该如何挽救呢？

（三）非全职人员的股权不能太高

1. 不在公司全职工作的技术提供者一般不应占太高的股权比例

很多“硬科技”类的项目，主要是依托某项技术而开发产品。例如，某大学教授或某科研院所研究人员提供技术，公司创业团队负责运营。但这些科研人员只提供技术，并不会在创业公司全职工作。在这种情况下，不建议给技术提供者太高的股权。原因很简单，技术不等于产品，产品也不等于销售。把一个技术变为人们喜爱的产品，首先，要有一个把技术转化为产品的“产品化”的过程；其次，要有一个让人们喜爱产品和愿意为产品付费的“商业化”的过程。没有这两个过程，技术是不可能在创业中实现价值的。很多技术提供者要求在创业公司中占30%，甚至51%以上的股权，这样会导致实际运营公司的创业团队成员的股权占比较低，得不到充分的激励。同时，名气越大的技术提供者，由于其本职工作繁忙，投入创业公司的精力越少，如果技术提供者占太高的股权比例，不仅容易造成技术提供者与公司创业团队的矛盾，还会给公司未来的融资造成障碍。

例如，在荷兰，高等院校或科研人员如果给创业公司提供专利技术，他们通常不占公司的股权，仅仅是在销售中分得0.5%~4%的销售分成。即使在以技术创新而闻名的以色列，仅提供技术而不在公司全职工作的人员，所占的股权比例通常也很低。

单纯的技术提供者不能占太高股权比例，有两个有说服力的理由：一是如前文所说，技术提供者不在公司工作，不参与公司的日常运营，对公司的发展并没有决定性的作用。对于创新型企业来说，技术只是工作过程中的一小部分，更重要的是产品化的过程及后续的推广销售等。二是避免科研人员通过单一技术革新获得过于巨大的利益，这事实上有利于激励科研人员继续从事研发工作，不断做出新的发明创造。

2. 不要给资源方太高的股权比例

有很多创业者喜欢在创业的时候拉一些资源方，给资源方承诺很高的股权，这是有问题的。有资源方固然很好，但过于依赖资源方的创业也很难成功。创业是创业者自己的事情，要对自己高度负责，不能“等、靠、要”。外部人员当然可以帮助你，但外部人员不能取代你。因此，资源方的贡献往往是有限的，不是决定性的。此外，早期创业公司经常会调整发展方向，一开始谈好的资源方，在调整发展方向后，可能就不再起作用了。

3. 所有非全职人员所占股权比例之和不超过20%

技术提供者、资源方到底应该占多少股权？这是需要根据具体项目确定的，如技术的成熟度、资源方的重要性和是否是独家资源等。一般来说，创业公司的所有非全职人员所占股权比例之和不应超过20%。如果创业公司“流落在外”的股权超过20%，这家公司的股权结构就很难是健康的。

（四）要预留部分股权或期权

创业公司是在不断发展的，为了在未来引进优秀的合伙人和骨干人才，创业公司要预留部分股权或期权。这一点现在很多创业者都能理解。要预留多少股权和期权呢？对于一家初创公司，一般要预留15%~20%的股权或期权。如果核心创业团队还不太完整，就应该预留更多的股权或期权。考虑到未来的发展，创业公司预留的股权或期权不要分得太快。很多成功的创业者提到，早期创业的时候，创始人为了激励合伙人和骨干员工，承诺了很多股权或期权，但在后来公司需要引进关键人才时，发现预留的股权或期权不足。因此，对于那些通过投资机构融资来发展的已具备了一定规模的创业公司，担任公司首席体验官（chief experience officer，CXO）角色的管理者，其持有的公司股权应不超过5%；担任公司副总裁（vice president，VP）角色的管理者，其持有的公司股权应不超过2%。

随堂讨论：
>>预留的股权和期权分别留给谁？

考虑到公司创始人的持股、各轮投资人的持股、公司有若干的CXO和VP，以及员工期权池，这样的股权安排是相对合理的。

二、股权控制的方式

（一）企业股权结构的三种模型

1. 绝对控股型

这种模型的典型分配方式是创始人占2/3以上的股权，即67%以上的股权，合伙人占约18%的股权，创业团队预留约15%的股权。该模式适用于创始人投钱最多、能力最强的情况。在股东内部，绝对控股型企业虽然形式民主，但最后还是由创始人做决定，他拥有一票决定/否决权。

2. 相对控股型

这种模型的典型分配方式是创始人占51%的股权，合伙人团队占34%的股权，预留15%的股权。这种模型下，除了少数事情（如增资、解散、更新章程等）需要集体决策，其他事情由创始人做决定。

3. 不控股型

随堂讨论：
>>三种股权控制方式各有什么优缺点？

这种模型的典型分配方式是创始人占34%的股权，合伙人团队占51%的股权，预留15%的股权。这种模型主要适用于创业团队成员能力互补，每个人能力都很强，创始人只是有战略相对优势的情况。

（二）企业股权的四种控制方式

纵观国内外上市且发展良好的创业公司，创始人占股20%左右是较常见的情况。这种情况下，创业公司的控制权会不会出问题？事实上，不是只有控股才能控制公司，不控股的老板也能控制公司，这里就牵涉到企业股权的四种控制方式。

1. 投票权委托

投票权委托最典型的代表是京东。京东上市之前融资了很多钱，创始人的股份占比较低。因此，京东对后来的投资人都提出条件，就是签署投票权委托——创始人在上市前只有20%的股份，但是有50%的投票权。

2. 一致行动人协议

简单来说就是所有事项先在董事会内部进行民主协商，得到一致意见，否则就以创始人的意见为主。

3. 持股平台

针对有限合伙，创始人可以把合伙人、员工的股份放在员工持股平台上，以此将合伙人跟员工的股权全部集中到自己手里。有限合伙企业中的合伙人分为普通合伙人和有限合伙人，即使普通合伙人只持有万分之一的股份，这个持股平台里面的股份也都是他的，他可以代理有限合伙人的权利。有限合伙人主要享有分利的权利，但基本没有话语权。

4. AB股计划

AB股计划通常把外部投资人设置为一股有一个投票权，而创业团队一股有10个投票权。例如，虽然某创始人持股只占5.1%，但约定一股有10个投票权，这样他就有51%的投票权。

三、股权退出的机制

如果不设置合理的股权退出机制，则将无法适应创业公司频繁发生人员更迭的情况。事先约定科学的股权退出机制，可以更合理地解决员工离职问题。常见的股权退出机制有三种。

（一）限制性股权

限制性股权也是股权，可以直接办理工商登记；它有权利限制，这种权利限制可以约定4年兑现，如果出现股东离职的情况，则公司可以按照一个事先约定的价格进行回购。限制性股权的限制在于可以分期兑现和回购。无论企业是否融资、上市，都需要套用限制性股权。例如，合伙人早期只出资几万元，拿了20%的股份。干了不到半年，创业公司做到5 000万元或者1亿元市值，创业公司肯定不希望他仅靠一点贡献就拿走一大笔钱，所以建议创始人发限制性股权。

（二）股权分期兑现

股权分期兑现有四种方式。

（1）约定4年，每年兑现25%。

（2）任职期满第二年兑现50%，任职期满第三年兑现剩余的75%，任职期满第四年全部兑完，这是为了预防短期投机行为。小米的员工股权激励就是采用的这种模式。

（3）逐年增加，第一年兑现10%、第二年兑现20%、第三年兑现30%、第四年兑现40%，也就是干的时间越长，兑现得越多。

（4）干满一年兑现25%，剩下的在3年之内每个月平均兑现。这种方式以干满一年为兑现前提，后面每个月兑现一部分，算得比较清楚。

这几种模式会将团队导向不同的方向，创业企业可以根据实际情况进行选择。

（三）约定回购机制

约定回购机制的关键是回购价格。有些创业公司一开始就约定，如果合伙人离职，则公司按照协商的价格回购股权。这里介绍几种约定回购方式。

1. 参照原来购买价格的溢价

例如，原来花10万元买了10%的股权，如果这部分股权现在价值20万~30万元，就得溢价购买。

2. 参照公司净资产

如果公司运营到第三年或第四年的时候资产已经有了1亿元，这时按照原来购买的价格溢价回购股权，那么其他合伙人这几年就白干了。因此，对于此类重资产企业，可以参照净资产来定价格。因为回购是一个买断的概念，相当于把对方未来十几年的财富都关断了。所以从公平合理的角度得有一定的溢价。

3. 参照公司最近一轮融资估值的折扣价

回购为什么要打折呢？基于以下几点考虑。

（1）从公平合理的角度出发，资本本来就是投资公司的未来。5 000万元、1亿元的估值是认为未来公司值这么多钱，但这个估值是可变的，并不代表合伙人离职的时候公司就是这个价值。

（2）从公司现金流角度出发，如果完全按照公司估值，公司现金流的压力就会很大。

（3）从公司团队的导向出发，公司的导向就是引导大家长期努力工作。用什么价格回购股权是以公司的具体模式为依据的。

4. 做好预期管理

约定回购机制怎么落地？首先要在理念层面达成共识，然后再制定规则。例如，是基于长期投资，还是基于短期投资？未来这个公司能不能做成？能走多远？能做多大？如果不回购股权，那么对长期参与创业的股东是不是公平合理？

总之，所有合伙人要用同一套标准，只有在理念层次沟通好了，才能够平和理性地去谈具体的规则。

▶ 任务总结

● 任务检测

扫描下方二维码，测一测你对本任务知识的掌握程度。

● 任务实施

1. 活动说明

根据自己的项目和团队实际情况，完成表3-6的填写。

表 3-6　股权设计表

创业项目名称：

<table>
<tr><th>项目</th><th colspan="3">分析</th></tr>
<tr><td rowspan="5">项目及团队情况</td><td>团队人员</td><td>股权占比/%</td><td>分配或预留股权或期权的理由</td></tr>
<tr><td></td><td></td><td></td></tr>
<tr><td></td><td></td><td></td></tr>
<tr><td></td><td></td><td></td></tr>
<tr><td></td><td></td><td></td></tr>
<tr><td rowspan="2">股权结构特点</td><td colspan="3">股权结构属于：□绝对控股　□相对控股　□不控股</td></tr>
<tr><td colspan="3">该种股权结构的特点：</td></tr>
<tr><td>股权退出机制</td><td colspan="3">描述你设计的股权回购机制：</td></tr>
</table>

2. 评价标准

（1）股权占比合理（30分）。股权占比合理，符合股权分配原则，分配或预留股权或期权的理由充分。

（2）股权结构合理（30分）。股权结构与股权占比相符，股权结构特点描述正确。

（3）退出机制合理（40分）。股权回购机制设计合理，思路条理清晰。

● 任务反思

世间熙熙，皆为利来，世间攘攘，皆为利往。创业者在创业前一定要合法、合理、明确地分配股权。创业者之间应"亲兄弟，明算账"，以免日后反目成仇。请结合本任务所学知识，完成思考笔记（表3-7）的填写。

表 3-7　思考笔记

思考题目	记录
股权分配的原则有哪些	
股权退出机制有哪些	

创业有样

年过半百回乡创业的才卓玛：助力古村落焕发新活力

2012年，看到震后重建的玉树市区发展得越来越好，才卓玛决定承包市里的一家酒店。运营、接待、策划……初涉酒店行业，才卓玛抓紧一切时间学习，慢慢摸清了酒店经营的“门道”。酒店生意越做越红火，才卓玛心中却始终留有遗憾。“每次回到结拉村，看着家乡绿水青山却留不住人，村里稍微有点文化的人都离开了，村子越来越冷清。”谈及以前，才卓玛颇为无奈。

结拉村是典型的半农半牧村。长久以来，居住在这里的群众利用当地独特的片石资源，建造了大量的石砌房屋，形成了极具特色的藏式传统村落。但随着一些村民的离开，传统村落没能得到很好的保护和利用，不少房屋处于废弃状态。

才卓玛看在眼里，急在心里。“绿水青山就是金山银山，每次听到或看到这句话，我脑海中浮现出来的就是我的家乡，我必须回去。”2019年，才卓玛将经营多年的酒店转手，又陆续卖掉自己名下的商品房和商铺，带着大半辈子的积蓄回到结拉村，发展乡村生态旅游产业，建设生态旅游山庄。

听到消息，各种质疑和不解纷至沓来。朋友说：“投入这么大，想过怎么回本吗？”丈夫也不理解：“家里钱够花了，都这么大年纪了还创业，身体吃得消吗？”才卓玛的回复很坚定：“我不忍心看到村民们背井离乡，想让家乡的青山绿水真正变成富民增收的绿色产业。”

刚到家乡，一切都从零开始。才卓玛不停走访考察，全力修缮、保护传统的藏式建筑，向村民普及乡村生态旅游和建筑保护知识。“那一阵太忙了，村里没人懂酒店运营和乡村旅游，策划、设计、会计、采购都是我一个人在做。”才卓玛说。

2021年，才卓玛打造的传统村落乡村民宿——益曲卡山庄正式营业，集民宿、生态旅游、餐饮娱乐、露营等为一体，深受游客喜爱。结拉村与才卓玛签订了协议，将村集体经济资金400万元入股到益曲卡山庄，既能帮助村民解决就业问题，也能每年获得分红。

如今，益曲卡山庄为结拉村近20名村民提供了就业岗位，村民挡格和才卓夫妇从山庄建设之初就在此工作，现在挡格是山庄的电工，才卓是服务员。谈起工作，挡格赞不绝口。现在，依靠在山庄工作的收入，挡格家还清了欠款，今年家里还修建了阳光房，生活发生了翻天覆地的变化。“村里还有不少在外打工的人问我，山庄还招不招人，想要来山庄上班。”挡格笑着说。

山庄经营逐渐步入正轨，去年开业后仅营业了40余天就接待了近500名游客。今年，不少游客陆续来到结拉村感受自然生态和传统文化。“不是看到希望了才去坚持，而是坚持了才有希望。”才卓玛时常讲这句话。下一步，她还打算在山庄引入游牧文化体验，开发民族手工艺品伴手礼，带动更多村民就业，助力乡村振兴。

（资料来源：范培珅，柳泽兴.年过半百回乡创业 她助力古村落焕发新活力.新华社，2022-07-18.有删改.）

创业有行

基建“狂魔”

1. 目标

体验在绝对控股、相对控股和不控股3种模型下，工作完成效率与质量的不同。

2. 规则与程序

准备A4纸、不干胶和计时器，完成时间为10分钟。具体步骤如下。

（1）成员自由组合，每5人一组。

（2）主持人宣布规则。

① 在绝对控股模型下，1人为经理，4人为员工。经理具有绝对权威和一票决定权。经理将自己的思路告诉其他4名员工；员工自始至终不能反驳，也不能互相说话交流，必须无条件按照经理要求进行作业；经理不能直接参与工作。

② 在相对控股模型下，1人为经理，2人为合伙人，2人为员工。面对重要决策时，经理不能一个人决定，要将自己的思路告知合伙人，只要有1名合伙人同意，该思路就可以实施。否则，经理必须更换另一种思路，直至至少有1名合伙人同意为止。一旦思路通过，合伙人和员工就开展作业。

③ 在不控股模型下，1人为经理，4人为合伙人，5人都能提出思路，按照少数服从多数的原则进行决定。一旦思路通过，合伙人就开展作业。

（3）主持人发给每个小组20张纸和1个不干胶，每组成员要在最短时间内用这些材料建立一座最结实的桥。这座桥外形不限，但必须有基座和桥梁，承重能力越大越好。

（4）做完之后，每组把桥摆在全体学生面前进行评比。承重最大，速度最快的组获胜。胜出小组向全体学生分享体会。

3. 游戏提示

每轮游戏结束后，可通过改变条件来重复游戏。例如，内容变化——改建桥为建造房屋等；难度变化——资源越少、时间越短、难度越高；股权结构变化——采用不同的股权结构，如果上次采用绝对控股，则这次采用相对控股或不控股。

项目四

在哪里创业

项目路径

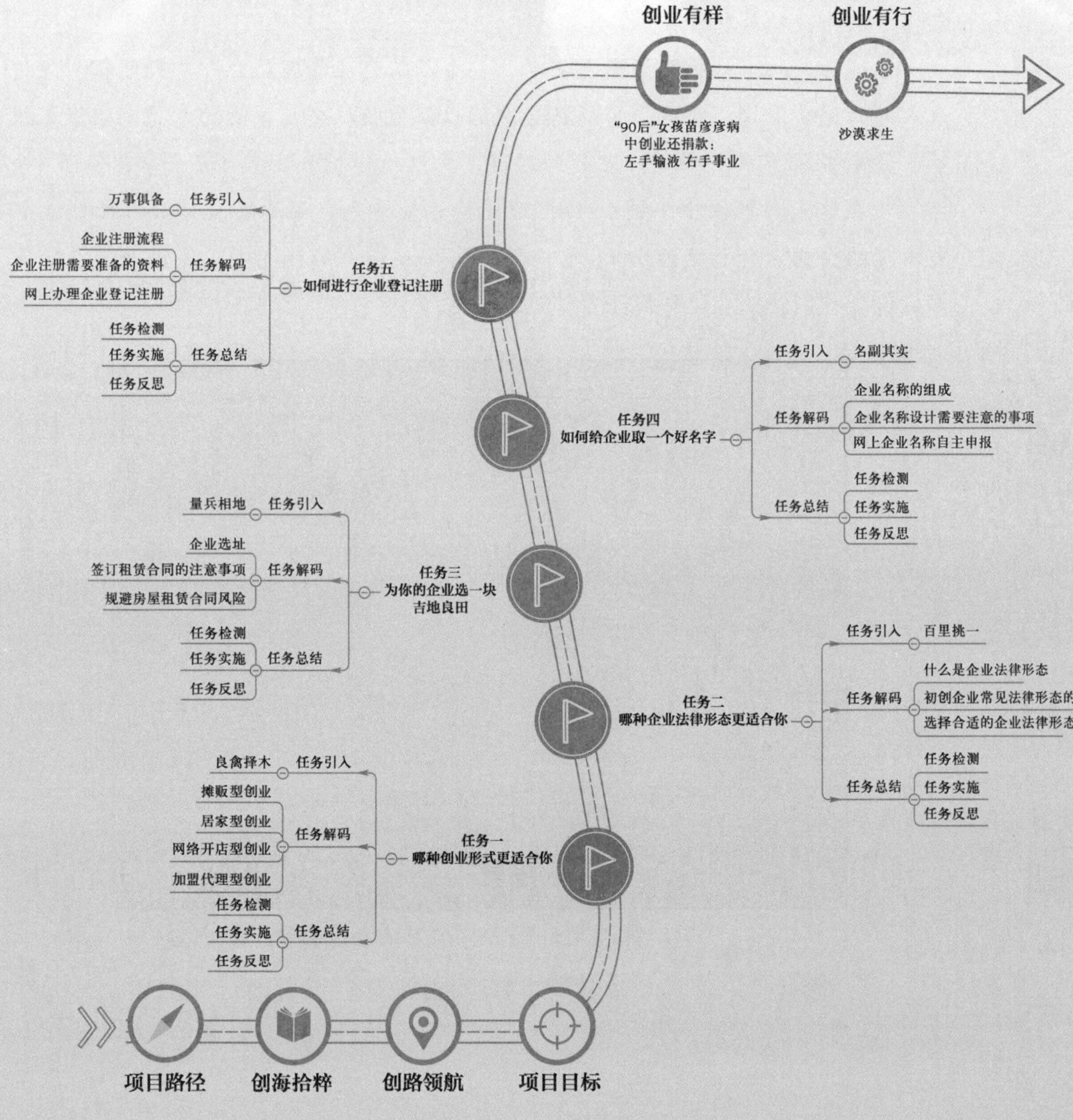

创海拾粹

全国第一家股份合作制企业

浙江温岭县社队企业管理局〔82〕第74号文件："同意建办温岭县牧南工艺美术厂，企业性质：社员联营集体。"这张小小的申请书，拉开了全国股份合作制企业申办的序幕，浙江省温岭市泽国镇也因此成为股份合作制企业的发源地。

1982年，温岭牧屿公社的社员陈华根、王华森来到社队企业管理局，找陈心鹤询问审批工艺美术厂的事。他们表示，这个厂主要生产奖状、鞋刷之类的小商品，名字就叫"牧屿牧南工艺美术厂"。经过询问，陈心鹤发现，两人想要办的厂完全是自己"打硬股"，也就是纯粹的私营，和集体一点关系都没有。后来，陈心鹤萌生了一个想法：是否能在所有制上有所改变，即企业经济性质由"社队集体"改为"社员联营集体"。

当这份新的审批材料提交上去时，整个社队企业管理局立即炸开了锅。经过众人的讨论、僵持，费尽一番周折后，陈心鹤把牧屿公社方面的意见向上级汇报后，牧南工艺美术厂的审批表顺利通过了。这份审批表上盖了7个章，签了6个名字。在这张审批表中（图4-1），还能清楚地看到，温岭县牧屿公社牧南工艺美术厂的企业资金总额为9 000元，职工总数为12人。1983年1月15日，全国首家股份合作制企业就这样诞生了。

创业启示：

>>20世纪80年代，中国正处于谋求突破的大背景下，新的生产方式、新的经济体制在各地不断酝酿发展。创业者应以开创的姿态、变通的智慧积极参与到经济发展的洪流中，捕捉一切机会改变命运。温岭县牧屿公社牧南工艺美术厂恰好站在时代的风口上，成为"第一个吃螃蟹的人"。

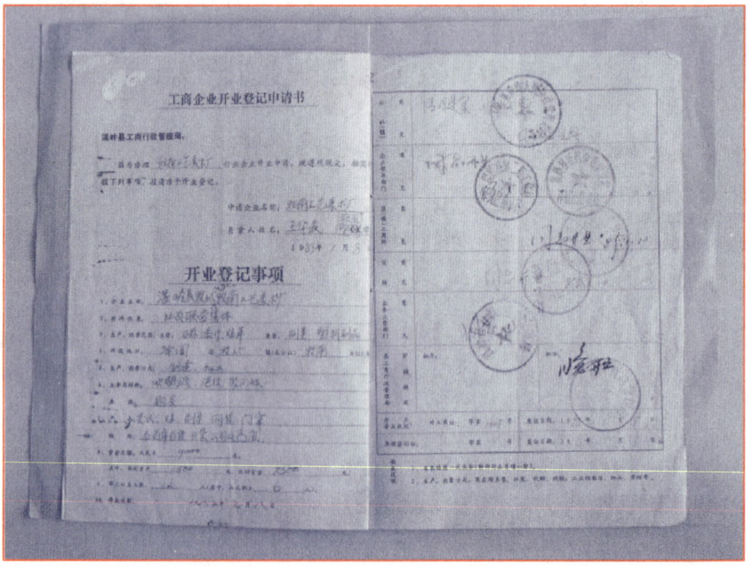

图4-1　全国第一家股份合作制企业社队企业管理局审批档案

（资料来源：李艳芳.全国第一家股份合作制企业留下的历史档案.学习强国，2021-07-15.有删改.）

创路领航

好青年志在四方，要鼓励高校学生把视线投向国家发展的航程，把汗水洒在艰苦创业的舞台，到基层去、到西部去、到祖国最需要的地方去，做成一番事业、做好一番事业。

——2016年12月7日，习近平总书记在全国高校思想政治工作会议上的讲话

项目目标

● 知识目标

（1）了解大学生常见的创业形式及特点，了解各种企业法律形态之间的区别。

（2）掌握企业选址需要考虑的因素，理解签订租赁合同的注意事项。

（3）熟悉国家对企业名称的相关要求和规定，熟悉在网上完成企业设立预登记的流程。

● 能力目标

（1）具备基于自身实际情况，选择创业形式和企业法律形态的能力。

（2）具备为创业项目选择合适地址的能力，具备签订场地租赁合同的能力。

（3）具备在网上完成企业名称自主申报和企业设立预登记的能力。

● 素养目标

（1）具有较强的诚信意识。

（2）具有较强的风险防范意识。

（3）具有较强的法治意识。

任务一　良禽择木——哪种创业形式更适合你

▶ 任务引入

良禽择木[①]

现在，欧思琴对自己的创业项目越来越有信心，她计划将想法付诸行动，开启创业之旅。这时有人告诉她，要根据不同的创业形式决定是否进行工商注册。有的项目创业形式比较简单，只要办好手续、及时缴纳费用即可，不需要进行工商注册；有的项目创业形式比较复杂，进行工商注册有利于长远发展。欧思琴觉得有道理，自己该选择哪种创业形式，才能“背靠大树好乘凉”呢？她决定先了解创业形式再做决定。

▶ 任务解码

创业的人越来越多，他们面临着很多选择。俗话说，“良禽择木而栖”，选择适合自己的创业形式非常重要。

云端课堂

摊贩型创业

一、摊贩型创业

我们对于摊贩绝对不会陌生，这种创业形式通常会出没在人群聚集的地方，如夜市、风景区、车站等。主要有两种形式：一种以摊车的形式出现，所售商品以餐饮为主，如熟肉、杂食、早点等；另一种以地摊的形式出现，用大布巾或大箱子，将商品摆在地上或特定的地方陈列出售，所售商品包罗万象，如衣服、发饰、眼镜、皮具等。要加入摊贩的行列，耳聪目明、身手敏捷是必备的条件。创业者如果有“口吐莲花”的本事，那么业绩绝对不错。但是，摊贩经

① 出自《左传・哀公十一年》：“鸟则择木，木岂能择鸟”，比喻选择合适的单位才能发挥自己的才能。

营不仅相当耗费体力，还要注意商品的流行元素。因此，摊贩型创业所售商品大多数是以本人手工生产的商品为主。身强体壮的年轻人从事摊贩型创业比较适合。

二、居家型创业

云端课堂

居家型创业

居家型创业最主要的特色是以家为工作地点，因此可以省下店面的租金费用。只要花费几万元，就可以在家创业的行业主要有家政、图纸设计、课外辅导、才艺培训班等。这种创业方式最主要的限制是创业者要有足够的专业能力或技术，如从事文字翻译者，其外语水平一定要高。另外，这种创业类型的工作地点就在自己家中，因此不会有人监督，也不易和人比较，创业者对本身的惰性要有足够的克制力，避免被家中的电视节目、家人的嬉笑玩闹所干扰。居家型的创业者必须要自己去开拓客户，这期间随时都可能有碰壁或断炊的情形出现，因此创业者必须有积极乐观的态度。

三、网络开店型创业

网络开店型创业主要有网络拍卖、网络店铺两种形式，这类创业方式除了要求创业者对计算机、网络运用有基本的认识，还要求贩卖的商品要具有独特性和吸引力。目前，女性服装、女性用品及儿童用品在网络上的销售成绩较好。因此，对时尚具有敏感度的青年女性和家庭主妇可以选择在网络上开设一家店铺。

四、加盟代理型创业

云端课堂

加盟代理型创业

加盟代理型创业最重要的是注重服务质量，因为创业者很难掌控商品的品质，所以相对地服务品质更加重要。只有提升服务的附加值，才能吸引新顾客，让顾客产生信赖感，建立忠诚度。除此之外，此类创业者需要大量的顾客来源，因此创业者必须善于沟通，还要多参加团体活动来扩大人脉，更要有充足的创业资金。创业者还要考虑支付一定的加盟费。当然，如果创业者有属于自己的服务或产品，则可以自己注册公司，这样就不必支付加盟费。

▶ 任务总结

● 任务检测

扫描下方二维码，测一测你对本任务知识的掌握程度。

● 任务实施

1. 活动说明

根据自己创业项目的特点，完成创业形式分析表（表4–1）的填写。如果你想到新的创业形式，也可以填写在表格中。

表4–1　创业形式分析表

创业项目名称：

<table>
<tr><th>项目</th><th colspan="3">分析</th></tr>
<tr><td rowspan="5">创业形式</td><td>创业形式</td><td>优点</td><td>缺点</td></tr>
<tr><td>摊贩型创业</td><td></td><td></td></tr>
<tr><td>居家型创业</td><td></td><td></td></tr>
<tr><td>网络开店型创业</td><td></td><td></td></tr>
<tr><td>加盟代理型创业</td><td></td><td></td></tr>
<tr><td rowspan="2">选择创业形式的理由</td><td colspan="3">原来选择的创业形式：
现在选择的创业形式：</td></tr>
<tr><td colspan="3">结合你的创业项目写出你选择这种创业形式的理由
理由1：
理由2：
理由3：</td></tr>
</table>

2. 评价标准

（1）分析正确（30分）。对四种创业形式的优缺点分析正确。

（2）理由充分（30分）。至少列举一种新的创业形式，且优缺点分析正确。

（3）合理性（40分）。结合自己的项目选择合适的创业形式，理由充分并合理。

● 任务反思

你知道吗？很多企业家都是从摆地摊开始创业的，是从地摊上获取了人生的第一桶金。

请结合本任务所学知识，完成思考笔记（表4–2）的填写。

表4-2　思考笔记

<table>
<tr><th>思考题目</th><th colspan="2">记录</th></tr>
<tr><td rowspan="2">摊贩型创业</td><td>优缺点</td><td>适用范围</td></tr>
<tr><td></td><td></td></tr>
<tr><td rowspan="2">居家型创业</td><td>优缺点</td><td>适用范围</td></tr>
<tr><td></td><td></td></tr>
<tr><td rowspan="2">网络开店型创业</td><td>优缺点</td><td>适用范围</td></tr>
<tr><td></td><td></td></tr>
<tr><td rowspan="2">加盟代理型创业</td><td>优缺点</td><td>适用范围</td></tr>
<tr><td></td><td></td></tr>
</table>

任务二　百里挑一——哪种企业法律形态更适合你

▶ 任务引入

百里挑一[1]

欧思琴没想到自己也会面临"百里挑一"的窘境。在确定适合自己的创业形式后，欧思琴打算去申请工商营业执照。她去市场监督管理局咨询，当工作人员问她选择哪种企业法律形态时，欧思琴懵了，不知道什么是企业法律形态。工作人员解释，就是打算注册个体工商户、个人独资企业、合伙企业还是有限责任公司。欧思琴不知道它们之间有什么区别。在工作人员简单介绍后，欧思琴选择注册有限责任公司。可是工作人员又告诉她，有限责任公司也有很多类型，此外还要提交很多资料才能注册。这下欧思琴犯愁了，原来申请工商营业执照并不简单，还有很多事情要做，有很多资料要准备。然后，又有人告诉她，注册个体工商户要简单些。欧思琴犹豫了，该怎样选择呢？

▶ 任务解码

一、什么是企业法律形态

企业法律形态是指国家法律规定的企业组织形式，即企业在市场环境中存在的合法身份，常见的有个体工商户、个人独资企业、合伙企业和有限责任公司。

不同的企业法律形态有不同的要求，对企业会产生诸多影响。企业法律形态的影响因素如图4-2所示。

① 出自《红楼梦》："都像宝丫头那样心胸儿脾气儿，真是百里挑一的"，意思是从一百个里挑选出一个，形容十分出众。

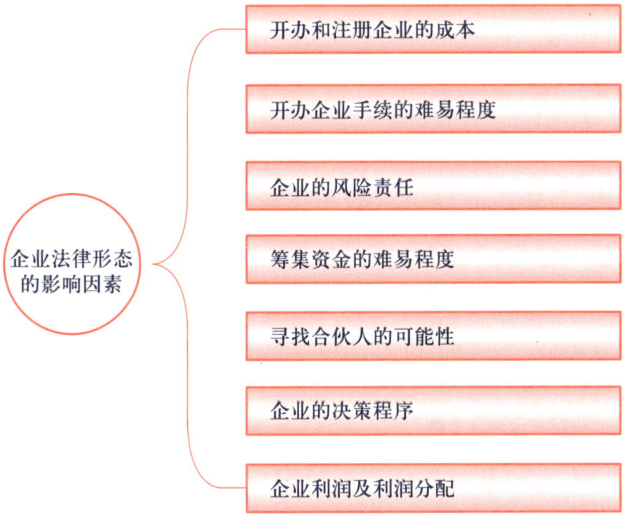

图 4–2　企业法律形态的影响因素

二、初创企业常见法律形态的特点

不同的企业法律形态具有不同的特点。了解这些特点，有助于创业者为自己的企业选择合适的法律形态。不同企业法律形态的业主数量和注册资本、成立条件、经营特征、利润分配和债务责任如表 4–3—表 4–6 所示。

表 4–3　不同企业法律形态的业主数量和注册资本

法律形态	业主数量和注册资本
个体工商户	业主是一个人或一个家庭； 无注册资本限制
个人独资企业	业主是一个人； 无注册资本限制
合伙企业	普通合伙企业由两个以上普通合伙人组成； 无注册资本限制
	有限合伙企业由 2~50 个合伙人组成，其中至少有 1 个普通合伙人； 无注册资本限制
有限责任公司	股东人数在 50 人以下； 没有最低注册资本要求，注册资本由过去的实缴改为认缴，认缴金额及认缴方式由股东在公司章程中约定

表 4–4　不同企业法律形态的成立条件

法律形态	成立条件
个体工商户	业主应有相应的经营资金； 经营场所各地有具体要求

续表

法律形态	成立条件
个人独资企业	投资人是一个自然人； 有合法的企业名称； 有投资人申报的出资； 有固定的生产经营场所和必要的生产经营条件； 有必要的从业人员
合伙企业	合伙人为自然人的，应具有完全民事行为能力； 有书面合伙协议； 有合伙人认缴或实缴的出资额； 有合伙企业的名称和生产经营场所
有限责任公司	股东符合法定人数； 股东出资达到认缴额度； 股东共同制定公司章程； 有公司的名称，建立符合有限责任公司要求的组织机构； 有固定的生产经营场所和必要的生产经营条件
	一人有限责任公司，是只有一个自然人股东或一个法人股东的有限责任公司

表4–5　不同企业法律形态的经营特征

法律形态	经营特征
个体工商户	资产属于私人所有，业主既是所有者，又是劳动者和经营者
个人独资企业	资产为投资人个人所有，业主既是投资者，又是经营管理者
合伙企业	普通合伙企业按照合伙协议的约定或经全体合伙人决定，可以委托一个或数个合伙人对外代表合伙企业执行合伙事务
	有限合伙企业由普通合伙人执行合伙事务； 有限合伙人不执行合伙事务，不得对外代表有限合伙企业
有限责任公司	公司设立股东会、董事会和监事会； 由董事会聘请职业经理人管理公司业务
	一人有限责任公司不设股东会； 应当在每一会计年度终了时编制财务会计报告，并经会计师事务所审计； 可设一名执行董事

表4–6　不同企业法律形态的利润分配和债务责任

法律形态	利润分配和债务责任
个体工商户	利润归个人或家庭所有； 由个人经营的，以其个人资产对企业债务承担无限责任； 由家庭经营的，以家庭财产承担无限责任
个人独资企业	利润归个人所有； 投资人以其个人资产对企业债务承担无限责任
合伙企业	普通合伙企业的分配利润、亏损分摊，按照合伙协议的约定办理； 合伙人共同对企业债务承担无限连带责任
	有限合伙企业中的普通合伙人对合伙企业债务承担无限连带责任； 有限合伙人以其认缴的出资额为限对合伙企业债务承担责任

续表

法律形态	利润分配和债务责任
有限责任公司	股东按出资比例分配利润，并以出资额为限承担有限责任
	一人有限责任公司股东不能证明公司财产独立于股东自己财产的，应当对公司债务承担连带责任

三、选择合适的企业法律形态

（一）选择企业法律形态需要考虑的因素

企业法律形态各有利弊。在选择企业法律形态时，要考虑企业的实际情况及可能产生的影响，同时需要考虑如图4-3所示的因素。

云端课堂

初创企业常见法律形态的特点

1. 拟创办企业的规模
2. 创业时所拥有的资金
3. 共同创业人数
4. 所能承受的风险
5. 创业项目所属行业的发展前景
6. 创业者的价值观念

图4-3　选择企业法律形态时需要考虑的因素

（二）企业类型说明

在进行工商注册时，企业法律形态还会细分成很多不同的企业类型，如有限责任公司还包括有限责任公司（国有独资）、有限责任公司（外商投资企业合资）等多种企业类型。必须了解它们之间的划分标准，这样才能选出合适的企业类型。企业类型说明如表4-7所示。

表4-7　企业类型说明

序号	企业类型名称	划分标准
1	有限责任公司（国有独资）	国家单独出资、由国务院或地方人民政府授权本级人民政府国有资产监督管理机构履行出资人职责的有限责任公司
2	有限责任公司（外商投资企业合资）	公司股东在两个以上，且均为外商投资企业（外商投资性公司除外）
3	有限责任公司（外商投资企业与内资合资）	公司股东在两个以上，除外商投资企业股东（不包括外商投资性公司）外，还有国内自然人或法人股东
4	有限责任公司（外商投资企业法人独资）	公司股东为一个外商投资企业（外商投资性公司除外）

续表

序号	企业类型名称	划分标准
5	有限责任公司（自然人投资或控股）	公司股东在两个以上，公司全体股东含有国有出资低于50%。如果股东出资比例各为50%，则以拥有企业实际控制权作为判断依据
6	有限责任公司（国有控股）	公司股东在两个以上，公司全体股东含有国有出资超过50%。如果股东出资比例各为50%，则以拥有企业实际控制权作为判断依据
7	有限责任公司（自然人独资）	公司股东为一个自然人股东
8	有限责任公司（自然人投资或控股的法人独资）	公司股东为一个法人股东，该法人股东是由自然人投资或控股的企业。如果股东出资比例各为50%，则以拥有企业实际控制权作为判断依据
9	有限责任公司（非自然人投资或控股的法人独资）	公司股东为一个法人股东，该法人股东是由非自然人投资或控股的企业。如果股东出资比例各为50%，则以拥有企业实际控制权作为判断依据
10	其他有限责任公司	上述有限责任公司类型未包括的其他类型的有限责任公司
11	股份有限公司（上市、外商投资企业投资）	公司已上市，公司股东中含有外商投资企业
12	股份有限公司（上市、自然人投资或控股）	公司已上市，公司全部股份中国有股份低于50%，如果股东出资比例各为50%，则以拥有企业实际控制权作为判断依据
13	股份有限公司（上市、国有控股）	公司已上市，公司全部股份中国有股份超过50%，如果股东出资比例各为50%，则以拥有企业实际控制权作为判断依据
14	其他股份有限公司（上市）	上述已上市股份有限公司类型未包括的其他类型的上市股份有限公司
15	股份有限公司（非上市、外商投资企业投资）	公司未上市，公司股东中含有外商投资企业
16	股份有限公司（非上市、自然人投资或控股）	公司未上市，公司全部股份中国有股份低于50%，如果股东出资比例各为50%，则以拥有企业实际控制权作为判断依据
17	股份有限公司（非上市、国有控股）	公司未上市，公司全部股份中国有股份超过50%，如果股东出资比例各为50%，则以拥有企业实际控制权作为判断依据
18	其他股份有限公司（非上市）	上述未上市股份有限公司类型未包括的其他类型的非上市股份有限公司
19	全民所有制企业	全民所有制企业是指企业财产属于全民所有，并按《中华人民共和国企业法人登记管理条例》（2019年修订）规定登记注册的非公司制的经济组织

续表

序号	企业类型名称	划分标准
20	集体所有制企业	集体所有制企业是指企业资产归集体所有，并按《中华人民共和国企业法人登记管理条例》(2019年修订)规定登记注册的经济组织
21	普通合伙企业	普通合伙企业由普通合伙人组成，合伙人对合伙企业债务承担无限连带责任
22	特殊普通合伙企业	特殊普通合伙企业是指一个合伙人或者数个合伙人在执业活动中因故意或者重大过失造成合伙企业债务的，应当承担无限责任或无限连带责任，其他合伙人以其在合伙企业中的财产份额为限承担责任的普通合伙企业。
23	有限合伙企业	有限合伙企业由普通合伙人和有限合伙人组成。普通合伙人对合伙企业债务承担无限连带责任，有限合伙人以其认缴的出资额为限对合伙企业债务承担责任
24	个人独资企业	个人独资企业是指按照《中华人民共和国个人独资企业法》规定登记注册，在中国境内设立，由一个自然人投资，财产为投资人个人所有，投资人以其个人财产对企业债务承担无限责任的经营实体
25	企业集团	企业集团是指以资本为主要联结纽带的母公司、子公司为主体，以集团章程为共同行为规范的母公司、子公司、参股公司及其他成员企业或机构共同组成的具有一定规模的企业法人联合体。企业集团不具有企业法人资格

备注：

(1)按照隶属企业类型确定分支机构企业类型。

(2)外商投资性公司投资设立的企业应按照外商投资企业登记。

▶ 任务总结

● 任务检测

扫描下方二维码，测一测你对本任务知识的掌握程度。

● 任务实施

1. 活动说明

选择适合你的内资企业类型并查询其特点，写出选择的理由，完成创业企业类型分析表(表4-8)的填写。

表 4–8 创业企业类型分析表

创业项目名称：

<table>
<tr><th>项目</th><th colspan="3">分析</th></tr>
<tr><td rowspan="26">创业项目名称及内资企业类型</td><td>序号</td><td>内资企业类型</td><td>是否适合你的创业项目</td></tr>
<tr><td>1</td><td>有限责任公司（国有独资）</td><td></td></tr>
<tr><td>2</td><td>有限责任公司（外商投资企业合资）</td><td></td></tr>
<tr><td>3</td><td>有限责任公司（外商投资企业与内资合资）</td><td></td></tr>
<tr><td>4</td><td>有限责任公司（外商投资企业法人独资）</td><td></td></tr>
<tr><td>5</td><td>有限责任公司（自然人投资或控股）</td><td></td></tr>
<tr><td>6</td><td>有限责任公司（国有控股）</td><td></td></tr>
<tr><td>7</td><td>有限责任公司（自然人独资）</td><td></td></tr>
<tr><td>8</td><td>有限责任公司（自然人投资或控股的法人独资）</td><td></td></tr>
<tr><td>9</td><td>有限责任公司（非自然人投资或控股的法人独资）</td><td></td></tr>
<tr><td>10</td><td>其他有限责任公司</td><td></td></tr>
<tr><td>11</td><td>股份有限公司（上市、外商投资企业投资）</td><td></td></tr>
<tr><td>12</td><td>股份有限公司（上市、自然人投资或控股）</td><td></td></tr>
<tr><td>13</td><td>股份有限公司（上市、国有控股）</td><td></td></tr>
<tr><td>14</td><td>其他股份有限公司（上市）</td><td></td></tr>
<tr><td>15</td><td>股份有限公司（非上市、外商投资企业投资）</td><td></td></tr>
<tr><td>16</td><td>股份有限公司（非上市、自然人投资或控股）</td><td></td></tr>
<tr><td>17</td><td>股份有限公司（非上市、国有控股）</td><td></td></tr>
<tr><td>18</td><td>其他股份有限公司（非上市）</td><td></td></tr>
<tr><td>19</td><td>全民所有制企业</td><td></td></tr>
<tr><td>20</td><td>集体所有制企业</td><td></td></tr>
<tr><td>21</td><td>普通合伙企业</td><td></td></tr>
<tr><td>22</td><td>特殊普通合伙企业</td><td></td></tr>
<tr><td>23</td><td>有限合伙企业</td><td></td></tr>
<tr><td>24</td><td>个人独资企业</td><td></td></tr>
<tr><td>25</td><td>企业集团</td><td></td></tr>
<tr><td rowspan="3">选出的内资企业类型、特点及选择的理由</td><td colspan="3">写出最终选出的内资企业类型：</td></tr>
<tr><td colspan="3">写出最终选出的该企业类型的特点：</td></tr>
<tr><td colspan="3">写出选择该企业类型的理由：</td></tr>
</table>

2. 评价标准

（1）吻合性（20分）。内资企业类型选择与项目实际吻合。

（2）准确性（40分）。选出的企业类型特点描述正确。

（3）合理性（40分）。选择该企业类型的理由充分合理。

● 任务反思

大学生自主创业可采用的企业法律形态主要有：个体工商户、个人独资企业、合伙企业和有限责任公司等。企业法律形态各有利弊，因此你在选择企业法律形态时，要考虑企业的实际情况及可能产生的影响。

请结合本任务所学知识，完成思考笔记（表4–9）的填写。

表4–9　思考笔记

法律形态	区别	
	业主数量和注册资本	成立条件
个体工商户		
个人独资企业		
合伙企业		
有限责任公司		

任务三　量兵相地——为你的企业选一块吉地良田

▶ 任务引入

量兵相地[①]

欧思琴决定注册有限责任公司（自然人投资或控股），然后需要确定公司地址。人流量大的地方租金太贵，租金便宜的地方人流量又小，怎么选择呢？欧思琴一时拿不定主意。教师告诉她，选择地址不能只看租金，要结合实际情况，具体问题具体分析。另外，经营场所选好了，还要和对方签订租赁合同，这份租赁合同既是保障自身权益的凭证，也是注册公司所需的资料之一。“那我要具体了解一下”，欧思琴说。

▶ 任务解码

云端课堂

企业选址

一、企业选址

（一）不同类型的企业应该如何选址

企业选址是关系小企业经营成败的重要因素。创业者需要综合考虑多方面的因素，既包括定量的成本因素，又包括定性的区位条件因素。对于某些类型的企业来说，位置选择非常重要，对于一些零售类和服务类企业，如服装店、干洗店等要靠一定的客流量来维持生存。这类企业要想成功必须靠近顾客。对于另一些零售和服务类企业，以及多数批发类企业来说，地理位置在吸引客户方面没有那么重要。

① 出自《武备辑要》卷五：“凡行兵取胜，须量兵相地”，意思是计算兵力，选择地形，兵与地相称才能取胜。

1. 零售类企业

对许多零售类企业而言，停车是否便利和道路交通情况是需要关注的问题。零售店还要考虑周围店铺的业务类型。有研究表明，服装店不适合设在加油站旁边。路过店铺的步行人数情况也是一个主要因素，可以考虑路过这里的人是去公共汽车站还是去电影院。去看电影的人停下购买东西的可能性不是很大。

2. 批发类企业

批发商从制造商那里大批量购进商品，然后再小批量地卖给零售商。批发类企业选择位置主要考虑两个因素，一是要有良好的交通条件，铁路、公路应可以直达，二是配套设施要便利，如附近有物流公司、公共设施等。没有这些便利条件，批发类企业就很难处理大量的货物。有些地方对批发业务会有一些限制，创业者要了解相关的规定。同时，从地理位置来看，批发类企业要尽可能地接近顾客。

3. 服务类企业

服务类企业一般应尽量靠近大型购物中心，较大的客流量和便利条件有利于服务类企业取得较好的业绩。但也有很多例外，如计算机维修店、干洗店、牙科诊所、修鞋店或者儿童看护等服务企业，就没有必要设在高租金地段。为了得到较好的服务，顾客情愿多花些时间多走点路。因此，这类企业可以选择适当偏僻的位置。某些服务类企业，如会计公司、税务咨询公司等，即使位于很偏僻的地方，也可以实现很高的营业额，因为顾客愿意花费时间去寻找这些企业的产品或服务。

4. 制造类企业

制造类企业的选址不同于零售类、批发类及服务类企业。开办制造类企业时，要考虑交通状况和与原材料的距离。这类企业一般通过销售人员或广告寻找顾客，不太在意用位置吸引顾客。在选址的时候，这类企业主要考虑的是成本、环境、原材料供应、与顾客的距离、设施情况及当地的规定等。

5. 设计研发类企业

设计研发类企业比较特殊，如果是初创企业，可能没有能力负担太高昂的租金，就会选择性价比高的办公室。相对于高档的写字楼，初创企业可以在创业园或众创空间租一个场地进行办公。一是这些地方的租金较便宜，二是这些地方都能提供公共的会议室、打印机、饮水机等服务设施或设备，对于企业来说，这些都是可以节省成本的。

对于已经具有一定实力的企业来说，高素质的人力资源是它们最大的需求。对于高层次人才，如专家、技术达人等，会对周边的生活、娱乐配套有较高要求。因此，企业要留住人才，就要依据企业的人力资源需求来选址。

（二）企业选址的一般程序

把你认为必要的条件列出来，同时列出你希望得到但并非必须的条件；找出一定区域内符合你所列条件的所有地方；实地考察这些地方，根据初步印象剔除不合要求的选项，选择两三处比较合适的；对剩下的几处再次考察，并一一对照事先列出的条件，要特别注意关系创业成败的关键因素；白天、晚上多去几次初步选出的地方，以便进一步了解其是否合适；做客流量情况统计，计算每个地点每天各时段通过的人流、车流情况，以便推算顾客数量；向有经验人士和该地区的生意人征询意见；综合分析收集到的各种信息和意见，做出企业选址决定。

二、签订租赁合同的注意事项

租赁是日常生活中常见的一项法律活动，为了尽量避免因包括房屋、场地在内的租赁物损坏而产生争议，在签订合同时一定要注意如下相关事项。

（一）承租方需要了解出租人和出租物的基本情况

（1）作为承租方，应审查租赁物是否存在法律法规禁止出租的情形，具体包括以下内容：未依法取得租赁物的相关证件；共有租赁物未取得共有人同意；对权属有争议。

（2）作为承租方，为了预防欺诈，应在合同中约定：如果承租方是租赁物的所有人，则必须提供相关的证明文件；如果承租方不是租赁物的所有人，则必须具有转租权。

（3）作为承租方，为了避免争议，在合同中对租赁物的基本信息应进行明确约定，如租赁物的规格、质量、数量等。

（二）租赁合同之租期条款

在合同中，约定租赁物的租赁期限，明确租赁的具体起止日期，如果承租方超过租赁期限继续使用租赁物，则应支付给出租方超时使用的租金。

（三）租赁合同之租金条款

（1）在合同中，明确约定租金的支付方式，以现金支付或通过银行转账的方式（采用银行转账须写上户名、银行账号），实行按月、按季还是按年支付等。

（2）在合同中，明确约定租金支付时间，应于每月的具体日期支付租金。如果承租方在一定宽限期内没有按期支付，则应支付违约金，或者由出租方解除合同。

（四）租赁合同之保证金条款

在租赁合同订立时，合同双方当事人应尽量避免风险，预防欺诈。承租方应在合同订立前交给出租方一定的保证金或押金，应根据实际情况在租赁物价值范围内决定押金的数额。同时，对保证金退还的条件应明确约定。

（五）租赁合同之转租条款

在合同中明确约定承租方是否可以转租。

（1）作为承租方，经过出租方的同意，可以将租赁物转租给第三方，出租方和承租方原有的租赁关系不因转租而受影响。

（2）承租方未经出租方同意，擅自将租赁物转租给第三方的，出租方可以解除租赁合同。因转租造成租赁物损坏的，承租方应承担赔偿责任。

（六）租赁合同之妥善保管责任条款

在合同中明确约定，承租方在租赁期间，应爱护并合理使用租赁物。如果承租方未尽到妥善保管义务，造成租赁物及配套设施损毁、灭失的，则应承担赔偿责任；造成损坏的，还应承担修复或赔偿责任。

（七）其他事项

在合同中，建议根据实际情况对双方权利、义务、违约责任、诉讼管辖地等约定清楚，以降低合同履行风险，保证合同顺利履行，并尽可能保障双方的合法、合理利益。

三、规避房屋租赁合同风险

（一）出租的房屋必须取得规划许可证

1. 案情简介

宋某作为出租人将其厂房出租给青岛某公司，双方签订了租赁合同。在合同履行过程中，双方因土地税等问题发生纠纷。承租人青岛某公司搬离涉案厂房并要求解除租赁合同。宋某则要求其继续履行双方的租赁合同。因涉案厂房未取得《建设工程规划许可证》，法院一审判决认定双方租赁合同无效。宋某对此不服，提起上诉，其提交土地使用权出让等批复文件以及《国有土地使用证》，以证明涉案厂房系经政府批准建设的合法建筑，双方之间的租赁合同为有效合同。法院二审经审理认为，宋某提交的证据不足以认定其厂房已经取得《建设工程规划许可证》或主管部门的批准建设，因此对其相关主张不予支持。

2. 案情分析

本案中，租赁的厂房因历史原因未取得《建设工程规划许可证》，因此，判定租赁该房屋的合同是否有效须审查该厂房的建设是否经过城乡规划主管部门或省、自治区、直辖市人民政府确定的镇人民政府的批准。宋某提交的证据仅为县级政府批准的土地出让文件和《国有土地使用证》，两份证据仅能证明涉案厂房土地出让的合法性，不能证明厂房建造的合法合规性；《国有土地使用证》上的宗地图仅能反映涉案土地的现状，不代表厂房的建造取得了主管城乡规划部门的批准，因此，宋某的主张没有得到法院认可。实践中，房屋可能具有《不动产权证书》《建设用地规划许可证》《建设工程规划许可证》《施工许可证》等，不同的证书代表着不同的职能部门在不同的职权范围做出的审定，因此，判断不同领域的问题需要对号入座，不能张冠李戴。我国司法解释规定的考量租赁合同效力的因素是工程规划的合法性，因此，土地使用权、土地规划或商务部门等其他主管部门的意见，不能作为影响该类合同效力的依据。此类问题引发的纠纷较为常见，应引起关注。

（二）签订租赁合同才能装修

1. 案情简介

王某承租赵某位于市区的商业网点房一处，承租期间欲对外转租。某培训机构因业务需要急需租赁网点房，其负责人曹某经介绍认识承租人王某的配偶。双方商定转让费等事宜后，在未签订租赁合同的情况下，曹某就开始投入资金装修房屋。装修过程中，赵某的代理人告知曹某，房屋所有人不同意议定的租金数额，须提高租金才能签合同。曹某虽然停止装修但仍支出数万元装修费。为此，该培训机构起诉王某等要求赔偿装修损失等费用。一审法院认为，转租书面租赁合同未能签订的主要原因在于房屋所有人或其代理人，驳回了该培训机构的诉讼请求。该培训机构不服，提起上诉。二审中，经调解，双方达成和解，王某等当场向培训机构支付一定费用作为补偿，化解纠纷。

2. 案情分析

房屋租赁实践中，转租行为一旦发生纠纷，必然涉及租赁合同及转租合同两个法律关系，以及出租人、承租人、次承租人三方权利与义务的平衡与保护。对次承租人来说，为防范法律风险，应当注意两个问题：一是要确认承租人是否有对外转租的权限，如果没有，则需要经过出租人同意，因为法律对此有明确规定；二是要与承租人签订书面的转租合同，明确权利、义务及违约责任，因为从承租人处转租本身就存在一定风险，如果没有书面转租合同，风险就更大。

（三）居民住宅禁止经营餐饮

1. 案情简介

张某承租杨某房屋，在租赁合同中明确约定用于经营餐饮。在经营过程中，因楼上居民向当地食品药品监督管理局举报，导致张某无法继续经营，被迫搬离涉案房屋。后双方对租金退还及装修费用承担产生争议。法院经审理认为，张某租赁杨某住宅房屋并在其中经营餐饮违反了《青岛市餐饮服务业环境污染防治监督管理办法》的规定，张某已经被责令停业，现双方均要求确认解除房屋租赁合同，应当准许；因双方对涉案房屋性质为住宅，以及对不允许在该类房屋开办餐饮经营均为明知，故双方对本案合同的解除均应承担责任。

2. 案情分析

生活中，经常出现在住宅房屋经营餐饮，以及在经营餐饮过程中，因噪声、油烟等问题与居民发生纠纷的情况。《青岛市餐饮服务业环境污染防治监督管理办法》第四条规定，不得在居民住宅楼新开办餐饮服务场所。本案中，双方当事人均明知不应在居民住宅楼新开办餐饮服务场所，但出租人仍出租给承租人作为餐饮服务场所，而作为承租人的张某明知是住宅楼，还经营餐饮并大量装修。本案所涉合同因违反规定而无法继续履行，双方合同目的均无法实现。出租人蒙受了租金损失，承租人不仅无法正常经营，还产生了装修费损失。因此，在租赁经营场所时，一定要注意审查房屋的性质，确定是否可以用作经营场地，不要存在侥幸心理。

（四）“纸短情长”风险大

1. 案情简介

青岛某分公司与常某签订《房屋租赁合同》，约定同意将某三层商业房屋出租给常某经营使用，合同约定租赁期限为两年，并同意承租人对外转租。合同还约定了租金数额、交纳时间、违约责任等条款。合同履行过程中，青岛某分公司在合同到期前6个月通知常某到期后将不再续租，要求常某搬离涉案房屋。常某不同意，称双方实际商谈的租期是6年，但因为青岛某分公司称其是分公司，签约权限不能超过100万元，所以需要分期签约，两年一签；常某对涉案场地已经进行了大规模的装修，并且有些场地刚刚完成招租。常某与案外人签订的都是长期租赁合同，如果合同按两年期计，两年期满腾让房屋，不仅其装修投入无法回本，还会导致其对承租人的违约赔偿。法院经审理认为，涉案房屋租赁合同对合同期限为两年的约定十分明确，该履行期限届满后，青岛某分公司不同意继续出租房屋，法院无法强制双方续约，因此双方租赁关系只能终止。常某虽然抗辩实际租赁期限应为6年，但并没有任何证据加以证明，因此只能根据双方之间的书面合同认定租赁合同履行完毕，判决常某搬离涉案房屋。

2. 案情分析

租赁大面积的商业用房涉及场地装修、招租等一系列工作，投入较大，回本时间较长，因此租赁的期限通常比普通居住用途长。本案中，承租人对涉案的近2000m^2的场地进行了装修，并且因为新冠肺炎疫情影响，招租工作进行得比较缓慢，所以两年的租赁期限明显无法达到预期的合同目的。但是本案中租赁合同期限明确为两年，在出租人坚持不再续租的情况下，依法只能判决承租人在合同履行完毕后腾让场地，承租人装修投入的损失很大。虽然次承租人可以继续与出租人商议，但是依然为承租人带来巨大风险。因此，在签订大面积租赁合同时，一定要注意对租赁期限进行明确约定，避免遭受损失。

（五）利益平衡“公”字为先

1. 案情简介

出租人和承租人签订10年租赁合同，承租人租赁涉案房屋用于开办公司，并对房屋进行了装修增建。房屋租赁第二年，涉案房屋被政府统一拆迁，出租人作为房屋产权人，领取了房屋、附属建筑物、构筑物等评估补偿费、经营性补助费及搬迁补助费。承租人起诉请求出租人支付搬迁补助费、停产停业损失、提前搬迁奖励等拆迁补偿费用及装修增建损失。法院经审理认为，因涉案房屋未取得《建设工程规划许可证》或经主管部门批准建设的证据，故出租人与承租人就涉案房屋签订的《厂房租赁合同》无效。但承租人租赁涉案厂房后实际进行着生产经营，在租赁期限内，因拆迁行为直接导致其无法继续生产经营并产生相应损失，故出租人应当给予承租人相应的补偿。根据承租人提交的厂房照片、装修发票、合同等证据，可以认定承租人对房屋进行了装修增建，因此出租人应当给予承租人相应的装修补偿。

2. 案情分析

在房屋租赁过程中，因政府征收等原因而导致租赁合同不能继续履行时，即使在租赁合同无效的情形下，承租人作为实际承租使用房屋的一方，因房屋拆迁而遭受停产停业、搬迁等损失也是客观存在的，如果征收补偿的停产停业补偿金、搬迁补偿金全部由出租人享有，则会产生严重的利益失衡，有违公平原则和自然正义。因此，应当就相关补偿在出租人与承租人之间进行分配。对房屋的装修损失，承租人应当提供证据证明其对房屋进行了装修增建。承租人在使用租赁房屋过程中，应当注意保留相应的证据，如装修的合同、发票，装修前后的照片对比等。在承租人能够提交充分证据证明其装修损失的情况下，出租人应在受补偿的范围内对承租人的装修损失进行补偿。

随堂讨论：

>> 如何规避房屋租赁过程中存在的风险？

▶ 任务总结

● 任务检测

扫描下方二维码，测一测你对本任务知识的掌握程度。

● 任务实施

1. 活动说明

先分析你的创业项目的实际情况，然后查找拟选定的地址，并将选择理由写在企业选址分析表（表4-10）中。

表4-10　企业选址分析表

创业项目名称：

项目	分析	
实际情况	项目概况	你的创业项目的实际情况
	企业定位	
	经营业务	
	目标客户	
选择的地址及理由	你选择的地址：	
	写出你选择该地址的理由。 理由1： 理由2： 理由3：	

2. 评价标准

（1）契合性（50分）。企业定位、经营业务与目标顾客等与选择的地址契合度高。

（2）合理性（50分）。选择地址的理由充分合理。

● 任务反思

企业选址是建立、组织和管理企业的第一步，也是企业最重要的一项投资决策，对企业的生产经营及发展将产生深远而持久的影响。它不仅关系到设施建设的投资和速度，还在一定程度上决定了所提供产品的成本，从而影响企业的生产管理活动和经济效益。企业在选址的过程中需要考虑很多因素，如果是租借的场地，则需要与对方签订租赁合同。

请结合本任务所学知识，完成思考笔记（表4-11）的填写。

表4-11　思考笔记

企业类型	应该如何选址
零售类	
批发类	
服务类	
制造类	
设计研发类	

任务四　名副其实——如何给企业取一个好名字

▶ 任务引入

名副其实①

欧思琴很开心，经营场所已经选好，合同也签订了。“我要给公司起个响亮的名字，最好与知名企业相似，这样可以蹭他们的知名度”，欧思琴跟朋友说。但是朋友非常肯定地告诉欧思琴，恐怕不行，跟别的企业名称相同或近似，市场监督管理局是不会核准的。“那全国的企业这么多，我怎么知道取的名字会不会跟别的企业近似呢？”欧思琴又犯愁了。

▶ 任务解码

一、企业名称的组成

企业名称一般由行政区划、字号、行业（经营特点）、组织形式四部分组成。例如，湖南省携创网信息咨询有限公司就是由“行政区划（湖南省）+字号（携创网）+行业（信息咨询）+组织形式（有限公司）”组成的。

（一）行政区划

行政区划是指企业所在地县级以上行政区划的名称或地名。行政区划的名称，是指国家为实行分级行政管理划分的行政区域的名称，如“湖南省”“长沙市”“湘潭县”。行政区划的地名是指行政区划的名称去掉“省”“市”“县”字后的内容，如“湖南”“长沙”“湘潭”。一般情况下，公司名称冠以行政区划名称与冠以行政区划的地名，在作用上是一样的。例如，企业名称“北京市景山软件有限公司”，在书面或口语中常被省略“市”字使用，称为“北京景山软件有

① 出自《与王修书》：“名实相符，过人甚远”，比喻名声或称号与实际一致。

限公司”，这种省略不会对公众造成欺骗或误解。但是行政区划的地名具有其他含义时，情况不一样。例如，企业名称“东方市网景信息有限公司”，如果省去“市”字，成为“东方网景信息有限公司”，就可能被认为是一个以“东方网景”为字号的、不冠以行政区划的企业名称。在这种情况下，企业名称必须冠以行政区划的名称，不能冠以行政区划的地名。

（二）字号

字号就是人们一般所说的公司名字。字号能够使人们把A公司与B公司区别开来。对于字号，《企业名称登记管理规定》里明确指出，企业只准使用一个名称，在登记主管机关辖区内不得与已登记注册的同行业企业名称相同或近似。其中，名称不得相同或近似主要是指字号不得相同或近似。企业名称给人印象最深的是字号，如全聚德烤鸭店，在社会公众印象中最深的是“全聚德”3个字。只要提起“全聚德”，自然会使人想起全聚德烤鸭店和北京烤鸭。字号作为一种标识，本身不需要有任何意义，它只不过是一种文字的组合，任何一个汉字都可以与另一个汉字组合成字号。但由于汉字具有表意性，不同的汉字组合可以表达出不同的含义。例如，表示美好愿望时，常使用“福瑞”“新兴”等字号。

（三）行业（经营特点）

企业名称中的行业（经营特点），是公众了解企业经营范围的最直观途径，即人们常说的“卖什么吆喝什么”。因此，企业名称中的行业（经营特点）用词必须准确，这里所说的准确不是与经营范围绝对一致，而是不应明示或暗示有超越其经营范围的业务。例如，从事国内旅游业务的二、三类旅行社不得称“国际旅行社”，从事国内贸易的企业不得称“国际贸易公司（或中心）”。

（四）组织形式

我国目前企业使用的组织形式较多，根据适用的不同登记法规，可以将它们分为如下两大类。

（1）公司类。《中华人民共和国公司法》（以下简称《公司法》）中规定，依照该法设立的企业名称中必须标明“有限责任公司”或“股份有限公司”，其中，“有限责任公司”可简称为“有限公司”；外商投资企业一般使用“有限公司”作为组织形式，但中外合作企业中如果不以出资为限承担有限责任，则不得使用“有限公司”。

（2）一般企业类。《中华人民共和国企业法人登记管理条例》（2019年修订）没有做明确的规定，从实际情况看用得比较杂乱，如“中心”“店”“场”“城”“局”“厅”“堂”“馆”“院”“所”“社”“厂”“铺”“村”“屯”等。

随堂讨论：

>>如何让公司的名字能吸引客户？

二、企业名称设计需要注意的事项

企业名称设计需要遵守国家相关法律法规，包括企业名称不得与同一企业登记机关已登记注册、核准的同行业企业名称相同，不得含有有损国家、社会公共利益的内容和文字，不得含有可能对公众造成欺骗或者误解的内容和文字，以及其他禁止和限制性的规定。

（1）企业名称不得与同一企业登记机关已登记注册、核准的同行业企业名称相同。具体有以下几种情况。

① 不得与同一企业登记机关已登记或者已核准但尚未登记且仍在有效期内，或者已申请尚未核准的同行业企业名称相同。

② 不得与办理注销登记未满1年的同行业企业名称相同。

③ 不得与同一企业登记机关企业变更名称未满1年的原同行业企业名称相同。

④ 不得与被撤销设立登记和被吊销营业执照但尚未办理注销登记的同行业企业名称相同。

（2）企业名称不得含有有损国家、社会公共利益的内容和文字。具体有以下几种情况。

① 不得有产生消极或不良政治影响的内容或文字。

② 不得有宣扬恐怖主义、分裂主义和极端主义的内容或文字。

③ 不得有带有殖民文化色彩，有损民族尊严和伤害人民感情的内容或文字。

④ 不得有带有种族、民族、性别等歧视倾向的内容或文字。

⑤ 不得有含有封建文化糟粕、违背社会良好风尚或不尊重民族风俗习惯的内容或文字。

⑥ 不得有涉及毒品、淫秽、色情、暴力、赌博的内容或文字。

（3）企业名称不得含有可能对公众造成欺骗或者误解的内容和文字。具体有以下几种情况。

① 不得有含有党和国家领导人、老一辈革命家、知名烈士和知名模范姓名的内容和文字。

② 不得有含有非法组织名称或者反动政治人物、公众熟知的反面人物姓名的内容和文字。

③ 不得有含有宗教团体名称或带有显著宗教色彩的内容或文字。

（4）企业名称中的其他禁止性规定。企业名称不得含有外国国家（地区）名称、国际组织名称；不得含有政党名称、党政军机关名称、群团组织名称、社会组织名称及部队番号；不得含有其他法律、行政法规规定禁止的内容和文字。

（5）企业名称中的限制性规定。

① 企业名称不得与同一企业登记机关已登记注册、核准的同行业企业名称

近似，但有投资关系的除外。

② 企业名称中不得含有其他非营利法人的名称，但有投资关系或者经该法人授权，且使用该法人简称或者特定称谓的除外。

③ 企业名称中不得含有另一个企业的名称，但有投资关系或者经该企业授权，且使用该企业的简称或者特定称谓的除外。

④ 企业名称不得明示或者暗示为非营利组织或者超出企业设立的目的，但有其他含义或者法律、法规以及国务院决定另有规定的除外。

⑤ 除国务院决定设立的企业外，企业名称不得冠以“中国”“中华”“全国”“国家”“国际”等字样；在企业名称中间使用“中国”“中华”“全国”“国家”“国际”等字样的，该字样应是行业的限定语；使用外国（地区）出资企业字号的外商独资企业、外方控股的外商投资企业，可以在名称中间使用“(中国)”字样。以上三类企业名称需经国家市场监督管理总局核准，但在企业名称中间使用“国际”字样的除外。

三、网上企业名称自主申报

云端课堂

企业名称自主申报

在网上进行企业名称自主申报一共有六个步骤，分别是登录本地市场监督管理局网站、进入企业名称自主申报系统、录入企业名称申报基本信息、录入企业信息、录入投资人信息、预览确认信息并提交。

（一）登录本地市场监督管理局网站

提前设计3~5个企业名称备用，登录本地市场监督管理局网站。以企业在湖南省注册为例，登录湖南省市场监督管理局网站首页，选择导航栏的“服务”选项，如图4-4所示，在打开页面的“专题服务”模块，选择“企业注册”选项，如图4-5所示，打开“湖南省企业登记全程电子化系统”页面。

图4-4　湖南省市场监督管理局网站“服务”平台入口

图 4-5 “企业注册”入口页面

（二）进入企业名称自主申报系统

如果是第一次使用该系统，则需要先注册。注册成功后，在“湖南省企业登记全程电子化业务系统”页面的“名称登记”模块中找到“名称自主申报”选项，如图4-6所示，单击“我要办理”按钮，在打开的“新名称申报”页面中录入企业名称申报的基本信息。

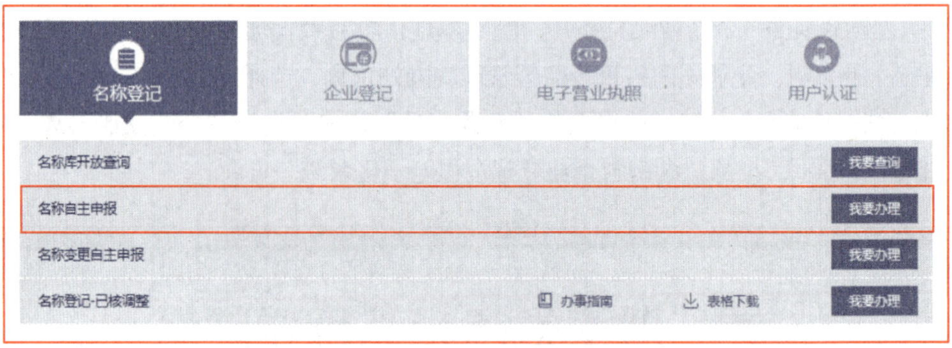

图 4-6 找到“名称自主申报”选项

（三）录入企业名称申报的基本信息

1. 输入行政区划、名称字号、行业（经营特点）和组织形式

进入“新名称”页面后，先输入行政区划、名称字号、行业（经营特点）和组织形式。

如果在“名称字号”栏输入的内容不符合要求，则系统会弹出提示信息，此时需要换其他备用字号。例如，在“名称字号”栏中输入“旭日”后，系统弹出“禁限用字词检测分析结果”，提示该词限用，如图4-7所示。此时需要输入其他备用字号。如果系统没有弹出提示信息，则表明该字号可以使用。

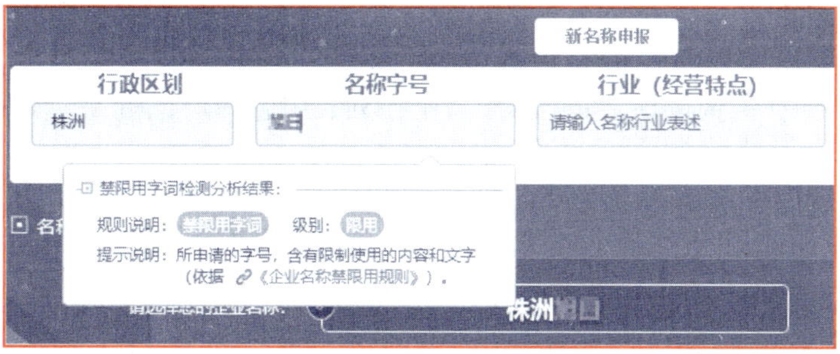

图 4-7　“名称字号”栏“禁限用字词检测分析结果”示例页面

如果在“行业（经营特点）”栏输入的内容不符合要求，则系统会弹出提示信息，此时需要更换其他行业表述。例如，在“行业（经营特点）”栏输入“电子科技服务”后，系统会弹出“行业表述不准确，请…”的提示，如图4–8所示。

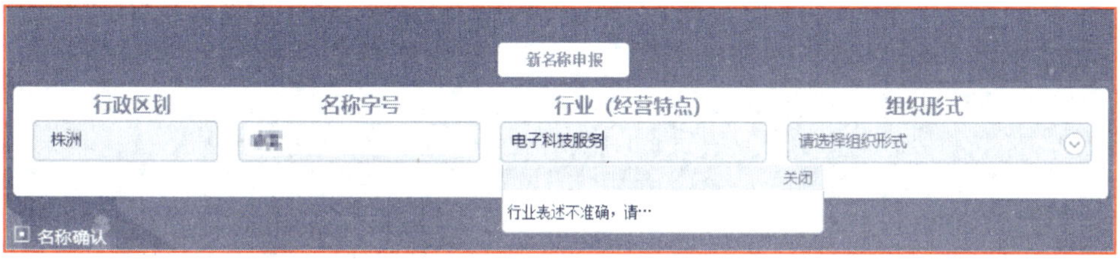

图 4–8　“行业（经营特点）”栏输入示例页面

如果行业表述准确，如输入内容修改为“电子科技”，则系统会弹出细分选项，如图4–9所示，选择与自己行业或经营特点最接近的选择即可。组织形式按之前确定地进行选择，如确定是“有限责任公司”，则点选确定即可。

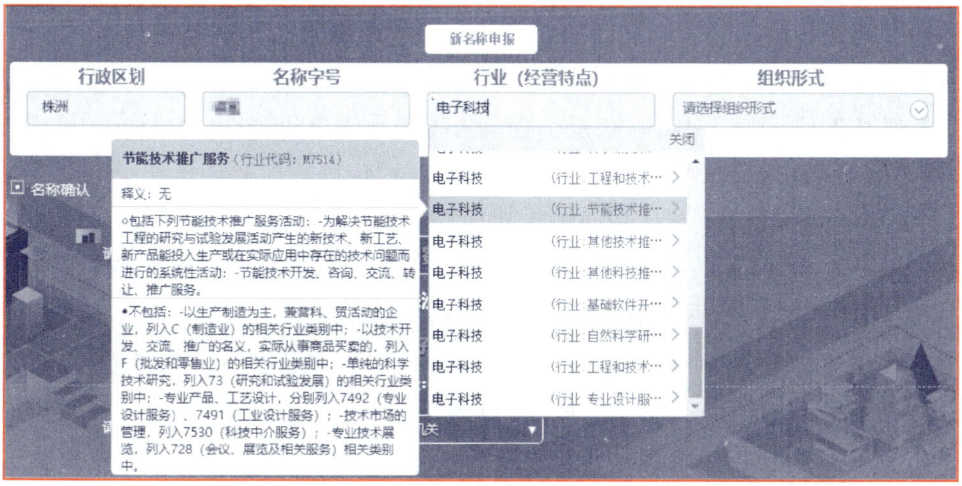

图 4–9　行业细分选项

2. 确定企业名称和登记机关

行政区划、名称字号、行业（经营特点）和组织形式输入无误后，先在“名称确认”模块的“请选择您的企业名称：”下拉列表中选择一个企业名称，再根据公司所在地在“请选择登记机关：”下拉列表中选择登记机关，然后勾选“我已阅读《名称自主申报须知》”选择框，如图4-10所示，单击“提交名称申请”按钮即可。

图4-10　“名称确认”页面

（四）录入企业信息

在“企业信息”录入页面中分别录入“企业类型”“住所（经营场所）所属行政区划”“住所（经营场所）所在地址”“注册资本”“联系电话”“邮政编码”“拟定经营范围”等相关信息。“企业信息”录入页面如图4-11所示。

（五）录入投资人信息

在“投资人信息”录入页面中，单击“新增投资人”按钮，根据实际情况选择“投资人类型”。如果是个人投资、城镇户口，则可以选择“自然人股东”和“非农民自然人”。然后分别录入“投资人名称或姓名”“证件类型”“证件号码”等相关信息，单击“确定”按钮。“投资人信息”录入页面如图4-12所示。

如果需要添加其他投资人，则添加完第一个“投资人信息”后，可在“投资人信息”录入页面中单击“下一步”按钮，录入其他投资人信息，直至所有投资人信息录入完成。录入其他投资人信息示例页面如图4-13所示。

图 4-11　"企业信息"录入页面

图 4-12　"投资人信息"录入页面

图 4-13　录入其他投资人信息示例页面

（六）预览确认信息并提交

可以在“预览”页面中预览录入的信息，如图4–14所示。确认信息无误后单击“提交”按钮。

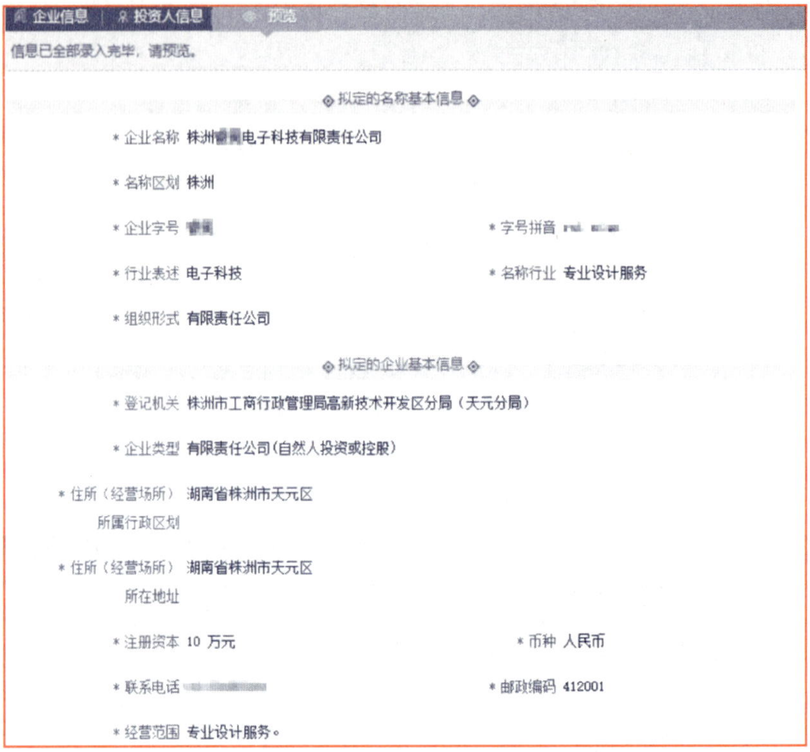

图 4–14　“预览”信息页面

提交成功后，系统会弹出“提交成功”提示页面，如图4–15所示。

图 4–15　“提交成功”提示页面

需要注意的是，提交成功后企业名称只保留30天，保留期内如果未提交设立登记申请，则该名称自动失效。如果在保留期内需调整该企业名称相关项目，则可在原申请项目调整后重新提交，保留期仍从首次提交之日起计算，期间只能申请调整一次。如果在保留期内自主申报名称需延期，则可申请延期，但只能延期一次，延长期限为30天。

如果选择在网上办理企业设立登记申请，则直接单击“立即办理全程电子化设立登记”按钮；如果选择现场办理企业设立登记申请，则单击“打印材料”按钮，下载打印并填好相关资料，到登记机关窗口办理。

▶ 任务总结

● 任务检测

扫描下方二维码，测一测你对本任务知识的掌握程度。

● 任务实施

1. 活动说明

根据创业计划，为自己的企业设计一个理想的名字，登录所在地市场监督管理局网站，进行网上企业名称自主申报，并将操作过程截图，同时完成企业名称自主申报记录表（表4-12）的填写。

表4-12　企业名称自主申报记录表

项目	记录	
申报信息截图	企业名称申报基本信息截图	
	企业信息截图	
	投资人信息截图	

续表

项目	记录	
申报信息截图	预览确认信息截图	
	信息提交成功截图	
个人体会		

2. 评价标准

（1）规范性（20分）。设计的企业名称符合市场监督管理局的要求。

（2）准确性（50分）。企业名称申报基本信息填报正确，截图清晰得10分；企业信息填报正确，截图清晰得10分；投资人信息填报正确，截图清晰得10分；预览确认信息填报正确，截图清晰得10分；信息提交成功截图清晰得10分。

（3）真实性（30分）。个人体会填写体现出真操作过程中的感悟。

● 任务反思

好的企业名称往往有利于企业文化与品牌形象的传播。对于新企业而言，企业名称作为企业的标志，不仅含有商誉权，还受到有关法律、法规的限制。

请结合本任务所学知识，完成思考笔记（表4-13）的填写。

表4-13　思考笔记

思考题目	记录	
企业名称的组成	什么是行政区划	什么是字号
	什么是行业（经营特点）	什么是组织形式
企业名称设计需要注意的事项		
网上企业名称自主申报流程		

任务五　万事俱备——如何进行企业登记注册

▶ 任务引入

万 事 俱 备[①]

欧思琴很高兴，企业名称已经申报成功了，万事俱备，接下来只要完成企业设立登记注册，就可以申请工商营业执照了。但是她知道，办理企业设立登记注册还需要准备很多资料，万万不能马虎。

▶ 任务解码

一、企业注册流程

一般来说，企业注册的流程包括：核准名称—提交材料—领取执照—刻章。如果要正式开始经营企业，还需要办理“银行开户—税务报到—申请税控发票—社保开户”等事项。

（一）核准名称

（1）时间：1~3个工作日。

（2）操作：确定企业类型、名称、注册资本、股东及出资比例后，可以现场或在线提交核准名称申请。

（3）结果：如果核准名称失败，则需重新提交申请，直至核准名称通过为止。

（二）提交材料

（1）时间：5~15个工作日。

（2）操作：核准名称通过后，确认企业地址信息、高管人员信息、经营范围，在线提交企业设立预登记申请。在线预审通过后，按照规定递交申请材料即可。

① 出自《三国演义》：“万事俱备，只欠东风”，比喻其他一切准备就绪，只要再具备一个条件就可成功。

（3）结果：企业设立预登记通过。

（三）领取执照

（1）时间：预约当天。

（2）操作：携带办理人身份证原件和相关材料，到现场领取工商营业执照正、副本。

（3）结果：领取工商营业执照。

（四）刻章

（1）时间：1~2个工作日。

（2）操作：凭工商营业执照，到公安局指定的刻章点办理企业公章、财务章、合同章、法人代表章、发票章。

（3）结果：企业登记注册完成。

（五）税务登记

（1）时间：领取执照后30日内办理。

（2）操作：带好相关证件到税务局办理实名认证，开通电子税务局，在电子税务局进行税务登记。

（3）结果：完成登记。

（六）银行开户

（1）时间：7~15个工作日。

（2）操作：凭营业执照正本原件、国税和地税登记证、身份证、组织机构代码证、公司财务章、法人章，去银行开立基本账户。

（3）结果：开户成功。

（七）申领发票

（1）时间：一个月左右。

（2）操作：凭营业执照、银行开户许可证、法人身份证、购票员身份证原件、公司的公章、发票专用章、税控盘去税务局领购发票。如果是商品销售性质的公司，需要到国税去申请发票，如果是服务性质的公司，则到地税申领发票。

（3）结果：申领成功。

（八）社保开户

（1）时间：首次社保开户需要30天。

（2）操作：凭企业营业执照、组织机构代码证、税务登记证、银行开户许可证和法定代表人身份证、单位公章、法人章、社保官网生成的预登记文件去当地社保中心现场办理社保登记。

（3）结果：领取社保登记证。

二、企业注册需要准备的资料

注册不同类型的企业，所需的资料是不同的。

（一）有限责任公司注册所需资料

（1）公司法定代表人签署的《公司登记（备案）申请书》。

（2）全体股东签署的《指定代表或者共同委托代理人授权委托书》及指定代表或共同委托代理人的身份证复印件；应标明指定代表或共同委托代理人的办理事项、权限、授权期限。

（3）全体股东签署的公司章程。可以在市场监督管理局网站下载公司章程样本，根据实际情况进行修改。在公司章程的最后由所有股东签名，并写明日期。

（4）股东的主体资格证明或者自然人身份证复印件。

（5）董事、监事、经理的任职文件（股东会决议由全体股东签署，董事会决议由公司董事签字）及身份证复印件。

（6）法定代表人的任职文件（股东会决议由全体股东签署，董事会决议由公司董事签字）及身份证复印件。

（7）《企业名称预先核准通知书》。

（8）法律、行政法规和国务院决定规定设立有限责任公司必须报经批准的，须提交有关的批准文件或者许可证复印件。

（9）公司申请登记的经营范围中有法律、行政法规和国务院决定规定必须在登记前报经批准的项目的，须提交有关的批准文件，或许可证复印件，或许可证明。

（10）《承诺书》。

（11）住所使用证明。住所使用证明材料的准备分为以下三种情况。

① 若是自己的房产，则需要提交房产证复印件、房主的身份证复印件。

② 若是租房，则需要提交房东签字的房产证复印件、房东的身份证复印件、双方签字盖章的租赁合同和租金发票。

③ 若是租赁某个公司名下的写字楼，则需要提交该公司加盖公章的房产证复印件、该公司营业执照复印件、双方签字盖章的租赁合同和租金发票。

（二）股份有限公司注册所需资料

（1）《公司登记（备案）申请书》。

（2）《指定代表或共同委托代理人授权委托书》及指定代表或共同委托代理人的身份证复印件。

（3）由会议主持人和出席会议的董事签署的股东大会会议记录（募集设立的公司应提交创立大会的会议记录）。

（4）由全体发起人签署的，或者出席股东大会或创立大会的董事签字的公司章程。

（5）发起人的主体资格证明或者自然人身份证复印件，具体有以下几种情况。

① 发起人为企业的，应提交工商营业执照复印件。

② 发起人为事业法人的，应提交事业法人登记证书复印件。

③ 发起人股东为社团法人的，应提交社团法人登记证复印件。

④ 发起人为民办非企业单位的，应提交民办非企业单位证书复印件。

⑤ 其他发起人，应提交有关法律法规规定的资格证明。

（6）募集设立的股份有限公司，应提交依法设立的验资机构出具的验资证明，涉及发起人首次出资是非货币财产的，应提交已办理财产权转移手续的证明文件。

（7）董事、监事和经理的任职文件及身份证复印件；依据《公司法》和公司章程的规定，应提交由会议主持人和出席会议的董事签署的股东大会会议记录（募集设立的企业应提交创立大会的会议记录）、董事会决议或其他相关材料。其中，股东大会会议记录（创立大会会议记录）可以与上述第（3）项合并提交；董事会决议由公司董事签字。

（8）法定代表人任职文件（公司董事签字的董事会决议）及身份证复印件。

（9）《企业名称预先核准通知书》。

（10）募集设立的股份有限公司公开发行股票的，应提交国务院证券监督管理机构的核准文件。

（11）法律、行政法规和国务院决定规定设立股份有限公司必须报经批准的，应提交有关的批准文件或者许可证件复印件。

（12）公司申请登记的经营范围中有法律、行政法规和国务院决定规定必须在登记前报经批准的项目的，应提交有关批准文件或者许可证件复印件。

（13）《承诺书》。

（14）住所使用证明。住所使用证明材料的准备，分为以下三种情况。

① 若是自己房产，则需要提交房产证复印件、房主身份证复印件。

② 若是租房，则需要提交房东签字的房产证复印件、房东身份证复印件、双方签字盖章的租赁合同和租金发票。

③ 若是租赁某个公司名下的写字楼，则需要提交该公司加盖公章的房产证复印件、该公司营业执照复印件、双方签字盖章的租赁合同和租金发票。

（三）个体工商户注册所需资料

（1）经营者签署的《个体工商户开业登记申请书》。

（2）经营者的身份证复印件；申请登记为家庭经营的，以主持经营者作为经营者登记，由全体参加经营的家庭成员在《个体工商户开业登记申请书》经营者签名栏中签字予以确认；提交居民户口簿或者结婚证复印件作为家庭成员亲属关系的证明材料；其他参加经营的家庭成员的身份证复印件。

（3）申请登记的经营范围中有法律、行政法规和国务院规定必须在登记前报经批准的项目的，应提交有关许可证书或者批准文件复印件。

（4）经营场所使用证明。个体工商户以自有场所作为经营场所的，应当提交自有场所的产权证明复印件；租用他人场所的，应当提交租赁协议和场所的产权证明复印件；无法提交经营场所产权证明的，可以提交市场主办方、政府批准设立的各类开发区管委会、村居委会出具的同意在该场所从事经营活动的相关证明。

（5）委托代理人办理的，还应当提交经营者签署的《委托代理人证明》及委托代理人身份证复印件。

以上各项未注明提交复印件的，应当提交原件；提交复印件的，应当注明“与原件一致”并由个体工商户经营者或者其委托的代理人签字。

三、网上办理企业登记注册

云端课堂

网上办理企业设立预登记

企业名称申报成功后，可以登录本地市场监督管理局网站办理企业登记手续。仍以企业在湖南省登记注册为例，登录湖南省市场监督管理局网站首页，选择导航栏的“服务”选项，在打开页面的“专题服务”模块选择“企业注册”选项，打开“湖南省企业登记全程电子化业务系统”页面。在“企业登记”模块找到“企业登记-新设”选项，如图4-16所示。单击“我要办理”按钮，打开“新建申请”页面。

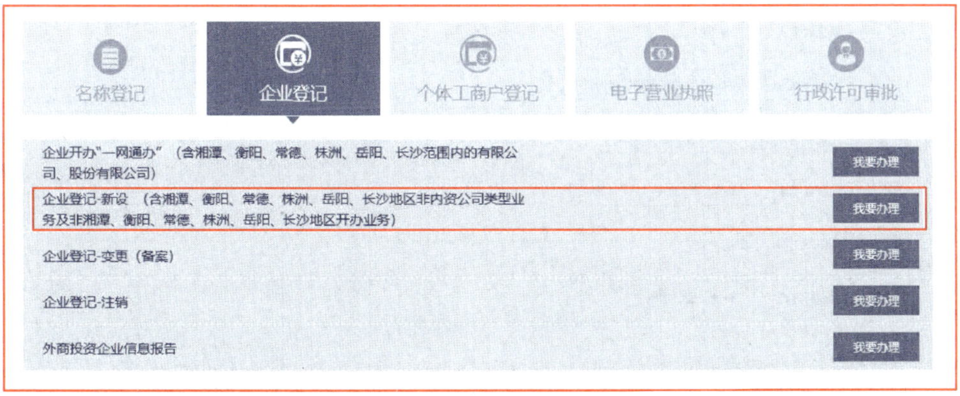

图4-16　“企业登记-新设”选项

（一）创建申请

打开“创建申请”页面，在“已核准名称：”和“输入股东姓名或名称：”中输入相关信息，如图4-17所示。然后单击“下一步”按钮。

图 4-17　“创建申请”页面

（二）录入基本情况

在“基本情况”页面中补充、完善基本信息，如是否需要领取纸质执照、营业执照领取方式、城乡标记、详细地址、住所产权、从业人数、经营期限、经营类别、工商联络员信息、党建信息等。需要注意的是，工商联络员是指由企业的法定代表人或负责人指定或委托的，负责办理企业登记注册、年度报告等涉及工商部门事务的企业工作人员。所填写的相关信息，务必真实有效。“基本情况”录入页面（部分）如图4-18所示。

图 4-18　“基本情况”录入页面（部分）

（三）录入股东信息

在“股东”页面中的“股东出资信息”列表（图4-19）中单击“编辑”按钮，进入“股东”信息编辑页面，如图4-20所示。

图 4–19　“股东出资信息”列表

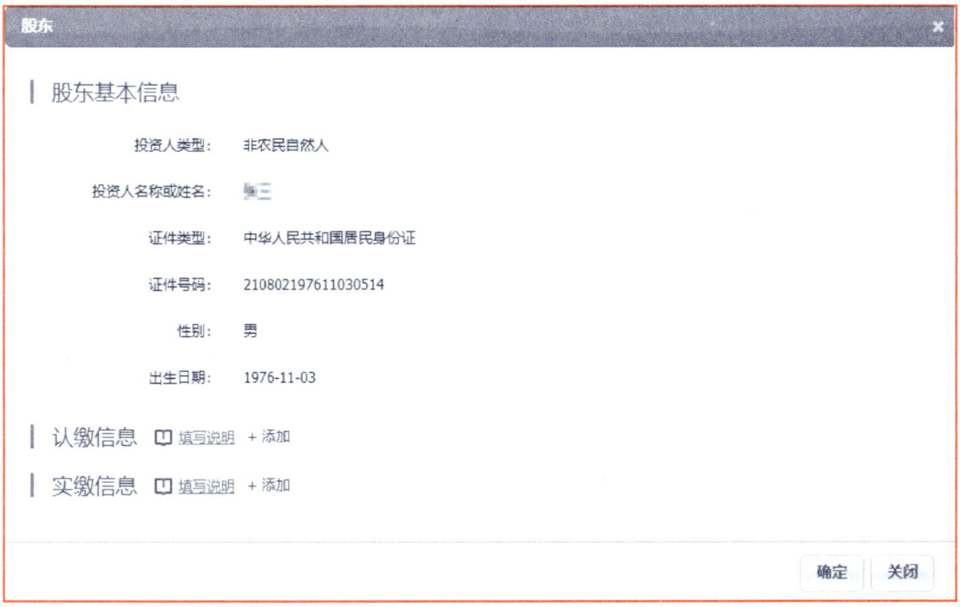

图 4–20　“股东”信息编辑页面

如果需要对“认缴信息”或“实缴信息”进行编辑，则根据股东实际出资情况，单击“认缴信息”或“实缴信息”后面的“添加”按钮，录入相关信息即可。“认缴出资信息”页面如图4–21所示。

说明：认缴出资时间由全体股东约定；实缴出资时间须在企业设立日期之前；认缴出资币种和金额按实际填写；认缴出资方式可以选择货币、实物、知识产权、债权、土地使用权、股权或其他。

信息录入完成后，单击“下一步”按钮。

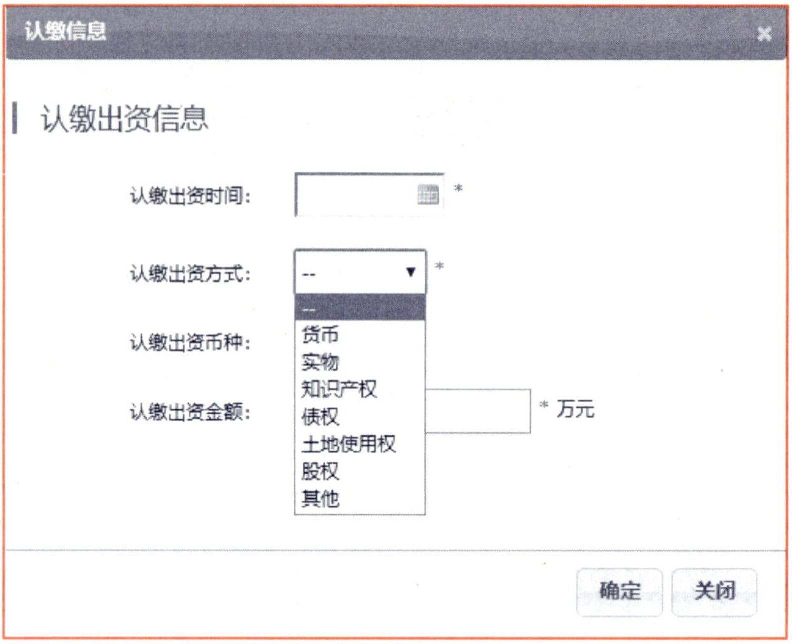

图 4–21　“认缴出资信息”页面

（四）录入“董事、监事、经理”信息

在“董事、监事、经理”信息栏至少要添加一个法定代表人，如果是有限责任公司，则至少要设一名监事。单击“添加人员”按钮，进行信息录入。其中，基本信息按实际情况填写即可，在任职情况中，如果公司规模较小，只设一名执行董事和监事即可，任职期限不超过3年。“董事、监事、经理”信息录入界面（部分）如图4–22所示。

图 4–22　“董事、监事、经理”信息录入界面

录入完成后，单击“确定”按钮。录入完成的“董事、监事、经理”信息页面如图4−23所示。确认“董事、监事、经理”信息无误后，单击“下一步”按钮。

图 4−23　录入完成的“董事、监事、经理”信息页面

（五）录入涉企信息

涉企信息包括“税务信息”和“财务负责人”信息。如果企业生产经营地址与企业经营场所地址不一致的，则须填写实际生产经营地址。“涉企信息”录入页面如图4−24所示。

图 4−24　“涉企信息”录入页面

（六）提交申请材料

在“申请材料”页面中单击“提交签名”按钮，即可提交申请材料。“申请材料”页面如图4–25所示。

图4–25　“申请材料”提交页面

▶ 任务总结

● 任务检测

扫描下方二维码，测一测你对本任务知识的掌握程度。

● 任务实施

1. 活动说明

登录所在地市场监督管理局网站，在网上完成企业设立登记注册，并将操作过程截图置于表4–14。

表4–14　企业设立登记注册过程表

项目	记录	
登记注册信息截图	创建申请截图	

续表

项目	记录	
登记注册信息截图	基本情况截图	
	股东信息截图	
	董事、监事、经理信息截图	
	涉企信息截图	
	提交申请截图	
个人体会		

2. 评价标准

（1）准确性（60分）。企业创建信息录入正确，截图清晰得10分；企业基本情况录入正确，截图清晰得10分；股东信息录入正确，截图清晰得10分；董事、监事、经理信息录入正确，截图清晰得10分；涉企信息录入正确，截图清晰得10分；提交申请材料信息录入正确，截图清晰得10分。

（2）真实性（40分）。个人体会填写体现出真实操作过程中的感悟。

● 任务反思

注册资本并非越多越好。《中华人民共和国公司法》出台后，大部分公司实行认缴制，即公司注册资本为全体股东认缴的出资额。而股东以注册资本承担有限责任，当公司资产不足以清偿公司债务时，股东有义务按照承诺的注册资本清偿剩余债务。如果申报1亿的注册资本，股东就要承担1亿限额内的责任，因此，要结合公司资金实际情况，谨慎认缴注册资本。

请结合本任务所学知识，完成思考笔记（表4-15）的填写。

表4-15 思考笔记

思考项目	记录	
企业注册所需资料	有限责任公司	
	股份有限公司	
	个体工商户	
网上办理企业设立登记注册需要录入的信息		

创业有样

“90后”女孩苗彦彦病中创业还捐款：左手输液 右手事业

她与病魔抗争16年，被医院下了5次病危通知书，至今仍身患重病。她叫苗彦彦，是新疆生产建设兵团的一位“90后”女孩。她主动退还12.6万余元的捐款，在自己一边看病一边还款的近5年时间内，累计为全国各地90多个困难家庭捐款8 000多元。2021年，她入选中央精神文明建设指导委员会办公室发布的“中国好人榜”，荣获诚实守信类“中国好人”称号。

1993年出生于河南的苗彦彦，2005年跟随父母来到新疆生产建设兵团第十四师二二四团，2009年被确诊为咽喉部位重症肌无力。2011年，苗彦彦经历了第一次病危：肺部严重感染诱发重症肌无力危象，无法自主呼吸。她病情严重的时候，需要父母陪在身边给她叩背排痰，连医生都对她的父母说：“这个病很难治，多给孩子买点好吃的，让她开开心心就好。”困难没有让这家人放弃，他们始终坚信，一定能够战胜病魔。“你是我们家的骄傲！我们要相信科学。”母亲刘春玲总是这样鼓励女儿，而苗彦彦也不负所望，一直在坚持。

因为病痛，苗彦彦和家人一直有一个遗憾——苗彦彦未能顺利上大学。

苗彦彦从小就是老师心中的三好学生。2008年，苗彦彦以和田地区中考前三名的好成绩考入了华山中学宏志班，但仅上了一个月的课，就不得不休学了。病重休学后，苗彦彦难过了好几天。病情没有成为苗彦彦退缩的借口，“不当闲人”

是她认真思考后对自己的承诺。2014年，电商的兴起点燃了她内心的希望，她开始研究如何开网店……很快，她的网店开业了，第一个产品就是自家种植的和田玉枣。

“卖红枣，不能以次充好。做人，不能忘本；做事，得有担当！”因为疾病导致声带闭合，她只能用气流发声，更多的时候则是靠手机打字与顾客交流。为顾客着想，严把品质关为她赢得大批回头客，当初的许多顾客如今已和她成为朋友。这么多年来，苗彦彦店铺的农产品销量一直很稳定并逐年向好。

2019年5月17日，在广东佛山完成理疗的苗彦彦准备返回新疆。在江西南昌火车站转车时，她的肺部出现感染，高烧不退，只好先在南昌住了下来。苗彦彦在入住的旅舍苦撑到第五天凌晨，陷入昏迷前，她把身上最后的积蓄1万元通过微信转给了旅舍老板林森，请他帮忙拨打120急救电话。

父亲苗书新从新疆赶来时，苗彦彦依然处于昏迷之中。看到苗书新因医疗费而眉头紧锁，林森主动联系志愿者帮他发起了筹款。随后，短短三四天的时间，新疆生产建设兵团的职工和社会各界爱心人士共3 565人迅速筹集了12.6万余元。

一家人看着捐款名单，一个字一个字地读着祝福话语，流下眼泪。

经过近20天的抢救和5次血浆置换，苗彦彦终于转危为安，脱离了生命危险。醒来后的苗彦彦看着一条条捐款信息，坐在床上一直流泪。她说：“这钱我一定要还！”

苗彦彦出院后，回到二二四团的第二天就投入工作，编辑文案、处理订单、筛选红枣、处理售后服务成为苗彦彦的日常。“每个人挣钱都不容易，我挣到钱一定要把看病的钱尽快还给爱心人士，这是做人的本分，也是我立下的誓言。”苗彦彦说。

2021年8月9日，包括新疆生产建设兵团职工和社会各界爱心人士在内的3 565人陆续收到了一笔退款，转账备注上写着患者苗彦彦退还筹款。苗彦彦用两年时间悉数退还了曾经筹集的12.6万余元捐款。

苗彦彦说：“父母从小教育我，不亏欠别人，多帮助他人，要吃苦耐劳、奋斗向上。我觉得自己心里有一座山在压着，即使还了钱，恩情也是还不清的。为了家人、为了大家的祝福，心怀感恩的我更要向前、向上！”

苗彦彦退还捐款的举动打动了很多网友，他们纷纷为这个勇敢自强的女孩点赞，称她是“了不起的姑娘”，“有志气、懂感恩”，就像“身边人的太阳”，祝福她“未来越来越好”。

早在2017年，苗彦彦就开始献爱心了，尽管并不富裕，但只要看到网上求助的信息，她就会捐款。她在帮助着别人，别人也在帮助着她。这些年，苗彦彦累计为全国各地90多个困难家庭捐款8 000多元，对本身还在四处求医看病的她来说，这并不是一个小数目。

“左手输液，右手事业。”苗彦彦在病床上就计划创业，一出院就注册公司，东奔西走。目前在各方帮助下，她筹建实体店铺，要闯出一条道路，成为病友的光和希望，把大家给自己的爱继续传递下去。

这就是苗彦彦，虽身患重病，但仍像太阳般温暖的女孩。她竭尽所能散发着光和热，驱散生活里的阴云，给身边的人送上一些光亮和温暖。苗彦彦历经艰辛退还筹款、病中创业，没有责任、信念、毅力是做不到的。这个瘦弱的女孩，心怀大爱，牢记责任与诚信，敲开创业大门，走向更广阔的天地。

（资料来源：王宁宁.做人不忘本 做事，得当担.中国妇女报，2022-07-04.有删改.）

创业有行

沙漠求生

1. 目标

训练逻辑思维及团队协作能力。

2. 规则与程序

（1）内容。

假设：在炎热的8月份，你们乘坐的小型飞机在撒哈拉沙漠失事，机身严重撞毁，将会着火燃烧。飞机燃烧前，你们只有15分钟时间从飞机中拿取物品。

问题：在飞机失事后，如果你们只能从15项物品中挑选5项。在考虑沙漠的情况后，按物品的重要性，你们会怎样选择呢？请解释原因。

（2）沙漠情况。

飞机的位置不能确定，只知道离飞机位置最近的城镇是70千米外的煤矿小城。沙漠日间温度是40℃，夜间温度随时可骤降至5℃。

（3）假设。

① 飞机上生还人数与你的小组人数相同。你们装束轻便，只穿着短袖T恤、牛仔裤或运动裤和运动鞋，每人有一条手帕。

② 全组人都希望一起共同进退。

③ 机上所有物品性能良好。

（4）物品清单。

请从以下15项物品中，挑选最重要的5项。

① 一支闪光信号灯（内置4节电池）。

② 一把军刀。

③ 一张该沙漠地区的飞行地图。

④ 7件大号塑料雨衣。

⑤ 一个指南针。

⑥ 一个小型量器箱（内有温度计、气压计、雨量计等）。

⑦ 3个降落伞（有红白相间图案）。

⑧ 一瓶维生素丸（100粒装）。

⑨ 英制10加仑饮用水。

⑩ 化妆镜。

⑪ 7副太阳眼镜。

⑫ 两加仑伏特加酒。

⑬ 7件厚衣服。

⑭ 一本《沙漠动物》百科全书。

项目五

资金哪里来

项目路径

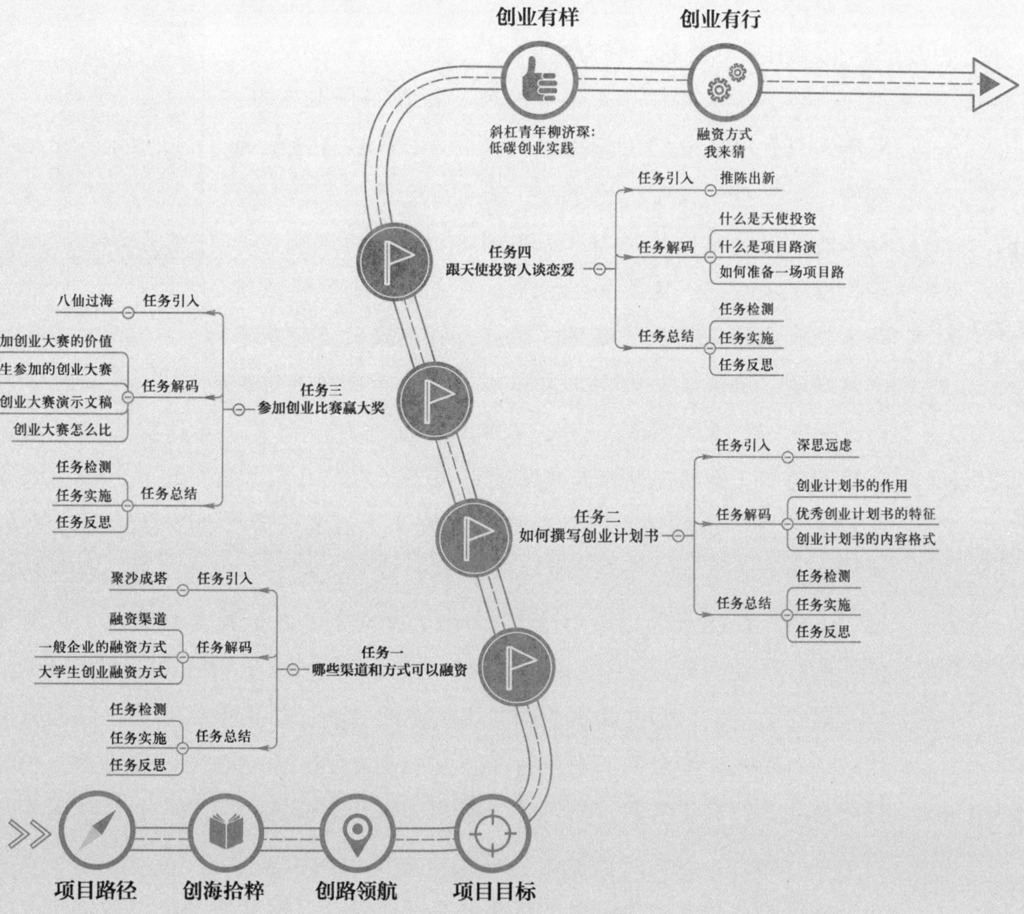

创海拾粹

中国共产党发行的第一张股票

展现在大家眼前的，是一张红色股票，它是中国共产党发行的第一张股票，是毛泽民同志在江西安源工作时留下的一件文物。这张红色股票（图5–1），见证了毛泽民在开创党的金融事业道路上，迈出的第一步。

1923年2月7日，安源路矿工人消费合作社在工人的欢呼声中开业了，总经理就是毛泽民。合作社开业以后，白天他忙碌在柜台前，为工人称米、称油、丈量布匹，替工人精打细算，同时在交谈中了解工人的需求。晚上，在昏暗的油灯下，他仔细核对账本，清点货物，筹划着组织新的货源。但是由于资金不足，所进货物有限，没几天，合作社的货物全部卖空了。

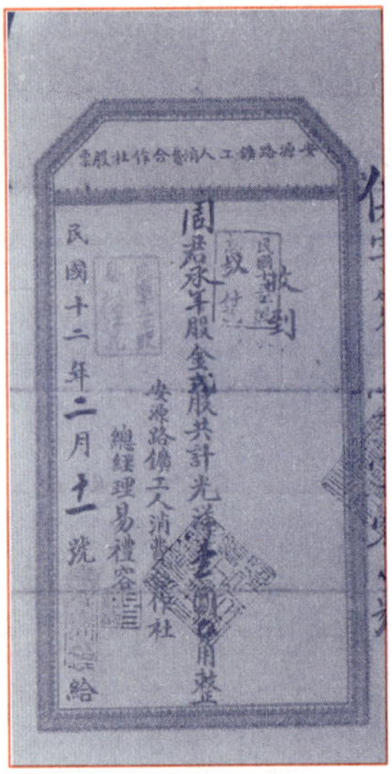

图 5–1　中国共产党发行的第一张股票

一天，工人周怀德走进合作社，说想买一双布鞋，毛泽民尴尬地望着空荡荡的货架，看着工人冻得通红的双脚，心里难过极了。他深知，正是资金的不足，合作社不能及时补充货物，工人买不到自己急需的东西。毛泽民暗下决心，一定要筹措资金。可是这一大笔钱从何而来呢？毛泽民陷入了沉思。突然，一阵谈笑声打断了他的思绪，原来是一大群工友出班了，毛泽民望着谈笑而过的工友，黑压压的一片，人们的身影挡住了阳光，店铺里突然变暗了，但毛泽民的心里却明亮起来。安源有一万多工人，每人拿出一块钱，资金的难题不就解决了吗？想到这里，兴奋的毛泽民马上召集店员，把想法告诉了大家。大家听后，非常高兴，你一言我一语，热烈地讨论起来。经过几天几夜反复思考研究，毛泽民起草了《招股简章》，向组织上提出了发行股票的建议。就这样第一张红色股票诞生了。

创业启示：

>>一方面，股票是企业筹集资金的一种有效手段。通过发行股票，企业可以充分地吸收投资者手中的闲散资金，转化为自己的经营资本；另一方面，通过发行股票融资也是企业分散自身风险的一种方法。无论是哪一类企业，总会有经营风险存在，当发起人难以或不愿承担所面临的风险时，通过发行股票来组成股份公司就是分散投资风险的一个好方法。

股票的发行，立刻就得到了工人的热烈拥护，他们争相购买，股金一下子就达到了八千元。资金的问题解决了，货物充足了，在毛泽民的努力下，合作社办得热火朝天，有声有色。它不但减轻了工人的生活负担，更开创了中国共产党金融事业的先河，为党的金融事业的发展奠定了基础。

这张浸透了毛泽民心血和智慧的红色股票，它以朴实无华的话语向人们讲述着毛泽民开拓创新的精神，传颂着革命先辈为革命事业殚精竭虑、默默奉献的崇高风范。

（资料来源：胡飞.中国共产党发行的第一张股票.学习强国，2021-07-07.有删改.）

创路领航

要实施好更加积极有为的财政政策、更加稳健灵活的货币政策，增强宏观政策的针对性和时效性。要继续减税降费、减租降息，确保各项纾困措施直达基层、直接惠及市场主体。要强化对市场主体的金融支持，发展普惠金融，有效缓解企业特别是中小微企业融资难融资贵问题。

——2020年7月21日，习近平总书记在企业家座谈会上的讲话

项目目标

● 知识目标

（1）了解各种融资渠道与融资方式的特点。

（2）熟悉创业计划书的基本结构。

（3）了解参加创新创业比赛的好处，熟悉创业项目展示流程。

● 能力目标

（1）具备基于自身实际情况，选择合适的融资渠道和融资方式的能力。

（2）具备撰写创业计划书、准备回答问题和设计舞台展示的能力。

（3）具备进行创业项目路演的能力。

● 素养目标

（1）具有一定的全局规划意识。

（2）具有较强的诚信意识和敬业精神。

（3）具有较强的团队合作意识。

任务一　聚沙成塔——哪些渠道和方式可以融资

▶ 任务引入

聚沙成塔[1]

欧思琴注册自己的公司后很激动，但另一个烦恼随之而来：公司缺少资金怎么办？她试了很多办法，向家人和好友借钱，但大家都劝她“务实”一点，早点找个好工作就业，看来这条路走不通。向银行贷款，不仅手续烦琐，还需要抵押物。这可难住“一穷二白”的她了。借高利贷？那可是万万不能的！还能从哪里筹钱呢？欧思琴陷入了沉思。

▶ 任务解码

一、融资渠道

融资渠道，是指企业筹集资金的来源，主要包括内部融资和外部融资两个渠道。其中，内部融资主要是指企业的自有资金和在生产经营过程中的资金积累部分。随着技术的进步和生产规模的扩大，单纯依靠内部融资已经很难满足企业的资金需求，外部融资成为企业获取资金的重要方式。

（一）内部融资渠道

企业内部融资渠道是指从企业内部开辟的资金来源。从企业内部开辟资金来源有3个方面：企业自有资金、企业应付税费和利息、企业未使用或未分配的专项基金。一般在企业并购中，企业都尽可能选择内部渠道融资，因为这种方式保密性好，企业不必向外支付借款成本，所以风险很小，但其资金来源数额与企业利润有关。

---

① 出自《妙法莲华经·方便品》：“若于旷野中，积土成佛庙，乃至童子戏，聚沙为佛塔”，常比喻积少成多。

（二）外部融资渠道

企业外部融资渠道是指企业从外部开辟的资金来源，其主要包括专业银行信贷资金、非银行金融机构资金、其他企业资金、民间资金和外资。外部融资具有速度快、弹性大、资金量大的优点，是企业筹集资金的主要来源；其缺点是保密性差，企业需要负担高额成本，因此会产生较高的风险。

二、一般企业的融资方式

云端课堂

一般企业的融资方式

融资方式是指企业融通资金的具体形式。融资方式越多，意味着可供企业选择的融资机会越多。企业常见的融资方式包括银行贷款、股票融资、债券融资、融资租赁、典当融资、职工集资、产权交易等。

（一）银行贷款

银行贷款是企业最主要的融资方式。按资金性质可分为流动资金贷款、固定资产贷款和专项贷款三类。其中，流动资金贷款是为满足生产经营者在生产经营过程中短期资金需求，保证生产经营活动正常进行而发放的贷款，适用于有中、短期资金需求的企业客户；固定资产贷款是银行对企业的固定资产投资发放的贷款，适用于有房屋购置、工程建设、技术设备购买与安装等中、长期资金需求的企业客户；专项贷款通常有特定的用途，如老少边穷地区发展经济贷款和扶贫贷款等，其贷款利率一般比较优惠。

（二）股票融资

股票融资是指资金不通过金融中介机构，而借助股票这一载体直接从资金盈余部门流向资金短缺部门，资金供给者作为所有者（股东）享有企业控制权的融资方式。股票具有永久性、无到期日、无须归还、没有还本付息的压力等特点，因而企业筹资风险较小。

（三）债券融资

企业债券，也称公司债券，是企业依照法定程序发行并约定在一定期限内还本付息的有价证券，表示发债企业和投资人之间是一种债权债务关系。债券持有人不参与企业的经营管理，但有权按期收回约定的本息。在企业破产清算时，债权人优先于股东享有对企业剩余财产的索取权。企业债券与股票一样，同属有价证券，可以自由转让。企业债券用途多为新建项目，利息高于同期银行利率，期限为2~3年。市场上由大型企业发行的债券较多。中小型企业如果有盈利较高的项目且资金需求量较大，则可以采用这种方式融资，关键在于解决债券的包销、利息支付、如期偿还等具体问题。

（四）融资租赁

融资租赁是指出租人根据承租人对供货商、租赁物的选择，向供货商购买租赁物，并提供给承租人使用，承租人在契约或者合同规定的期限内分期支付租金的融资方式。融资租赁有直接购买租赁、售出后回租及杠杆租赁等形式。此外，还有租赁与补偿贸易相结合、租赁与加工装配相结合、租赁与包销相结合等多种融资租赁形式。

（五）典当融资

典当融资是以实物为抵押，以实物所有权转移的形式取得临时性贷款的一种融资方式。与银行贷款相比，典当融资成本高、贷款规模小。但典当融资也有银行贷款所无法相比的优势。

（1）与银行对借款人的资信条件近乎苛刻的要求相比，典当行对顾客的信用要求低得多，典当行只注重典当物品是否货真价实。一般商业银行只做不动产抵押，而典当行则可以动产与不动产质押二者兼为。

（2）到典当行典当物品的起点低，千元、百元的物品都可以当。与银行相反，典当行更注重为个人和中小企业服务。

（3）与银行贷款手续繁杂、审批周期长相比，典当融资手续简便，大多立等可取，即使是不动产抵押，也比银行要便捷许多。第四，顾客向银行借款时，贷款的用途不能超越银行指定的范围。而典当行则不关注贷款的用途，可大大提高资金的使用率。

随堂讨论：

>>现代典当行什么东西可以典当？

（六）职工集资

中小企业可以根据企业资产实际情况，将净资产作为股份划分，采取管理层收购（management buy-outs，MBO）、员工持股计划（employee stock ownership plan，ESO）及向特定的股东发售股份的方式募集资金，并实现股权多元化。职工集资在20世纪90年代初期成为企业解决资金问题的一大法宝。

（七）产权交易

产权交易在国内方兴未艾，各地都设立了资产、股权交易市场，其产权交易比较规范，对出售的资产、股权均有相应的价格评估体系，交易方式基本市场化。中小科技企业为了解决资金紧缺，可将部分股权、专利（无形资产）及有形资产在产权交易所挂牌，这样既可以解决企业内部资金紧缺问题、增加现金流，又可以为进一步的资本市场运作打好基础。

云端课堂

大学生创业融资方式

三、大学生创业融资方式

创业资金的筹集无疑是大学生创业成功的关键，创业融资是大学生在创业初期不得不慎重考虑的问题。大学生创业融资方式有以下八种方式。

（一）亲情融资

亲情融资是指向家庭成员或亲朋好友筹款的一种融资方式。该方式的优点是资金筹措速度快、风险小、成本低，缺点是向亲友借钱创业，会给亲友带来资金风险，甚至是资金损失，如果创业失败，就会影响双方的感情。

随堂讨论：
>> 网上各种“信用贷款”靠谱吗？

（二）银行贷款

银行贷款被誉为创业融资的“蓄水池”，因为大学生创业融资大多数是无抵押融资，只能是小额贷款。该方式的优点是银行财力雄厚。缺点是申请手续烦琐，需要经过许多“门槛”，任何环节都不能出问题。

（三）合伙融资

合伙融资是指按照“共同投资、共同经营、共担风险、共享利润”的原则，直接吸收单位或个人投资合伙创业的一种融资方式。该方式的优点是有利于对各种资源的利用和整合，增强企业信誉，能尽快形成生产能力，有利于降低创业风险，缺点是合伙人之间容易产生意见分歧，降低办事效率，合伙人之间还有可能因权利与义务的不对等而产生矛盾，不利于合伙基础的稳定。

（四）政策基金

政策基金的优点是融资者可以利用各种政策基金，不用担心投资方的信用问题，另外，政策基金一般都是免费的，降低或免除了融资成本；其缺点是申请政策基金有严格的程序要求，政府每年投入的政策基金有限，融资者须面对其他融资者的竞争。

（五）高校创业基金

高校创业基金和政策基金类似。现在各高校都在鼓励大学生创业，除提供一系列孵化园政策支持外，各学校或多或少都设有一些创业基金。该方式的优点是相对于政策基金，高校创业基金更容易被拿到，缺点是资金规模不大、支撑力度有限、面向的对象不广。

（六）天使投资

天使投资是指自由投资者或非正式风险投资机构，对处于构思状态的原创项目或小型初创企业进行的一次性的前期投资。该方式的优点是民间资本的投资操作程序较为简单、融资速度快、门槛也较低，缺点是很多民间投资者在投资的时候总想控股，因此容易与创业者发生矛盾。

（七）风险投资

风险投资是一种融资和投资相结合的投资方式，是指创业者通过出售自己的一部分股权给风险投资者而获得一笔资金，用于发展企业和开拓市场。当企业发展到一定规模时，风险投资者出卖自己拥有的企业股权获取收益，再进行下一轮投资。许多创业者就是利用风险投资使企业渡过幼小阶段的。该方式的优点是有利于有科技含量、商业模式创新、有豪华团队背景、现金流良好、发展迅猛的项目的融资，缺点是融资项目有局限性。

（八）比赛奖励

对刚刚起步的创业者来说，参加各类创业比赛获得的收益较多。一方面，有可能直接赢得比赛奖金；另一方面，有可能获得接受免费培训和专家指导的机会，从而减少成本支出。该方式的优点是门槛低，如果准备充分，则收获较大，缺点是竞争激烈。

随堂训练：

>>搜集奖励力度较大的创业比赛有哪些？

▶ 任务总结

● 任务检测

扫描下方二维码，测一测你对本任务知识的掌握程度。

● 任务实施

1. 活动说明

根据你的项目特点，完成融资方式和融资计划确定表（表5-1）的填写，并说明资金用途。

表5-1 融资方式和融资计划确定表

创业项目名称：

项目	分析			
融资方式及理由	序号	创业融资方式	你是否选择该融资方式	理由
	1			
	2			
	3			
	4			
	5			
	6			
	7			
	8			
融资计划步骤及内容	序号	步骤	内容	
	1			
	2			
	3			
融资金额及用途	序号	融资金额/元	用途	
	1			
	2			
	3			
	合计			

2. 评价标准

（1）准确性（40分）。选择创业融资方式的理由描述准确。

（2）可行性（30分）。融资计划思路清晰，可行性高。

（3）合理性（30分）。资金使用描述清晰，用途合理。

● 任务反思

早期创业企业融资相对可行的渠道有4个：一是说服身边亲戚朋友筹款投资；二是通过众筹平台融资；三是通过银行获得各类贷款，如信用贷款、抵押贷款；四是直接找机构进行商业计划（business plan，BP）投资，或者在这类融资平台上与投资人进行沟通。

请结合本任务所学知识，完成思考笔记（表5-2）的填写。

表5-2　思考笔记

创业融资方式	优点	缺点
亲情融资		
银行贷款		
合伙融资		
政策基金		
高校创业基金		
天使投资		
风险投资		
比赛奖励		

任务二　深思远虑——如何撰写创业计划书

▶ 任务引入

深思远虑[1]

欧思琴了解到至少有八种适合大学生创业的融资方式，权衡之后，她比较青睐参加创业比赛赢得奖金。但她经过咨询得知，参加创业比赛必须要有创业计划书。怎么写创业计划书呢？欧思琴知之甚少。

▶ 任务解码

云端课堂

创业计划书概述

一、创业计划书的作用

创业计划书是关于创业者的创业项目和创业行动的规划文件，也是指导创业者创业实践的方向指南。写好创业计划书，可以理清创业思路，完整地勾画出创业蓝图，并做出相应的战略规划和部署。因此，一份优秀的创业计划书对创业者来说十分重要。

写好创业计划书的作用有两个：一是创业融资，即利用创业计划书向外部的投资者寻求投资；二是做好发展规划，为自己的企业或项目规划详细的前进路线。

二、优秀创业计划书的特征

一份优秀的创业计划书，首先要能够吸引投资者。大学生创业最缺的是资金。企业家、投资者往往通过创业计划书来了解你的项目，优秀的创业计划书能让投

① 出自《后汉书·孝和孝殇帝纪》："先帝即位，务休力役，然犹深思远虑，安不忘危，探观旧典，复收盐铁，欲以防备不虞，宁安边境"，比喻谋划周密，考虑长远，计划周到，具有远见。

资者眼前一亮。即使是申请贷款，大学生创业者也需要有一份优秀的创业计划书。

优秀的创业计划书一般有四个特征：一是标题醒目；二是填写规范；三是图表工整；四是重点突出。优秀创业计划书的特征如图5-2所示。

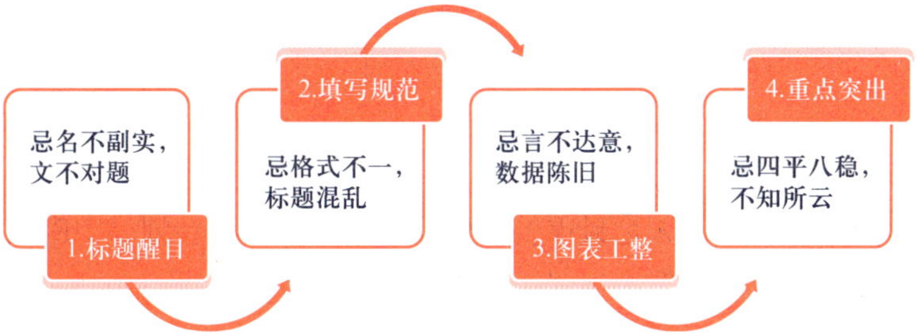

图 5-2　优秀创业计划书的特征

随堂训练：
>>下载一份创业计划书，观察其是否具有这四个特征。

三、创业计划书的内容格式

创业计划书并没有统一的格式，但一般应包括封面、项目概况、市场评估、团队管理、营销策略、财务计划、风险管理等内容。

（一）封面

一个好的封面可以给投资者好的印象，从而为你的成功打好基础。一份创业计划书的封面要美观，有艺术性，应该带有创业团队的基本信息，如项目地址、联系方式、法人姓名等。

云端课堂
计划书封面设计

（二）项目概况

这部分内容应该浓缩创业计划书的精华，概括整个创业计划的要点，可以包括项目名称、主要产品或服务、项目所需投入资金、组织机构、主要业务等，但表述应尽量简洁，让人一目了然。

随堂训练：
>>结合创业项目，尝试写一份100字的项目概述。

（三）市场评估

市场评估主要包括对产品、行业、竞争对手的分析。这些内容是创业计划书的重点，应做详细说明。因为从这部分内容可以看出你的产品到底好不好、有没有市场、可行性如何、是否值得投资。

云端课堂
计划书市场评估

（1）产品分析要写明所做的产品是什么，产品的生产方式是自己生产还是委托加工，以及生产规模、生产场地、工艺流程、生产设备、质量管理、原材料采购及库存管理等内容。

（2）行业分析要说明产品所属行业市场如何。

① 行业状况。行业状况包括行业发展历史及现状，哪些变化对产品利润、利润率影响较大，进入该行业的技术壁垒、贸易壁垒，政策导向和限制等。

② 市场前景与预测。预测行业销售发展趋势并注明资料来源或依据。

③ 目标市场。对产品或服务所面向的主要用户种类进行说明。

（3）竞争对手及其业务状况分析。

① 主要竞争对手。分析行业内主要竞争对手的情况。

② 销售市场的竞争对手。描述在主要销售市场中的竞争对手，以及它们所占市场份额、竞争优势和劣势。

③ 竞争风险及对策。分析竞争对手给本企业带来的风险，以及本企业所采取的对策。

云端课堂

计划书人员结构组成及团队管理

（四）团队管理

对于一个企业来说，人是最重要的资源，因此在创业计划书中应该对团队成员进行阐述，明确团队的发展计划和团队的管理模式。

（五）营销策略

制定市场营销策略就是要知道你的产品可以卖给谁？市场在哪里？真正的顾客在哪里？要用哪种营销手段？一般从产品、价格、地点、促销四个基本策略的组合入手。

云端课堂

计划书市场营销

（六）财务计划

进行财务分析，制订财务计划可以让你对企业的资金有一定的了解。可以分别从投资数量和权益、资金用途和使用计划、投资回报、财务预测等方面进行分析。

云端课堂

计划书财务计划

（1）投资数量和权益。投资数量和权益包括创业资金来源和额度、希望其他投资方参股本项目的数量，以及各投资方在企业中所占的权益。

（2）资金用途和使用计划。详细说明投资后项目的实施和资金使用计划，包括资金的用途、投入进度、效果和起止时间等。

（3）投资回报。说明投资后未来2~3年平均年投资回报率及有关依据。

（4）财务预测。提供投资后未来2~3年项目预测的资产负债表、损益表、现金流量表及相关依据。

（七）风险管理

风险管理是指对企业在其生产经营活动的各环节可能遭受的损失、威胁采取的防范措施。企业风险按其内容不同可分为市场风险、产品风险、经营风险、投资风险、外汇风险、人事风险、购并风险、自然灾害风险等。如何识别和防范企业风险，对创业者来说尤为重要。

创业计划书的参考目录详见本书书后附录。

▶ 任务总结

● 任务检测

扫描下方二维码，测一测你对本任务知识的掌握程度。

任务实施

结合自己的创业计划，按照本书“附录”中的“参考目录”，撰写一份完整的创业计划书。注意提炼、总结创业计划的精华，要求图文并茂。

任务反思

创业计划是创业者叩响投资者大门的“敲门砖”，一份优秀的创业计划书往往会使创业者达到事半功倍的效果。

结合本任务所学知识，完成思考笔记（表5–3）的填写。

表5–3　思考笔记

思考题目	记录
创业计划书的作用	
优秀创业计划书的特征	

任务三　八仙过海——参加创业比赛赢大奖

▶ 任务引入

八仙过海[1]

在教师和企业专家的指导下，欧思琴的创业计划书完成了。在这个过程中，她对自己的创业项目越来越有信心。但有哪些创业比赛可以参加？创业比赛到底比什么？还有哪些工作要准备？欧思琴都不知道，看来找个明白人做咨询是必不可少的。

▶ 任务解码

云端课堂

参加创业大赛的价值

一、参加创业大赛的价值

能否快速、高效地筹集资金，是初创企业站稳脚跟的关键。目前，国内创业者的融资渠道虽然较多，但适合大学生创业的寥寥可数。创业初期需要花钱的地方比较多，通过参加各类创新创业比赛，创业者可以获得免费广告、无偿培训、直接资助、专家把脉、建立关系等诸多好处。

（一）免费广告

正规的创业大赛由政府牵头，由企业、大学、协会主办。电视、报纸、网络的大量宣传，是创业者宣传创业项目的大好机会。通过这些平台，创业者既可以享受高品质的免费广告，又能扩大企业的知名度。

（二）无偿培训

创业大赛要求选手进行商业模式设计、完成创业计划书、进行项目介绍等。

① 出自《八仙过海》第二折："则俺这八仙啊过海神通大，方显这众圣归山道法强，端的万古名扬"，比喻各自拿出本领或办法，互相竞赛。

在这个过程中，创业大赛组委会将派出经验丰富的指导教师进行培训，使选手得到极大的锻炼，并学习到实用的创业知识和技能，从而提升自己的创业能力。

（三）直接资助

创业者参加创业大赛不仅可以获得奖金，如果表现优秀，还可以得到免息的创业贷款，甚至得到投资机构及企业家们的创业投资。

（四）专家把脉

创业大赛由各行业的企业专家担任评委和创业导师，他们的真知灼见和专业经验将给创业者提供“高营养”的创业智慧。对于创业者来说，创业不仅需要资金，更需要能力和智慧。

（五）建立关系

创业者需要建立各种关系，特别是人际关系。参加创业大赛，创业者能得到社会和相关部门的关注，更能建立与创业相关的各种关系。很多时候，良好的关系能使创业的成功率提高很多。

随堂讨论：

>>你觉得这五种价值中哪种对自己最重要，为什么？

二、适合大学生参加的创业大赛

（一）市级的大学生创业大赛

市级的大学生创业大赛一般由市人力资源和社会保障局、市教育局、市财政局等联合主办，主要面向本市在校大学生，或者规定年限内毕业的大学生。

云端课堂

市级的大学生创业大赛

（二）省级及以上的各类创业大赛

目前，省级及以上的各类创业大赛较多，但影响力比较大的主要有以下几项赛事：

1. 中国国际“互联网+”大学生创新创业大赛

云端课堂

中国国际“互联网+”创业大赛

中国国际“互联网+”大学生创新创业大赛（图5−3）是目前国内规格最高的大学生创新创业大赛，由教育部、中央统战部、中央网络安全和信息化委员会办公室、国家发展和改革委员会、工业和信息化部、人力资源和社会保障部、农业农村部、中国科学院、中国工程院、国家知识产权局、国家乡村振兴局、共青团中央等共同主办，由地方政府与高校承办。根据参赛项目所处的创业阶段、已获投资情况和项目特点，该项大赛分为“高教主赛道”“职教赛道”“红色筑梦之旅赛道”“国际赛道”“萌芽版块”等。不同的组别对工商登记注册时间和申报人有不同的严格要求。参赛申报人须为团队负责人或企业法人代表，须为普通高等学校在校生（可为本专科生、研究生，不含在职生）。该项大赛分为全国和省级两级赛事。

图 5−3　中国国际“互联网+”大学生创新创业大赛标志

2.“挑战杯”全国大学生系列科技学术竞赛

“挑战杯”全国大学生系列科技学术竞赛（图5–4）包括两项赛事，一项是“挑战杯”中国大学生创业计划竞赛，被称为“小挑”。另一项是“挑战杯”全国大学生课外学术科技作品竞赛（图5–4），被称为“大挑”，由共青团中央、中国科学技术协会、教育部、中华全国学生联合会、举办地人民政府共同主办。这两项全国竞赛交叉轮流开展，每个项目每两年举办一届。“挑战杯”系列竞赛被誉为中国大学生科技创新创业的“奥林匹克”盛会，是国内大学生最关注的全国性竞赛，也是全国最具代表性、权威性、示范性、导向性的大学生竞赛，分为全国和省级两级赛事。

图 5–4　“挑战杯”全国大学生系列科技学术竞赛标志

3.“创青春”中国青年创新创业大赛

“创青春”中国青年创新创业大赛（图5–5）自2014年起举办，由共青团中央、人力资源和社会保障部、农业农村部、商务部、国家乡村振兴局和当地省级人民政府主办，分为科技创新、乡村振兴、数字、社会企业四个专项赛。该项大赛根据参赛项目所处的创业阶段及企业创办年限（以企业登记注册时间为准）的不同，分别设创新组、初创组、成长组，分为全国和省级两级赛事。

图 5–5　“创青春”全国大学生创业大赛标志

4. 黄炎培职业教育奖创业规划大赛

黄炎培职业教育奖创业规划大赛由中华职业教育社主办。该项大赛设中职组和高职组两个参赛组别，初评以申报评审书为主，决赛以现场答辩为主，每年举办一届，分为全国和省级两级赛事。

（三）各类专项创业比赛

专项创业比赛一般面向某一类特定专业领域或特定群体开设。例如，中国大学生服务外包创新创业大赛，是响应国家关于鼓励服务外包产业发展、加强服务外包人才培养的相关战略举措与号召举办的每年一届的全国性竞赛。该项大赛由教育部、商务部和无锡市人民政府联合主办，由国家服务外包人力资源研究院、无锡市商务局、无锡市教育局、江南大学承办，参赛学生学历层次以本科生为主，自由组队。

三、制作创业大赛演示文稿

云端课堂

创业大赛演示文稿的制作原则

一个好的演示文稿应特别关注三个方面：一是演示文稿的结构，逻辑清晰，结构合理，层次分明，架构合理，重点突出，思路清晰；二是演示文稿的内容，主题明确，重点难点突出，内容可靠，用数据说话；三是演示文稿的形式，文字精练，图文并茂，界面简单整洁。

（一）演示文稿的结构

1. 产品与技术

产品与技术如何转化为利润是创业的根本，而这部分内容主要通过讲解与文稿演示的形式展示给评委，是项目展示的重点之一。

2. 市场机会

良好的市场机会意味着企业可以获得更多的利润，这是评委考虑的首要因素，也是影响产品与技术盈利的环境因素。

3. 管理

一支优秀的管理团队是企业发展的保障，管理团队的合作性、实施能力、专业能力、激情等都是投资者的关注点。

4. 财务

资金是企业运营的基础。评委需要通过了解项目，与企业家商讨主要融资条件之后才能得出关于资金的结论。因此，资金不应是展示的重点内容。

（二）演示文稿的内容

1. 突出重点内容

演示文稿所展示的内容应该是创业计划书的精华，如商业模式、盈利模式、财务预测、市场竞争等对投资者有吸引力的内容都可以作为演示文稿重点说明的内容。项目本身独特的、有创意的优势与投资点，一定要重点体现出来。一般演示文稿可以展示如下内容。

（1）业务或产品（是什么？满足及解决什么问题）。

（2）商业模式（如何赚钱？顾客是谁？研、产、销的思路及策略）。

（3）市场需求及发展趋势的竞争优势（与竞争对手相比有什么优势）。

（4）目前发展状况（具备哪些资源或条件？进展到什么阶段？取得什么样的业绩）。

（5）融资金额及用途。

（6）经营团队。

（7）投资（财务）。

（8）效益分析。

（9）风险防范。

2. 数据比说话更有说服力

预测的数据要有依据，不能跟着感觉走，要有实实在在的数据。事实上，你得出什么样的结果并不重要，重要的是你的数据要让台下的评委知道你的结果是怎么得出来的，这不仅是做好财务报表的问题，还关乎你的诚信。

（三）演示文稿的形式

演示文稿一定要文字精练、逻辑清晰、图文并茂、专业美观。如果需要拍摄视频，或者制作演示文稿的水平有限，则应谨记专业的事情交给专业的人做。

云端课堂

创业比赛怎么比

四、创业大赛怎么比

（一）比赛内容

绝大多数的创业比赛都是以创业计划书评审和现场展示为竞赛形式的，要求参赛项目内容健康、合法，无不良信息。参赛项目所涉及的发明创造、专利技术、资源等必须拥有清晰合法的知识产权。对于已注册运营的项目，需提交企业概况、法定代表人情况、公司员工情况、营业执照复印件、税务登记复印件等相关证明材料。当然，不同的赛项要求可能不一样，仔细研读参赛文件是必须的。现场展示环节，一般先由参赛团队成员对参赛项目的基本情况和主要特色进行简单陈述；陈述完毕再由现场专家进行提问，由团队成员作答；最后，专家会从现场陈述、回答提问和项目前景等方面进行打分和点评。

（二）陈述注意事项

（1）重点要突出。现场展示不可能面面俱到，演示文稿制作要有重点，陈述时更要详略得当。

（2）有激情但不吹嘘。激情能使你即使面临困境，也能坚持到底。答辩陈述时要有一定的激情，但绝不能吹嘘，避免给评委留下傲慢的坏印象。

（3）精通业务，坦白直率。项目本身质量是创业的关键，精通所从事的业务，正视项目的优势与劣势，不欺骗、不做假。

（4）团队分工。分工明确，配合默契。

（5）时间管理。控制到位，合理分配。

（6）答辩陈述。自信积极，语句简练。

（三）答辩注意事项

（1）赛前做好准备。预测可能提出的问题，做好相应的准备。

（2）回答基本原则。针对问题作答，不争论、不跑题，回答准确、敏捷、简练。

（3）团队合作。根据问题类型分工合作，在精彩应答的同时体现团队的价值，增强投资者的信心。

（四）其他注意事项

1. 着装与礼仪

（1）良好的形象有助于成功。应穿着整齐干净的正装，采用适当的妆容。

（2）站姿得体，肢体语言适当。身姿挺拔，不左摇右晃。适当合理的肢体动作有利于表达陈述。

（3）参赛礼仪：尊重评委、教师、观众及其他参赛者，上场下场时有相应的参赛礼仪。

2. 关注观众

制作演示文稿时，要从观众角度出发，理解其所想了解的，道出其所愿意倾听的；演讲演示文稿时，也要从观众角度出发，陈述时与观众有适当的眼神、肢体语言交流。

3. 沉着应对

比赛中由于个人、团队成员或大会组织等原因，可能会出现一些突发事件，这时不要慌张，沉着地应对将会给评委留下更为深刻的印象。

随堂讨论：
>>评委是不是从你正式汇报才开始打分？

▶ 任务总结

● 任务检测

扫描下方二维码，测一测你对本任务知识的掌握程度。

● 任务实施

1. 活动说明

本任务分为以下两个阶段。

（1）演示文稿制作。将前面撰写的创业计划书进行高度提炼，制作创业比赛演示文稿。演示文稿一定要文字精练、逻辑清晰、图文并茂、专业美观。

（2）模拟现场展示。根据制作的创业比赛演示文稿，进行分工，共同完成现场展示过程，并回答评委提问（指导教师和其他组学生作为评委）。评委根据现场展示评分表（表5-4）进行现场打分。

2. 评价标准

表5-4　现场展示评分表

单位/分

内容	指标	分值	得分
内容阐述（30分）	阐述创业构想思路明确，重点突出，能全面客观地介绍项目的性质、特点	10	
	市场分析全面，营销策略科学，财务分析严密，财务报表完备	10	
	融资方案切实可行，预测项目回报率明确合理，关键风险把握较准，有问题分析及应对策略	10	
现场展示（20分）	熟知团队经营管理的特点，有明确的组织结构	10	
	演示文稿展示重点突出、层次分明	5	
	整体展示时间把握精准	5	
答辩（50分）	准确理解并有针对性地回答评委提问	10	
	回答提问及时、自信	10	
	回答提问有理有据，逻辑性强	10	
	能够对评委的提问进行延伸性回答	20	
总得分			

● 任务反思

参加创业大赛能获得什么？

（1）锻炼自己的表达能力和演讲能力。

（2）增长知识，同时寻找创新灵感。

（3）获得产品曝光的机会，向现场观众、媒体和风险投资者展示产品，来一轮免费的公关。

（4）得到投资者点评，获取投资者的建议。

（5）走进属于自己的行业圈子。

（6）获取大赛奖金或政府扶持和创业服务。

（7）寻求融资机会。

结合本任务所学知识，完成思考笔记（表5-5）的填写。

表5-5　思考笔记

思考题目	记录
参加创业大赛的价值	
举例说明适合大学生参加的创业大赛	
参加创业比赛答辩环节注意事项	

任务四　珠联璧合——跟天使投资人谈恋爱

▶ 任务引入

珠联璧合[1]

参加完创业比赛，欧思琴觉得受益良多，赛前的培训使自己得到了极大的锻炼，并学习了实用的创业知识和技能。比赛中的专家指点，也让自己豁然开朗。欧思琴随后又补充和完善了自己的创业计划。此时有人告诉她，对于发展前景广阔的原创项目或者发展潜力巨大的小型初创企业来说，如果能够成功吸引天使投资，就可以解决资金短缺问题。有了比赛经验，欧思琴准备试试，看“天使”能不能跟自己“喜结良缘”。

▶ 任务解码

一、什么是天使投资

天使投资（angel investment，AI）一词源于纽约百老汇，特指具有一定净财富的人士出资资助一些具有社会意义的演出的公益行为。对于那些充满理想的演员来说，这些赞助者就像天使一样从天而降，使他们的美好理想变为现实。后来，天使投资被引申为一种对高风险、高收益的新兴企业的早期投资。相应地，这些进行投资的具有一定净财富的人被称为投资天使、商业天使、天使投资者或天使投资家，那些用于投资的资本就叫天使资本。

① 出自《汉书·律历志上》：“日月如合璧，五星如连珠。”意思是珍珠联串在一起，美玉结合在一块，比喻杰出的人才或完美的事物聚集在一起的美好样子。

二、什么是项目路演

项目路演（road show）是指企业代表在台上向台下众多的投资者讲解自己的企业产品、发展规划、融资计划，并寻求投资的活动。项目路演分为线上项目路演和线下项目路演。线上项目路演主要通过QQ群、微信群，或者在线视频等互联网方式对项目进行讲解；线下项目路演主要通过活动专场与投资人进行面对面的交流。项目路演跟创业比赛的区别主要体现在参加目的、评委和评审标准三个方面（表5-6）。

表5-6　项目路演与创业比赛的区别

类型	参加目的	评委	评审标准
创业比赛	获奖	由高校教师、企业经理和各类投资者等共同组成	根据统一的标准打分，最后确定奖项
项目路演	融资	一般是专业投资者组成	不设统一标准，各类投资者根据自己的标准确定是否投资

三、如何准备一场项目路演

云端课堂

如何准备好一场项目路演

（一）准备演示文稿

（1）内容精练，重点突出。路演演示文稿是用来配合路演人进行现场讲解的，因此其内容可以只展示项目精华，语句要精炼，重点要突出，让评委一眼就能看到每页演示文稿的重点内容。

（2）内容可立体展示。路演演示文稿可以加演示动画、视频等，让内容展示更多样、立体，让现场路演效果更吸引人。但要注意适度，太多、太复杂的设计反而会增加路演难度。

（3）和路演人的路演紧密配合。路演演示文稿和路演人的现场讲解是相辅相成的，二者紧密配合，才能呈现出彩的路演效果。

（4）字越少，事越大。一张演示文稿只放一个核心信息，适合用来展示项目的核心竞争力、获奖情况等重要信息。

（5）能用图，不用字。把文字内容转化为图片或图表的形式，越直观越好，适合用来展示项目结构原理、商业模式等。

（6）把字变大、变色，凸显重点。对于数据等重点内容，可以通过放大及变色来凸显，但要注意颜色最多不超过三种。

（二）准备演讲内容

在演讲内容中要用最简洁的语言陈述以下内容。

（1）是什么——项目概述。项目概述要高度概括项目核心信息，要简单直接有高度，能体现项目的使命、取得的成绩等。

（2）为什么——项目痛点需求。项目痛点需求要有理有据有力度。可以从政策、市场、行业、用户等方面着手分析，用数据等清晰地展示出项目痛点需求。

（3）怎么做——产品服务和商业模式。针对项目痛点需求，项目提供的解决方案——产品服务，以及推广策略等都可以在这部分介绍。商业模式介绍，能用图示表达的一定要用图示，力求简单清晰，一目了然。不要用大段文字描述，不要为了凸显“高级”而将商业模式复杂化。

（4）谁来做——团队介绍。团队介绍要专业、有态度。对一个项目而言，团队是项目核心竞争力的来源之一，因此要客观专业地介绍项目成员，精准地展现项目成员对项目的意义所在，可在路演中通过具体事例举例等展示项目成员的奉献精神及态度。

（5）现在如何——项目现状。项目现状介绍要有图有数据有进度。使用图片或具体数据等对项目现阶段取得的成果等进行展示，让评委直观地了解截至目前项目的开展效果，以及现阶段项目的情况。

（6）有何计划——规划及融资。项目未来规划如何，计划融资多少，用途是什么，都应用数据等向评委清晰展示。

（三）准备核心问题的答案

运用5W2H法准备下面七个核心问题的答案。

（1）why——为什么要做这个项目？

（2）what——你的创业项目提供什么产品或服务？解决什么市场痛点需求？

（3）when——什么时间完成？什么时机最适宜？

（4）who——你的目标顾客是谁？和竞争对手相比，你的创业项目有什么差异化特征和优势？

（5）where——从哪里进货？在哪里销售？

（6）how——怎么做会更好？做法是怎样的？

（7）how much——经营成本是多少？盈利能力怎么样？

（四）具备舞台意识

路演离不开舞台，舞台意识是路演成功的关键，以下七点要谨记。

（1）熟悉舞台，掌握演示文稿的内容。

（2）衣着打扮不要过于随意。

（3）语速不能过快，不要有蔑视竞争对手的言语。

（4）创业不是儿戏，不要过于激情洋溢，创业需要的是情商和智商。

（5）把握好时间，不要讲太多专业术语，要通俗易懂。

（6）要讲一个确实好听的故事。

（7）要清楚路演的目的和对象。不同的投资者有不同的关注点，如财务投资者关心项目财务状况和盈利能力，产业投资者关心技术和研发能力等。

任务总结

任务检测

扫描下方二维码，测一测你对本任务知识的掌握程度。

任务实施

1. 活动说明

本任务有以下五个步骤。

（1）划分小组。组长进行分工，根据天使投资人的要求准备演示文稿、产品、道具等路演资料，小组成员共同完成现场展示过程，并准备天使投资人可能提到的问题的答案。

（2）分发不同颜色的卡纸给每个学生。普通卡纸每张代表1万元，“红色卡纸”“绿色卡纸”给上次任务表现最好的两人，“红色卡纸”代表20万元，“绿色卡纸”代表10万元。

（3）各小组轮流开展路演活动。指导教师作为主持人，其他组学生作为天使投资人。天使投资人可根据路演大赛评分表进行现场打分，根据分数高低决定将手中的卡纸投给哪个组。最终按获得天使投资金额得多少确定每个小组的排名。

（4）统计每组获得的天使投资金额，确定获得天使投资人投资最多的队伍为冠军。

（5）冠军代表发言，教师点评。

2. 评价标准

路演大赛评分表如表5-7所示。

表5–7　路演大赛评分表

创业项目名称：　　　　　　　　创业项目编号：　　　　　　　　单位/分

评分项目	评分说明	权重	得分
项目概述	简明扼要，描述准确，突出项目特点和项目的可行性	15	
产品描述	准确定义所提供的产品、技术或服务，针对解决的问题说明如何满足市场需求	15	

续表

评分项目	评分说明	权重	得分
市场分析	在市场调研的基础上，全面地分析市场现状、发展趋势和产品发展潜力	15	
关键风险	客观阐述本项目面临的市场、技术、财务等关键风险问题，提出合理可行的规避计划	10	
竞争力分析	要对现有和潜在的竞争对手进行分析，总结本项目的竞争优势并研究战胜竞争对手的方案，对主要竞争对手和市场驱动力进行适当分析	10	
营销策略	根据项目特点，设计合理的营销策略和营销渠道	10	
团队管理	详细介绍项目团队组织架构及人员情况，分工明确，人员安排合理，明确各成员的管理职责	10	
财务分析	有切实可行的融资方案，对项目未来发展和财务状况做出正确估计，并有效反映公司的财务状况	10	
文字表述	条理清晰，重点突出，语言简练	5	
总得分			

任务反思

为了使项目获得天使投资人的青睐，在路演之前创业者应进行演练。路演时需要控制好时间，提前把天使投资人可能问到的问题的答案准备好。

结合本任务所学知识，完成思考笔记（表5-8）的填写。

表5-8　思考笔记

思考题目	记录			
创业比赛与项目路演的区别	类别	参加目的	评委	评审标准
	创业比赛			
	项目路演			
项目路演准备事项	准备PPT	演讲内容	核心问题	舞台意识

创业有样

斜杠青年柳济琛：低碳创业实践

“95后”青年柳济琛已经习惯了在他的名字后面打上多道斜杠：清华大学毕业生/创业公司CEO/“光盘打卡”创始人/联合国可持续发展目标青年领袖……

促使他一步步走上国际舞台的，是“盘子里的事儿”。

与大多数创业者的经历类似，柳济琛的创业想法缘于偶然。2016年，还是土木系学生的他发现学校食堂是食物浪费的“重灾区”，盘子没“光”，食物就成了“丑食”。于是，他召集100余位同学开了个“丑食派对”，号召大家把“丑食”带到派对上，一起烹饪。

“当时我还没有详细了解食物浪费或气候变化的问题，只是觉得这个活动很新颖，大家反馈也蛮好。对于参与者来说，是绿色生活方式的启蒙。”柳济琛说道。

实际上，“光盘打卡”也是他接触绿色经济的启蒙。2018年世界粮食日（10月16日）当天，“光盘打卡”微信小程序上线，作为全球首款基于人工智能（artificial intelligence，AI）识别来减少食物浪费的产品，可以让用户通过分享自己的“光盘”行动兑换奖品。从那时起，节约粮食以一种更酷的形式从书本走向年轻人热衷的社交媒体。

“平台是解决社会问题的一种方式，我们扩大用户规模，是希望能带动更多人加入减少食物浪费的行列。”柳济琛说道，2019年开始，变化以“肉眼可见”的速度发生：“光盘”这个词越来越多地被提及，“光盘打卡”的用户量逐渐增加，父母开始理解并支持他将绿色经济作为自己的事业。

2020年9月，中国在第七十五届联合国大会上明确提出，力争在2030年前二氧化碳排放达到峰值，努力争取到2060年前实现碳中和目标。那一年，“光盘打卡”的用户量上涨了10倍。

2021年10月24日，《中共中央、国务院关于完整准确全面贯彻新发展理念做好碳达峰碳中和工作的意见》发布。彼时，“光盘打卡”不再局限于“盘子里的事儿”，还拓展到了老人爱心餐、边远地区青少年免费午餐等领域。

截至2022年年底，“光盘打卡”总用户量接近900万人，参与光盘打卡次数累计达到8 100万，根据碳排放核算法则，相当于减少食物浪费3 100吨，减少碳排放量11 000多吨。

柳济琛介绍，2022年环境日前后，他的团队在“光盘打卡”的基础上再次升级，正式发布了“低碳驿站”平台，包括光盘行动、绿色回收、绿色消费等低碳行为都可在平台上打卡并获得碳积分，用碳积分换取福利。“低碳驿站”平台发布两周内，吸引了约20万人参与。

此外，他的团队入选了联合国世界粮食计划署全球创新创业孵化器名单，这让他的平台走向了国际，为全球的食物浪费及粮食安全问题贡献解决方案。

联合国世界粮食计划署发布的“饥饿热点——世界粮食计划署和粮农组织关于突发性粮食不安全的早期预警”报告显示，由于冲突、气候冲击、新冠肺炎疫情和大规模公共债务负担的影响，多重粮食危机正在逼近。2022年6月至9月，20个饥饿热点地区的突发性饥饿状况将恶化。

“气候变化、可持续发展、粮食安全，这应该是全球的青年人共同关注的话题。”柳济琛表示，全球的青年都可以凝聚在这面旗帜下，发出声音，为可持续发展贡献力量。

绿色经济为柳济琛的创业带来了机遇，他也想将这扇发展的大门打开。“做一个解决方案的提供者，以类似开源的形式将‘光盘’方案和技术推向国际，真正发挥更多人的力量去解决食物浪费的问题。”柳济琛说。

（资料来源：尹希宁，梁艳.把“光盘打卡”推向国际舞台，斜杠青年柳济琛的低碳创业实践.中国青年网，2022-07-21.有删改.）

创业有行

融资方式我来猜

1. 目标

深入了解大学生创业各种融资方式的优缺点。

2. 规则与程序

（1）准备好大学生创业融资方式表、若干写有各种创业融资方式的优缺点关键词的卡片、计时器。每两人一组，甲负责拿卡片向乙展示关键词，乙负责猜是哪种融资方式。

（2）主持人提前将写有各种融资方式的优缺点关键词的卡片混合在一起，向甲指出大学生创业融资方式表中的任意一种融资方式，并开始计时。

（3）甲根据该融资方式，从中挑选符合其特征的关键词卡片，向乙展示，全程不能说话。

（4）乙根据关键词卡片猜是哪种融资方式（只有1次机会），如果猜不出，则可以要求甲提供更多关键词卡片，也可以直接选择跳过。主持人重新向甲指出一种新的融资方式，甲重复步骤（3）。

（5）规定时间内猜中最多的组为胜利者。

项目六

公司怎么管

项目路径

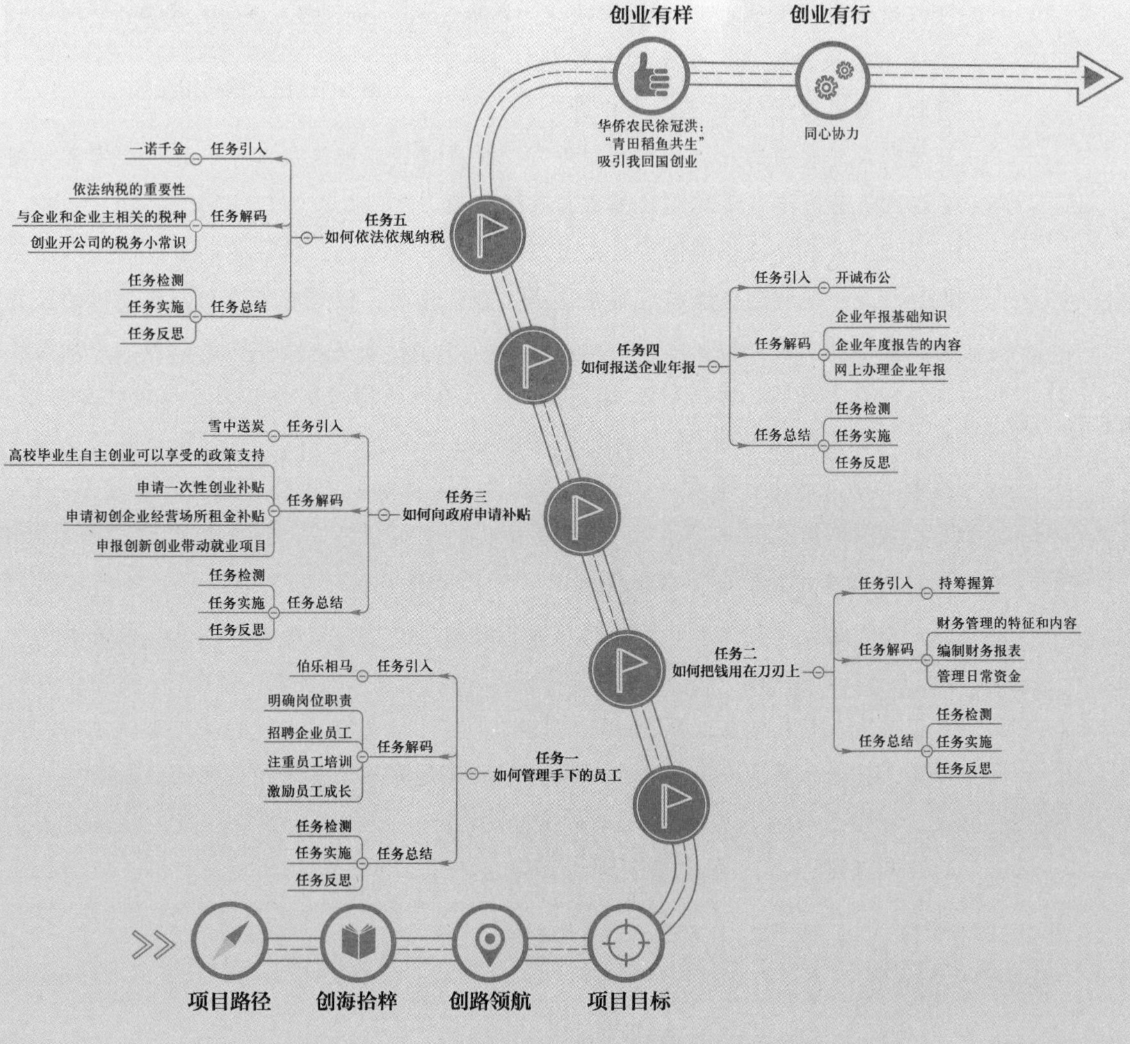

创海拾粹

中国第一批五星级酒店

1983年，广州白天鹅宾馆（图6-1）开门迎客。它是国内最早的中外合资酒店之一，也是中国第一批五星级酒店之一。这家乘着改革浪潮起航的酒店，成为人们了解改革开放的窗口。白天鹅宾馆“起飞”前的每一步，都伴随着无数的争论，也饱含着那一代人敢为人先的勇气。总结为四个字就是：一波三折。

图6-1　白天鹅宾馆全景

（1）为什么要建中外合资宾馆？1978年，中国已经部分开放了入境游，而伴随着大量归国华侨的涌入，宾馆业的供需矛盾完全凸显，一方面要解决这种矛盾，另一方面可以增加外汇收入，因此国家决定建设一些旅游饭店。但是国内资金有限，国务院最终决定采用中外合资的形式发展酒店业。时任利用侨资、外资建设旅游饭店领导小组办公室常务副主任庄炎林最终负责宾馆的筹备与建设事项。

（2）实质建设推进困难。庄老在挑选合作对象时，很快想到了爱国商人霍英东，于是，他就到香港与霍英东达成了合作意向，但是有了意向，实质性的合作却尚未推进，因为缺乏经验。面对重重阻力，广东作为改革的试验田，虽如履薄冰，却勇于前行。时任广东省委第一书记的习仲勋给国务院副总理余秋里写信，要求“从速审批”。时任国务院港澳办主任廖承志也给当时的国家旅游局局长卢绪章写信，提出“没有一家谈成，这样下去不利”，要求“广州的霍英东一项，无论如何争取它能够谈成”。就是在这样的艰难推进下，白天鹅宾馆在1979年4月11日最终正式签订合作协议。

（3）是否要四门打开？白天鹅宾馆建设历程中的困难暂且不表，最能够体现白天鹅在改革开放历史长河中独特意义的事件则是——四门打开，即宾馆对所有普通民众开放。在改革开放初期，这是不可想象的，当时的涉外宾馆主要服务外宾，普通人出入要准备一大堆材料等。但是霍英东就是在这样的背景下力排众议，决定四门打开。他曾说，唯有四门打开，才能让老百姓知道，什么是真正的改革开放。也许正是这样的魄力和远见，让白天鹅在数十年之后，依旧伫立潮头。

（资料来源：焦宇超.中国第一批五星级酒店.央视网，2018-12-11.有删改.）

创业启示：

>>创业的机会不能等待论证。在创业之前，就做好事业发展的全部规划并经过反复论证，是不现实的，等全想明白了，可能已有人抢先了。创业遇到困境时，要有企业家的魄力和远见，同时争取和利用各种资源，力争创业成功。

创路领航

自主创新是增强企业核心竞争力、实现企业高质量发展的必由之路。希望你们聚焦国内短板产品，在自主研发上加倍努力，掌握更多核心技术、前沿技术，增强企业竞争和发展能力。

——2020年10月12日至13日，习近平总书记在广东考察时的讲话

项目目标

知识目标

（1）了解员工招聘和培训的方法，理解确定岗位职责的重要性。

（2）了解企业常用财务报表的编制方法，熟悉高校毕业生自主创业可以享受的各种优惠政策。

（3）熟悉企业年报相关内容，掌握与企业相关的主要税种及其缴纳方式。

能力目标

（1）具备对企业员工和资金进行初步规划的能力。

（2）具备撰写补贴申请、完成补贴申报流程的能力。

（3）具备按时完成企业年报的能力。

素养目标

（1）具有一定的规划意识和团队精神。

（2）具有较强的法治观念和依法纳税的责任意识。

（3）具有较强的爱国、敬业和诚信精神。

任务一　伯乐相马——如何管理手下的员工

▶ 任务引入

伯乐相马[1]

欧思琴终于松了一口气，资金筹集到位了，现在最重要的事情就是怎么管理公司。对于如何确定岗位职责、招聘新人、员工培训……她还是一头雾水。

▶ 任务解码

一、明确岗位职责

公司的人员管理，就是让合适的人做合适的事。因此，创业者必须考虑建立公司管理制度，明确岗位职责，让所有员工都知道自己必须做哪些工作，以及完成这些工作所需要的知识和技能，即以制度管人，而非人管人。

岗位职责规定了某一特定岗位的工作内容。对于这些内容，你必须清楚地描述出来。一般来说，确定岗位职责时应注意以下问题。

（1）根据公司经营需要确定工作岗位名称及数量。

（2）根据岗位工种确定岗位职务范围。

（3）明确岗位任职条件。

（4）确定各岗位之间的关系。

（5）根据岗位的性质明确实现岗位目标的责任。

这样就能明确员工的岗位及职责、权力与利益，并且能够为绩效考评提供依据，调动员工的积极性。

---

① 出自《韩诗外传》卷七："使骥不得伯乐，安得千里之足"，是指个人或集体发现、推荐、培养和使用人才。

二、招聘企业员工

当你觉得事情太多，员工不够用时，可以根据岗位职责来招聘新员工。雇用有相关专业技能、有工作积极性的员工是非常重要的。可以按照以下五个步骤招聘企业员工。

（一）明确岗位

明确公司哪些岗位需要招聘员工、每个岗位需求的员工数量是多少、这些岗位的职责是什么、需要招聘的员工应该具备什么样的技能等。

云端课堂

你想让员工做什么

（二）发布信息

可以通过网上渠道和线下的人才市场等渠道发布招聘信息，如在大型人才网平台、人才交流分享的社群（社区、论坛、微信群等）、校招平台、专业创业园区等发布招聘信息。

（三）面试选择

要根据岗位职责来选择员工，选择并雇用有适当技能且工作积极性高的员工。在面试环节，你要有技巧性地进行面试，以了解应聘人员的更多真实情况。你也可以利用专业的职业测评技术，评价应聘人员的各种素质及其与应聘岗位的匹配程度。这些都能有效帮助你判断其是否愿意来你的公司工作、是否适合岗位的需要。

随堂训练：

>>进行一场模拟面试，看看谁的现场表现更好。

（四）录用通知

经过面试选择后，你可能会录用部分应聘人员。在此环节，你应向所有参加面试的应聘人员发出结果通知。

（五）试用转正

对被录用的员工，你要清楚地告诉他们转正的条件及试用的期限。为了更好地考核这些员工能否胜任岗位工作，可以在他们工作初期就对其进行岗位职责的说明或培训。

云端课堂

总感觉事太多人太少怎么办

三、注重员工培训

云端课堂

员工做事没经验怎么办

员工培训是公司有效管理员工的重要方式之一。对于计划创办公司的你而言，前期需要把握员工岗前培训，这是传递公司文化、凝聚员工向心力的重要环节。完善的培训机制能使新员工迅速适应岗位要求，融入创业团队。员工岗前培训内容通常包括公司和产品（服务）、公司文化、团队精神、工作心态、岗位职责、专业技能等。常用的员工培训方法有以下几种。

（一）讲授法

1. 介绍

讲授法是以理论讲解为主的培训方法，就像教师给学生讲课一样，讲授人员讲，参加培训的员工听。

2. 要点

培训一般在教室进行，培训完成要进行考试，考核培训效果，适合人数较多（100人以上）的培训。讲授法的优点是运用方便，便于培训者控制整个过程；缺点是单向信息传递，讲授人员和员工间缺乏必要的交流和反馈。

（二）现场法

1. 介绍

现场法是以实操为主的培训方法，其特点是进行现场讲解，并且演示操作。

2. 要点

培训一般在现场进行，每个员工都能得到现场学习观摩的机会，其优点是信息可以双向传递，与讲授法相比更加直观，缺点是费用较高。

（三）研讨法

1. 介绍

研讨法是以问题为主的培训方法，研讨法培训的目的是提高能力，培养意识，交流信息，产生新知。

2. 要点

研讨一般在会议室进行，比较适用于管理人员的训练或解决某些有一定难度的管理问题。研讨法的优点是强调员工的积极参与，鼓励员工积极思考、主动提出问题、表达个人的感受，有助于激发学员学习兴趣；缺点是对培训指导教师的要求较高，讨论问题选择得好坏将直接影响培训的效果。

（四）自学法

1. 介绍

自学法是以自学为主的培训方法，通过给予员工学习手册让员工自行学习。

2. 要点

自学完成后要及时考核员工学习成果。自学法的优点是较适合于一般理念性知识的学习，让具有一定学习能力与自觉性的员工自学是既经济又实用的方法；缺点是监督性差。

（五）互联网法

1. 介绍

互联网法是以网络学习为主的培训方法，利用现代的互联网、手机交流软件或在线视频进行培训学习。

2. 要点

互联网法对公司硬件和软件要求较高，同时要求员工熟悉计算机或手机软件的使用方法，以及线上考试方法。互联网法的优点是运用视觉与听觉的感知方式，直观鲜明；缺点是学员的反馈与实践较差，且制作和购买的成本高，内容易过时。

随堂讨论：

>>举例说明哪些培训内容适用于这些培训方法。

四、激励员工成长

云端课堂

让你的员工用心做事

完成员工招聘及培训工作后，创业能否取得成功还取决于如何有效引导和激励你的员工齐心协力完成工作。一般而言，对员工的管理可以从职责明晰、薪酬激励、塑造团队文化、绩效考核和培训成长五个方面着手。

（一）职责明晰

明确每位员工的岗位职责有助于确立个人目标。督促员工不断自我考核和自我反省，强化员工之间的协作能力，从而在最短的时间内实现高效率的团队协作。因此，应把岗位职责制成岗位说明书，用以明确员工在公司里所要做的工作和承担的责任，同时为后续有效地考核员工提供重要依据。

（二）薪酬激励

为员工提供有吸引力的工资报酬，是激励员工保持工作热情的有利条件。要使薪酬既具有激励作用，又有利于员工队伍稳定，除保证整个薪酬体系符合国家和当地政策规定外，还要学会对薪酬制度进行科学的设计。设计薪酬制度时，要把握以下四个原则。

1. 公平性原则

这里讲的公平不是“大锅饭”，而是建立在员工的岗位、级别、能力基础之上的横向公平和基于员工职业生涯发展的纵向公平。

2. 竞争性原则

你的公司的薪酬制度与其他公司相比，要具有一定的竞争力，这样才能吸引人才、留住人才，进而使人才愿意为你的公司效力。

3. 激励性原则

科学的薪酬激励要建立在激发员工工作热情且与其工作业绩紧密相连的基础之上。

随堂讨论：

>> 不考虑成本的情况下，员工的薪酬是不是越高越好?

4. 经济性原则

要考虑公司的承受能力、利润积累、成本控制等，而不是一味追求员工高薪。

（三）团队文化塑造

目前，大学生创业团队的成员多为“00后”的年轻人，他们喜欢参与公司决策，愿意进行自由沟通，敢于面对工作挑战，乐于在玩中工作。因此，在塑造团队文化的过程中，除考虑公司实际和自身定位外，还要考虑团队成员的个性特点。

（四）绩效考核

绩效考核是加强公司内部管理、提升工作效率的重要手段。设计绩效考核机制时，要把重点放在核心任务完成、工作态度评价、团队协作能力和创新能力四个方面。

（五）培训成长

一个新建的创业团队在短期内能够给予员工的物质激励往往是有限的，且这种激励往往具有很大的局限性，而突破物质回报“短板”的有效途径是创造更多学习成长的机会及快乐的团队氛围。因此，你要有计划、有步骤地组织、安排各类培训，让员工在团队中不断学习新理念、新技术、新模式，使他们积极适应日新月异的环境。

随堂讨论：

>> 一般对刚入职的新员工应进行哪些培训？

▶ 任务总结

● 任务检测

扫描下方二维码，测一测你对本任务知识的掌握程度。

● 任务实施

1. 活动说明

制订员工招聘和培训计划，并完成员工招聘和培训计划表（表6-1）的填写。

表6-1　员工招聘和培训计划表

创业项目名称：

项目	计划		
创业团队	团队人员姓名	岗位名称	岗位职责
员工招聘计划	岗位名称	需求人员数量	岗位任职要求

续表

项目	计划		
员工培训计划	培训主题	执行人/参与人	培训时间

2. 评价标准

（1）条理性（30分）。已有团队的岗位名称与岗位职责描述清楚。

（2）准确性（30分）。员工招聘岗位、需求人员数量、岗位任职要求描述清晰。

（3）合理性（40分）。员工培训计划与招聘岗位人员任职要求匹配，培训计划合理。

● 任务反思

管理员工的四个原则。

（1）分配给员工的工作要适合他们的工作能力和工作量。

（2）论功行赏。

（3）通过培训计划，提高员工的工作能力，并且从公司内部选拔有资格担任领导工作的人才。

（4）不断改善工作环境和安全条件。

结合本任务所学知识，完成思考笔记（表6-2）的填写。

表6-2　思考笔记

思考问题	记录
确定岗位职责时应注意哪些问题	
招聘新员工的步骤	
常用的员工培训方法有哪些	
薪酬激励的原则有哪些	

任务二　持筹握算——如何把钱用在刀刃上

▶ 任务引入

持筹握算[1]

欧思琴知道财务管理是创业过程中必须考虑的问题，很多大学生创业者往往因忽略了财务管理而功败垂成。创业需要激情，更需要理性规划。初创企业如何设计基本的财务制度、编制哪些财务报表，如何进行日常资金管理……这些都是非常关键的问题，也是创业者无法回避的问题。

▶ 任务解码

在国家“大众创业、万众创新”的号召下，国内掀起了“草根创业”“大众创业”的新浪潮，很多富有激情的大学生纷纷创建了自己的公司。但管理是一门艺术，如何让公司生存得更长久是每个创业者都关心的问题。我们将帮助大家从认识财务管理开始，看懂各种财务报表，掌握基本的财务管理工具，成为一个合格的初创企业管理者。

一、财务管理的特征和内容

（一）初创企业财务管理的主要特征

财务管理是组织企业财务活动、处理财务关系的一项经济管理工作。它是指在一定的整体目标下，关于资产的购置、资本的筹集和使用、经营中的现金流控制及利润分配等方面的管理。

初创企业财务管理的主要特征是资金需求量大、融资成本高、投资回收慢。

① 出自《七发》：“孔老览观，孟子持筹而算之，万不失一”，原指筹划，现指在财务管理方面精打细算。

企业的创立、生存和发展，必须有一定数量的资金来支撑。资金问题的解决，特别是创业启动资金的落实，是创业能否成功的关键要素之一，必须给予高度重视。

（二）初创企业财务管理的内容

云端课堂

新创企业财务管理的特征和内容

初创企业处在企业发展的最初阶段，企业的主要目标是生存，财务管理在这个阶段需要围绕适应企业生存目标而开展，从而形成了这个阶段财务管理的两个重心：一是关注基础性建设；二是关注影响企业生存的重要财务指标。因此，初创企业的财务管理工作要围绕以下内容展开。

1. 搭建财务团队

一般来说，完成财务工作有两种组建团队的方式。

（1）自建方式。因为初创企业初期业务内容相对简单，业务量相对较小，所以这个阶段的财务团队结构较为简化，仅设置会计岗位和出纳岗位即可，帮助企业完成基础的记账、报税和资金管理工作，同时完成一些基础的内部控制工作，如费用报销的审核管理。

（2）外包方式。这是初创企业组建财务团队的主要方式。财务外包机构的选择可以考虑以下几点。

① 深度。是否拥有丰富的服务经验应作为创业者选择财务外包机构的首要考虑因素。

② 广度。是否拥有更广的服务领域也是创业者选择财务外包机构应该考虑的重要因素。

③ 创新。财务外包机构应该拥有创新的精神，了解掌握新技术、新模式给企业带来的巨大影响，并积极进行实践。

2. 建立基本财务制度

企业应建立基本的财务制度，以规范财务管理工作，并保证正常的经营管理秩序，有效管控相关风险。

（1）建立会计核算制度。初创企业一般规模相对较小，大部分初创企业符合《中小企业划型标准规定》中所规定的小型企业标准，可以按照《小企业会计准则》的相关规定进行会计核算。

（2）建立资金管理制度。资金是企业流动性最强的资产，可以随时用于偿还债务、购买产品或服务等，是企业最重要的资产之一。一个企业没有利润可能可以生存，但如果没有了资金，很快就会面临破产清算。同时，资金的强流动性也使得它成为企业内部控制最薄弱的环节，管理稍有缝隙就可能造成资金的流失，因此，作为创业者必须重视资金流，必须建立严格的资金管理制度，保证资金的安全。

（3）建立销售采购制度。销售与采购均涉及资金。在销售方面，企业往往为了促进销售收入的增加而给顾客一个账期，这就是常说的赊销政策。赊销会给企业带来应收账款，这些款项在会计处理中会形成收入，并最终导致利润的产生。但是从资金的角度来看，它并没有给企业带来实质的收益，如果管理不好造成坏账，就会给企业带来巨大的损失，因此有时我们会说“现金比利润更重要”。采购包括商品采购、日常办公用品采购、零星采购等。

（4）建立资产管理制度。这里的资产主要是指固定资产和低值易耗品。一般来说，初创企业成立时间较短，且大部分不属于重资产型企业，因此资产的规模相对较小。但因为该部分资产是企业资产的重要组成部分，所以应建立有效的资产管理制度。

（5）建立报表管理制度。初创企业应建立对外、对内的报表管理制度。

对外报告的内容主要包括两个方面：一是需要向市场监督管理机关、税务机关、银行等编报的资产负债表、利润表、现金流量表及附注；二是需要向税务机关编报的纳税申报表，包括月度、季度、年度涉及的各税种的申报表。

随堂讨论：

>> 你如何理解“现金比利润更重要”这句话？

对内报告是指根据企业管理者的需要而编报的相关统计报表，这些报表主要用于统计、分析企业运营管理的情况，为管理者提供决策依据。

二、编制财务报表

财务报表是指企业对外提供的反映企业某一特定日期的财务状况和某一会计期间的经营成果、现金流量等会计信息的文件。小企业编制的财务报表，应当包括利润表和资产负债表。财务报表对改善企业外部的经济决策环境、加强企业内部经营管理具有重要作用。下面介绍利润表和资产负债表。

云端课堂

编制财务报表

（一）利润表的作用和编制方法

利润表是用来反映企业在某一会计期间的经营成果的财务报表。该表是根据“收入－费用＝利润”的会计等式，按营业利润、利润总额、净利润的顺序编制而成的，是一个时期的、动态的报表。

1. 利润表的作用

编制利润表的目的是反映企业的生产经营和收益情况，表明企业的经营成果。利益表的作用主要体现在以下四个方面。

（1）反映企业一定会计期间营业收入的实现情况，以及不同收入的构成情况。

（2）反映企业一定会计期间的费用耗费情况。

（3）反映企业经营活动的成果。

（4）提供财务分析的基本资料。

2. 利润表的编制方法

按照《政府会计准则第9号——财务报表编制和列报》的规定，企业应当编制多步式利润表。简单的多步式利润表如表6-3所示。

表6-3　多步式利润表

单位：元

项目	本期金额	上期金额
一、营业收入		
减：营业成本		
营业税金及附加		
销售费用		
管理费用		
财务费用		
二、营业利润（损失以“—”号填列）		
加：营业外收入		
减：营业外支出		
三、利润总额（损失以“—”号填列）		
减：所得税费用		
四、净利润（损失以“—”号填列）		

其中：

“营业收入”项目，反映企业经营主要业务和其他业务所确认的收入总额。

“营业成本”项目，反映企业经营主要业务和其他业务所发生的成本总额。

“营业税金及附加”项目，反映企业经营业务应负担的增值税、城市建设维护税、资源税、土地增值税和教育费附加等。

“营业利润”项目，反映企业实现的营业利润。如果为亏损，则以“—”号填列。

“营业外收入”项目，反映企业发生的与经营业务无直接关系的各项收入和利得，如非流动资产处置利得、非货币性资产交换利得、债务重组利得、政府补助、盘盈利得、捐赠利得等。

“营业外支出”项目，反映企业发生的与经营业务无直接关系的各项支出和损失，如非流动资产处置损失、非货币性资产交换损失、债务重组损失、公益性捐赠支出、非常损失、盘亏损失等。

“利润总额”项目，反映企业实现的利润。如果为亏损，则以“—”号填列。

“所得税费用”项目，反映企业应从当期利润总额中扣除的所得税费用。

“净利润”项目，反映企业实现的净利润。如果为亏损，则以“—”号填列。

随堂讨论：

>>营业收入、营业利润、利润总额和净利润四者之间是什么关系？

（二）资产负债表的作用和编制方法

资产负债表是指总括反映企业在某一特定日期全部资产、负债和所有者权益状况的报表。资产负债表是根据“资产＝负债＋所有者权益”这一会计基本等式，依照流动资产和非流动资产、流动负债和非流动负债大类列示，并按照一定要求编制的，是一定时点的、静态的会计报表。

1. 资产负债表的作用

资产负债表较全面地反映了企业一定日期的财务状况，包括企业所拥有的各种经济资源（资产）、企业所负担的债务（负债），以及企业所有者在企业里所享有的权益（所有者权益）。资产负债表的重要作用主要体现在以下三个方面。

（1）有助于了解企业所掌握的经济资源及其分布情况。

（2）有助于分析、评价、预测企业的偿债能力。

（3）有助于预测企业未来的财务趋势。

2. 资产负债表的编制方法

根据《政府会计准则第9号——财务报表编制和列报》的规定，资产负债表采用账户式的格式。简单的资产负债表如表6-4所示。

表6-4　资产负债表

单位：元

资产	期末余额	年初余额	负债和所有者权益	期末余额	年初余额
流动资产			流动负债		
货币资金			短期借款		
应收账款			应付账款		
预付款项			预收款项		
应收利息			应付职工薪酬		
应收股利			应交税费		
其他应收款			应付利息		
存货			应付利润		
一年内到期的非流动性资产			其他应付款		
其他流动资产			一年内到期的非流动负债		
流动资产合计			其他流动负债		
			流动负债合计		
非流动资产			非流动负债		
长期应收款			长期借款		
长期股权资产			其他非流动负债		
固定资产			**非流动负债合计**		
在建工程			**负债合计**		

续表

资产	期末余额	年初余额	负债和所有者权益	期末余额	年初余额
工程物资			所有者权益		
无形资产			实收资本		
其他非流动资产			资本公积		
非流动资产合计			盈余公积		
			未分配利润		
			所有者权益合计		
资产合计			**负债和所有者权益合计**		

三、日常资金管理

云端课堂

日常资金管理

初创企业财务管理的核心是资金管理，它是企业财务管理的重中之重。

（一）资金管理的内涵

这里所讲的资金管理不涉及筹资、投资的管理，而仅就现金（广义的现金包括现金、银行存款和现金等价物）的收支管理进行阐述。

（二）资金管理的内容

企业的资金流就像人身上的血液，是企业生存发展必不可少的，一旦出现资金链断裂的情况，企业就可能面临“灭顶之灾”。因此，创业者需要时刻关注企业的资金状况，了解资金动态和静态两个方面的情况，做好资金筹划。

1. 资金动态情况

创业者应了解每日企业资金的流入和流出情况，这既是了解企业运营情况的方法，也是监控资金是否安全的重要途径。

（1）资金流入有股东投入、经营流入、借款流入、其他流入等。其中，经营流入可以看成企业自身的“造血”机能，是创业者需要着重考虑的方面。同时，创业者应该关注财务管理提供的资金流入情况是否与企业的实际经营情况相符，并重点查找、分析不相符部分的原因。

（2）资金流出有商品采购、日常费用、对外投资、偿还借款、其他流出等。创业者应关注企业所有的资金对外支出是否经过了适当的授权。

2. 资金静态情况

资金静态情况是指在任一时间点企业可以动用的资金金额，这是创业者必须随时掌握的情况。企业采购商品、支付工资、支付房租等都需要使用现金，因此账面有多少可动用的现金对企业至关重要。

3. 资金筹划

创业者应能做到最基本的资金筹划，即估计企业在未来一个期间内所需要支付的资金总量，并分析该期间的资金流入总量，以计算资金的“缺口”，这个“缺口”就是企业需要想办法进行补充的资金量。一般来说，弥补资金缺口可以从收、支两个方面进行，也就是通常意义上的“开源节流”。

随堂讨论：

>> 资金筹划中如何做到“开源节流”？

▶ 任务总结

● 任务检测

扫描下方二维码，测一测你对本任务知识的掌握程度。

● 任务实施

1. 活动说明

公司上期的经营状况如表6–5所示，本期的营业收入环比增长20%，各类成本及费用环比增长10%，营业外收入、营业外支出及所得税费用与上期相同，请根据实际情况完成本期利润表（表6–5）的编制。

表6–5　利　润　表

单位：元

项目	本期金额	上期金额
一、营业收入		13 671
减：营业成本		10 452
营业税金及附加		76
销售费用		580
管理费用		1 911
财务费用		159
二、营业利润（损失以“–”号填列）		491
加：营业外收入		24
减：营业外支出		12
三、利润总额（损失以“–”号填列）		504
减：所得税费用		—
四、净利润（损失以“–”号填列）		504

2. 评价标准

（1）合理性（50分）。各项数据填写合理规范。

（2）准确性（50分）。各项数据勾兑正确。

● 任务反思

创业者常常误入歧途，把钱花在一些无关紧要的事情上，作为一名创业者，你必须学会辨识哪些开销是必须的、哪些开销是多余的。

结合本任务所学知识，完成思考笔记（表6-6）的填写。

表6-6　思考笔记

思考问题	记录
初创企业财务管理的内容	
利润表的作用	
资产负债表的作用	

任务三　雪中送炭——如何向政府申请补贴

▶ 任务引入

雪中送炭[①]

欧思琴偶然听说，她的公司还可以向政府申请补贴。这可把她高兴坏了，“还有这种好事，简直就是天上掉馅饼。”很快欧思琴又冷静下来，暗暗地对自己说：“要满足什么条件才能申请政府补贴？是不是要填写申请资料？资料准备好后交给谁？得尽快弄清楚。”

▶ 任务解码

纵深推进大众创业、万众创新是深入实施创新驱动发展战略的重要支撑。大学生是大众创业、万众创新的生力军，支持大学生创新创业具有重要意义。近年来，越来越多的大学生投身创新创业实践，但面临融资难、经验少、服务不到位等问题。国家和各级地方政府陆续出台了一系列政策扶持大学生创业。

云端课堂

高校毕业生自主创业可以享受的优惠政策

一、高校毕业生自主创业可以享受的政策支持

为提升大学生创新创业能力、增强创新活力，进一步支持大学生创新创业，国家出台了《国务院办公厅关于进一步做好高校毕业生等青年就业创业工作的通知》《国务院办公厅关于进一步支持大学生创新创业的指导意见》等政策文件。高校毕业生自主创业可以享受以下政策支持。

① 出自《大雪送炭与芥隐》：“不是雪中须送炭，聊装风景要诗来”，比喻在别人正急需的时候给予物质上的帮助。

（一）优化创业环境

1. 降低大学生创新创业门槛

持续提升相关机构服务能力，为大学生创业提供高效便捷的企业登记注册服务。推动众创空间、孵化器、加速器、产业园全链条发展，鼓励各类孵化器面向大学生创新创业团队开放一定比例的免费孵化空间，并将开放情况纳入国家级科技企业孵化器考核评价标准，降低大学生创新创业团队入驻孵化空间的条件。政府投资开发的孵化器等创业载体应安排30%左右的场地，免费提供给高校毕业生。有条件的地方政府可对高校毕业生到孵化器创业给予租金补贴。

2. 便利化服务大学生创新创业

完善科技创新资源开放共享平台，强化对大学生的技术创新服务。各地区、高校和科研院所可以面向大学生开放共享实验室及科研仪器、设施等科技创新资源，提供低价、优质的专业服务，支持大学生创新创业。政府支持行业企业面向大学生发布企业需求清单，引导大学生精准创新创业，鼓励国有大中型企业面向高校和大学生发布技术创新需求。

3. 落实大学生创新创业保障政策

落实大学生创新创业帮扶政策，加大对创业失败大学生的扶持力度，按规定提供就业服务、就业援助和社会救助。加强政府支持引导，发挥市场主渠道作用，鼓励有条件的地方政府探索建立大学生创业风险救助机制，可采取创业风险补贴、商业险保费补助等方式予以支持，积极研究更加精准、有效的帮扶措施，及时总结经验、适时推广。毕业后创业的大学生可按规定缴纳“五险一金”，减少大学生创业的后顾之忧。

（二）财税扶持政策

1. 继续加大对高校创新创业教育的支持力度

在现有基础上，加大中央专项彩票公益金对大学生创新创业教育发展的支持力度。加大中央高校教育教学改革专项资金支持力度，将创新创业教育和大学生创新创业情况作为资金分配的重要因素。

2. 落实落细减税降费政策

高校毕业生在毕业年度内从事个体经营、符合规定条件的，在3年内按一定限额依次扣减其当年实际应缴纳的增值税、城市维护建设税、教育费附加、地方教育附加和个人所得税；对月销售额15万元以下的小规模纳税人免征增值税，对小微企业和个体工商户按规定减免所得税。对创业投资企业、天使投资人投资于未上市的中小高新技术企业及种子期、初创期科技型企业的投资额，按规定抵扣所得税应纳税所得额。对国家级、省级科技企业孵化器和大学科技园及在国家备案的众创空间按规定免征增值税、房产税、城镇土地使用税。做好纳税服务，建立对接机制，强化精准支持。

（三）金融政策支持

1. 落实普惠金融政策

鼓励金融机构按照市场化、商业可持续原则对大学生创业项目提供金融服务，解决大学生创业融资难题。落实创业担保贷款政策及贴息政策，将高校毕业生个人最高贷款额度提高至20万元，对10万元以下贷款、获得设区的市级以上荣誉的高校毕业生创业者免除反担保要求；对高校毕业生设立的符合条件的小微企业，最高贷款额度提高至300万元；降低贷款利率，简化贷款申报审核流程，提高贷款便利性，支持符合条件的高校毕业生创业就业。鼓励和引导金融机构加快产品和服务创新，为符合条件的大学生创业项目提供金融服务。

2. 引导社会资本支持大学生创新创业

充分发挥社会资本的作用，以市场化机制促进社会资源与大学生创新创业需求更好地对接，引导创新创业平台投资基金和社会资本参与大学生创业项目，助力大学生创新创业项目健康成长。加快发展天使投资，培育一批天使投资人和创业投资机构。发挥财政政策作用，落实税收政策，支持天使投资、创业投资发展，推动大学生创新创业。

随堂训练：

>> 查查还有哪些地方省市发布了更加具体的扶持政策。

二、申请一次性创业补贴

云端课堂

申请一次性创业补贴

为了鼓励大学生等就业重点群体创业，不少地方政府出台相应的优惠政策，对就业重点群体创办的初创企业给予创业补贴。以长沙为例，其申报条件、补贴标准和申报资料要求如下。

（一）申报条件

一次性创业补贴的对象为就业重点群体在长沙创办的初创企业。就业重点群体包括以下10类人员：普通高校、职业学校、技工院校学生（在校及毕业5年内）；留学归国人员（领取毕业证5年内）；就业困难人员；登记失业人员；返乡农民工；建档立卡农村贫困劳动力；被征地农民；复员转业退役军人及随军家属；刑释和解除强戒人员；残疾人。

申报一次性创业补贴需符合下列条件。

（1）在长沙市内登记注册的初创企业、初次注册的个体工商户和农民专业合作社。

（2）创业时间在3年内，符合国家产业发展方向（除桑拿、按摩、网吧及其他国家政策不予鼓励的产业外，盲人创办的医疗保健性按摩项目可申报）。

（3）合法正常经营12个月以上、吸纳2名及以上城乡劳动者就业并按规定缴纳社会保险费。其中，贫困劳动力和农民工等返乡下乡人员首次创办小微企业或从事个体经营的，合法正常运营时间放宽至6个月以上。

（4）初创企业的法定代表人（主要负责人）发生变更的，不纳入补贴范围。

（5）无违法记录。

（二）补贴标准

根据吸纳城乡劳动者就业人数可申请5 000~30 000元不等的一次性创业补贴。吸纳城乡劳动者就业人数取企业申报年度的4、5、6月月缴纳城镇职工社会保险人数的最低值。吸纳2人的按5 000元标准给予一次性创业补贴；吸纳2人以上的每增加1人给予1 000元补贴，最高不超过30 000元。对于一次性创业补贴同一用人单位只能申请一次。

（三）申报材料

申报材料报送时须提供各类证明、证件的原件核验，所提交的复印件用A4纸按顺序装订成册，一式二份（市人力资源和社会保障局一份，区人力资源和社会保障局一份）。申报一次性创业补贴须提交以下资料。

（1）《一次性创业补贴申报表》。

（2）工商营业执照或其他登记注册证明复印件，银行开户许可证复印件。

（3）正常运营12个月以上的佐证资料。其中，属贫困劳动力和返乡农民工创业的，须提供企业正常运营6个月以上的佐证资料。

（4）属就业重点群体的佐证材料。具体如下：

① 在校生须提供在校证明，毕业生须提供毕业证复印件。

② 留学归国人员须提供经教育部门认证的相关资料。

③ 就业困难人员、登记失业人员须提供就业创业证（就业失业登记证）复印件。

④ 返乡农民工须提供长沙市行政区域范围内户籍地乡镇（街道）人力资源社会保障服务站或村（社区）出具的返乡创业佐证资料。

⑤ 农村贫困劳动力须提供已建档立卡的相关证明。

⑥ 被征地农民须提供征地协议复印件。

⑦ 复员转业退役军人须提供退出现役证明复印件、随军家属须提供部队师级以上的随军批复。

⑧ 刑释和解除强戒人员须提供刑释和解除强戒证明。

⑨ 残疾人须提供残疾人证。

三、申请初创企业经营场所租金补贴

云端课堂

申请初创企业经营场所租金补贴

为了降低初创企业经营成本，不少地方政府会出台相应的优惠政策，对符合要求的创业者，给予一定的经营场所租金补贴。以长沙为例，其申报条件、补贴标准和申报资料要求如下。

（一）补贴对象及申报条件

经营场所租金补贴对象为就业重点群体在长沙市创办的初创企业。就业重点群体包括以下10类人员：普通高校、职业学校、技工院校学生（在校及毕业5年内）；留学归国人员（领取毕业证5年内）；就业困难人员；登记失业人员；返乡农民工；建档立卡农村贫困劳动力；被征地农民；复员转业退役军人及随军家属；刑释和解除强戒人员；残疾人。初创企业的法定代表人（主要负责人）发生变更的，使用自有房产创业的，不纳入经营场所租金补贴范围。

申请经营场所租金补贴须符合以下条件。

（1）在长沙市内登记注册的初创企业。

（2）创业时间在3年内，符合国家产业发展方向（除桑拿、按摩、网吧及其他国家政策不予鼓励的产业外，盲人创办的医疗保健性按摩项目可申报）。

（3）合法正常经营6个月以上、吸纳2名及以上城乡劳动者就业并按规定缴纳社会保险费。

（4）在市级创业孵化基地以外租赁经营场所。

（5）无违法记录。

（二）补贴标准

第一年每月800元，第二年每月600元。实际租金低于补贴标准的，按实际租金额度给予补贴。同一初创企业只能享受累计不超过2年的场所租金补贴。初创企业有多处经营场所的，只能就一处经营场所向登记注册地人力资源社会保障部门提出申请。已经享受过市财政同一项目补贴的，不能重复享受。

（三）申报材料

申报材料报送时须提供各类证明、证件的原件核验，所提交的复印件用A4纸按顺序装订成册，一式二份（市人力资源社会保障局一份，区人力资源社会保障局一份）。申报初创企业经营场所租金补贴须提交以下资料。

（1）《初创企业经营场所租金补贴申报表》。

（2）工商营业执照或其他登记注册证明复印件。

（3）就业重点群体的身份证明。具体如下：

① 在校生须提供在校证明，毕业生须提供毕业证复印件。

② 留学归国人员须提供经教育部门认证的佐证资料。

③ 就业困难人员、登记失业人员须提供就业创业证（就业失业登记证）复印件。

④ 返乡农民工须提供长沙市行政区域范围内户籍地乡镇（街道）人力资源社会保障服务站或村（社区）出具的返乡创业佐证资料。

⑤ 农村贫困劳动力须提供已建档立卡的佐证资料。

⑥ 被征地农民须提供征地协议复印件。

⑦ 复员转业退役军人须提供退出现役证明复印件，随军家属须提供部队师

级以上的随军批复。

⑧ 刑释和解除强戒人员须提供刑释和解除强戒证明。

⑨ 残疾人须提供残疾人证。

（4）经营场地租赁证明，包括租赁合同复印件（租赁地址应与登记注册地一致）、缴纳租金的凭证复印件（注明租赁起止时间段）、房东身份证明、房产证明复印件（如无房产证则提供商品房销售合同）等。

（5）合法正常经营6个月以上的佐证资料。

（6）初创企业银行开户许可证复印件。

（7）其他需要补充提交的材料。

四、申报创新创业带动就业项目

云端课堂

申报创新创业带动就业项目

国家对促进就业工作越来越重视，因此，不少地方政府出台相应的优惠政策，鼓励企业吸纳包括高校毕业生在内的就业重点群体人员，并给予其一定的资金扶持。以长沙为例，每年都会评选市级创新创业带动就业项目，其申报条件、扶持标准和申报资料如下。

（一）申报条件

1. 基本条件

（1）在长沙市内登记注册的初创企业。

（2）创业时间在3年内，符合国家产业发展方向（除桑拿、按摩、网吧以及其他国家政策不予鼓励的产业外，盲人创办的医疗保健性按摩项目可申报）。

（3）申报单位应有规章制度及财务制度。

（4）合法正常经营6个月以上、吸纳2名及以上城乡劳动者就业并按规定缴纳社会保险费。

（5）无违法记录。

2. 优先扶持项目

（1）带动就业人数较多的创业项目。

（2）符合国家产业导向、科技含量高、具有自主知识产权的创业项目。

（3）具有良好的社会经济效益和市场前景。

（4）初创企业的法定代表人（主要负责人）属于就业重点群体。就业重点群体包括普通高校、职业学校、技工院校学生（在校大学生及毕业5年内），留学归国人员（领取毕业证5年内），登记失业人员，就业困难人员，返乡农民工，建档立卡农村贫困劳动力，被征地农民，复员转业退役军人及随军家属，刑释和解除强戒人员，残疾人。初创企业的法定代表人（主要负责人）发生变更的，不纳入优先扶持范围。

（二）扶持标准

经确定为长沙市创新创业带动就业扶持项目的，由专家评审组综合申报项目带动就业人数、科技含量、市场前景等，按不超过其实际有效投入的50%给予最高10万元的项目扶持。政办发〔2017〕46号文件确定为市级优秀青年项目的，给予最高不超过50万元的项目扶持。

（三）申报资料

申报创新创业带动就业项目需在线提交以下资料。

（1）申请报告。申请报告内容包括但不限于申报单位简介、主营业务介绍、企业用工情况、创业就业简要事迹（亮点、效果）等，字数控制在500字以内。

（2）《长沙市创新创业带动就业项目申请表》。

（3）申报单位营业执照或其他登记注册证明、法定代表人身份证。

（4）就业重点群体的相关证明材料或法定代表人参加创业培训获得的结业证书。在校生需提供在校证明，毕业生需提供毕业证；留学归国人员需提供经教育部门认证的相关证明；返乡农民工需提供长沙市行政区域范围内户籍地乡镇（街道）人力资源和社会保障服务站或村（社区）出具的返乡创业佐证资料；被征地农民需提供征地协议；退役军人需提供退出现役证明；随军家属需提供部队师级以上的随军批复；刑释和解除强戒人员需提供刑释和解除强戒证明；残疾人需提供残疾人证等。就业困难人员、登记失业人员、脱贫劳动力、退捕渔民无需提供佐证资料，由各区县（市）人力资源和社会保障局在信息系统中核实。

（5）其他佐证资料（如申报单位所获荣誉，持有的专利、软著等；参加各级中国创翼创业创新大赛的证明等）。

▶ 任务总结

● 任务检测

扫描下方二维码，测一测你对本任务知识的掌握程度。

● 任务实施

1. 活动说明

结合自己的创业项目，上网查找当地的创业补贴文件及标准，完成创业补贴明细表（表6-7）的填写。

表 6-7 创业补贴明细表

创业项目名称：

项目	分析
补贴名称	
受理单位	
申报条件	
补贴标准	
申报材料	
申报通知网址	

2. 评价标准

（1）准确性（25分）。补贴名称、受理单位和申报通知的网址表达准确清楚。

（2）合理性（25分）。申报条件描述准确清晰。

（3）简洁性（25分）。补贴标准表达简单明了。

（4）条理性（25分）。申报材料描述规范有条理。

温馨提示：通知发布和受理单位应是各级政府部门，补贴项目应公开面向广大创业群体。

● 任务反思

为了鼓励大学生等就业重点群体创业，不少地方政府出台相应的优惠政策，对就业重点群体创办的初创企业给予创业补贴。由于地区差异，某些地方的申报条件、补贴标准和申报资料可能有较大差异。了解具体要求，可以咨询当地人力资源和社会保障局。

结合本任务所学知识，完成思考笔记（表6-8）的填写。

表6-8 思考笔记

思考题目	记录
高校毕业生自主创业可以享受的优惠政策有哪些	
申报一次性创业补贴须符合哪些条件	
一次性创业补贴的标准是多少	

任务四　开诚布公——如何报送企业年报

▶ 任务引入

开 诚 布 公[1]

欧思琴隐隐记得，当初领取工商营业执照时，工作人员告诉她，要按时完成企业年报，否则会被列入失信黑名单。“什么时间报？报什么内容？在哪报？不记得了。”欧思琴突然紧张了，“赶紧咨询专业人士吧。”欧思琴暗暗地对自己说。

▶ 任务解码

云端课堂

企业年报基础知识

一、企业年报基础知识

（一）什么是企业年报

企业年报就是企业年度报告，企业应当按年度在规定的期限内，通过国家企业信用信息公示系统向工商机关报送年度报告，并向社会公示。任何单位和个人均可查询企业年报。

（二）什么时间可以报送企业年报

报送企业年报时间为每年1月1日至6月30日。

（三）未按时报送企业年报会有什么后果

企业逾期不报送、公示年报的，将被列入经营异常名录并向社会公示；个体工商户逾期不报送年报的，将被标记经营异常状态（图6-2）并向社会公示。

① 出自《三国志·蜀志·诸葛亮传·评》：“诸葛亮之为相国也，抚百姓，示仪轨，约官职，从权制，开诚心，布公道”，意指以诚心待人，坦白无私，打开自己的心扉，真诚待人。

图 6-2　标记经营异常状态

（四）哪些企业需要报送年报

凡在上一年12月31日前登记注册、领取工商营业执照的公司、非公司企业法人、合伙企业、个人独资企业、分支机构、个体工商户，都需要报送当年年报。

（五）在年度报告中隐瞒真实情况、弄虚作假，会产生什么后果

企业、个体工商户、农民专业合作社应当对其年度报告内容的真实性、及时性负责。对企业、农民专业合作社在年度报告公示信息中隐瞒真实情况、弄虚作假的，工商行政管理部门应当自查实之日起10个工作日内做出将其列入经营异常名录的决定，并通过国家企业信用信息公示系统向社会公示。对个体工商户在年度报告中隐瞒真实情况、弄虚作假的，工商行政管理部门应当自查实之日起10个工作日内将其标记为经营异常状态，并通过国家企业信用信息公示系统向社会公示。

此外，如在年度报告中出现隐瞒真实情况，弄虚作假者，今后在政府采购、工程招标投标、国有土地出让、授予荣誉称号、依法予以限制或者禁入以及银行信贷、合同签订、海关通关、企业外籍人员工作证件等方面，将受到信用约束机制的影响。

二、企业年度报告的内容

（一）公司年度报告的内容

（1）公司通信地址、邮政编码、联系电话、电子邮箱等信息。

（2）公司开业、歇业、清算等存续状态信息。

（3）公司投资设立企业、购买股权信息。

（4）公司为有限责任公司或者股份有限公司的，应在年报中列明其股东或者发起人认缴和实缴的出资额、出资时间、出资方式等信息。

（5）有限责任公司股东股权转让等股权变更信息。

（6）公司网站及从事网络经营的网店的名称、网址等信息。

（7）公司从业人数、资产总额、负债总额、对外提供保证担保、所有者权益合计、营业总收入、主营业务收入、利润总额、净利润、纳税总额信息。

上述（1）至（6）项规定的信息应当向社会公示，（7）项规定的信息由公司选择是否向社会公示。

（二）个体工商户年报的内容

（1）行政许可取得和变动信息。

（2）生产经营信息。

（3）开设的网站及从事网络经营的网店的名称、网址等信息。

（4）联系方式等信息。

（5）国家市场监督管理总局要求报送的其他信息。

（三）农民专业合作社年报的内容

（1）行政许可取得和变动信息。

（2）生产经营信息。

（3）资产状况信息。

（4）开设的网站及从事网络经营的网店的名称、网址等信息。

（5）联系方式信息。

（6）国家市场监督管理总局要求公示的其他信息。

云端课堂

网上办理企业年报

三、网上办理企业年报

网上办理企业年报的流程包括登录系统、填写年报信息和更正年报，如图6-3所示。

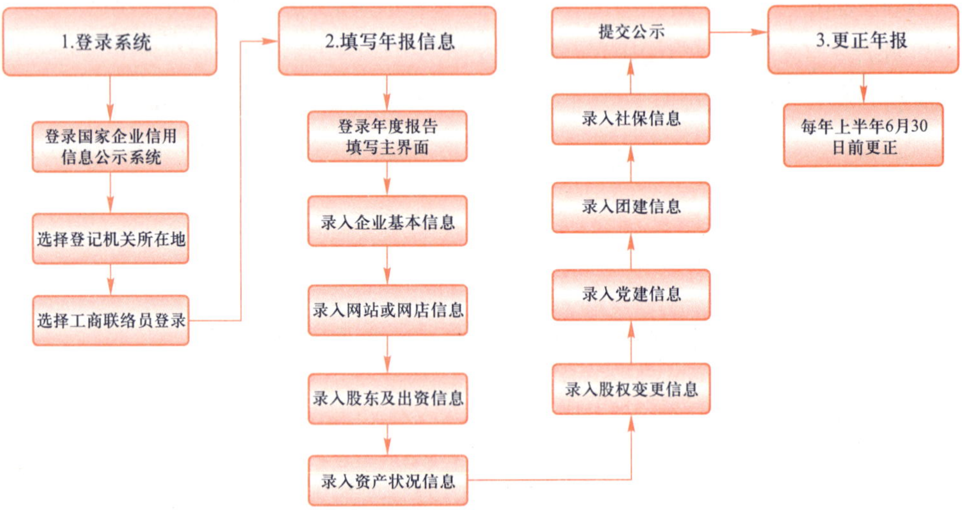

图6-3　网上办理企业年报的流程

（一）登录系统

1. 登录国家企业信用信息公示系统

网上办理企业年报，需要登录国家企业信用信息公示系统官网，在下方有四个选项中找到“企业信息填报”选项（图6-4），单击进入。

图 6-4　国家企业信用信息公示系统“企业信息填报”选项

2. 选择登记机关所在地

根据公司注册地（图6-5）进行选择，如果公司注册所在地是湖南，就可以选择湖南。

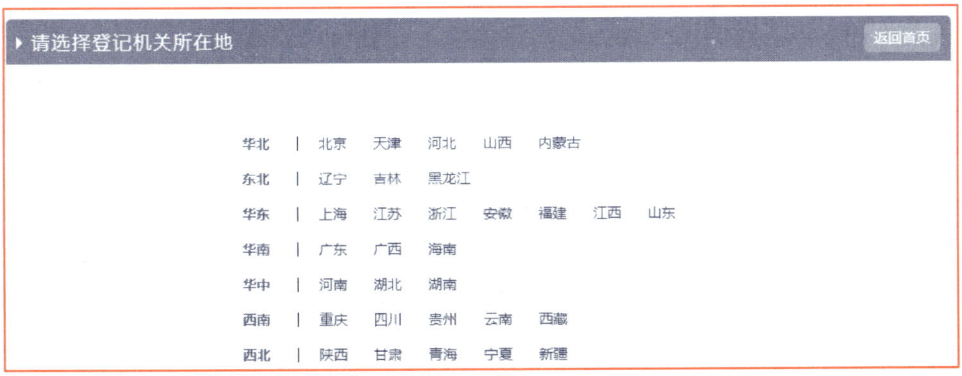

图 6-5　选择登记机关所在地

3. 选择工商联络员登录

在打开的页面中选择“工商联络员登录”选项，分别录入统一社会信用代码/注册号、工商联络员身份证号码、企业（个体工商户、农民专业合作社）名称、工商联络员姓名、工商联络员手机号和验证码（图6-6）。录入完成后，单击“登录”按钮。

图 6-6　工商联络员登录

（二）填写年报信息

1. 登录年度报告填写主界面

进入年度报告填写主界面后可以看到有7个选项，选择“年度报告填写”选项（图6-7）。

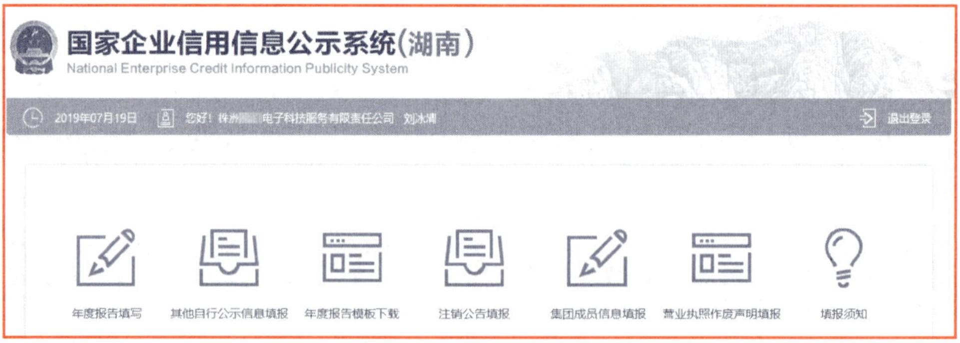

图 6-7　登录年度报告填写主界面

此时会弹出“填写须知”，阅读完成以后，在最下方勾选“我已阅读以上填报须知”，并单击“确认”按钮（图6-8）。

在弹出的对话框中选择本年度的年度报告（图6-9），单击“确认”按钮。

2. 录入企业基本信息

在打开的“企业基本信息”页面，据实填写企业通信地址、邮政编码、企业联系电话等信息（图6-10）。填写完成后，单击“保存”按钮保存。

3. 录入网站或网店信息

打开“网站或网店信息”页面，单击“添加”按钮，根据实际情况选择网站或网店类型（图6-11）。输入名称和网址，填写完成后，单击“保存”按钮保存。

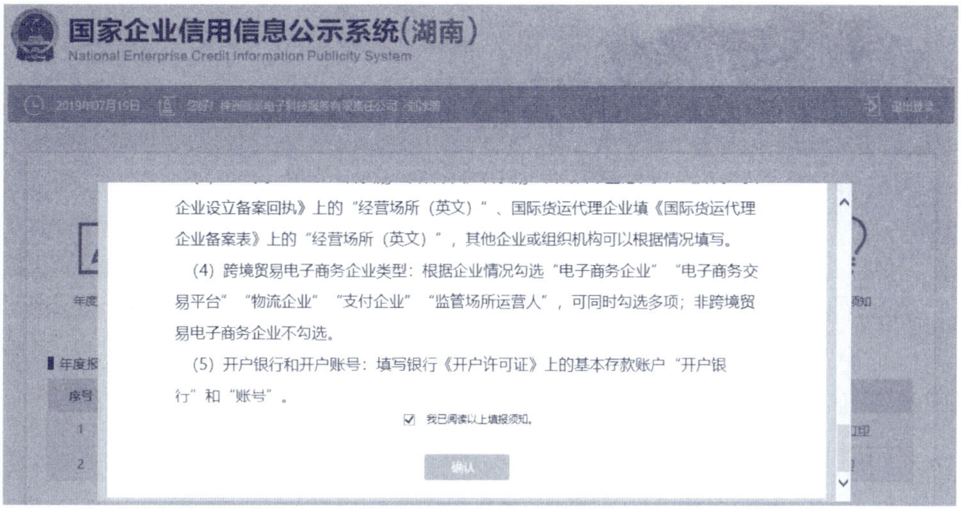

图 6–8　阅读“填写须知”

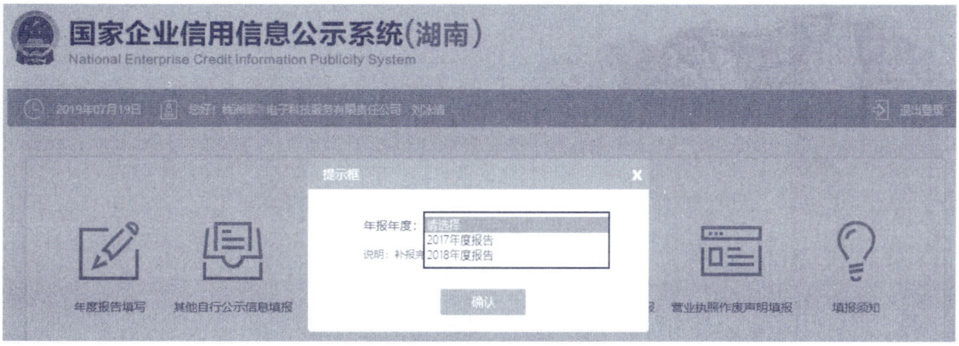

图 6–9　选择本年度的年度报告

图 6–10　录入企业基本信息

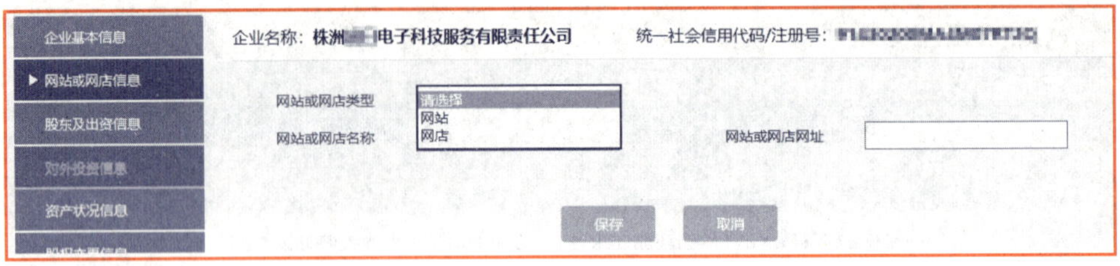

图 6-11　录入网站或网店信息

4. 录入股东及出资信息

打开“股东及出资信息”页面，单击“添加”按钮，填写股东名称、出资金额及出资时间，根据实际情况选择出资方式（图6-12），填写完成后，单击“保存”按钮保存。

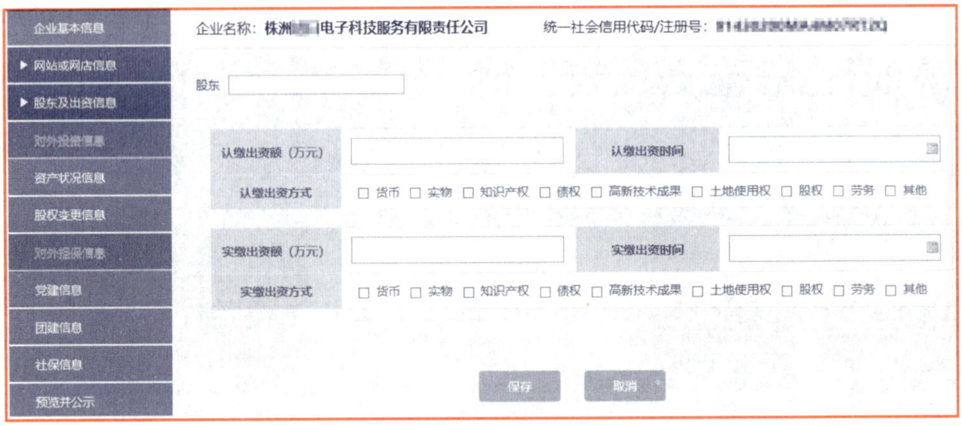

图 6-12　录入股东及出资信息

5. 录入资产状况信息

打开“资产状况信息”页面，根据实际情况填写资产总额、所有者权益合计、负债总额、营业总收入、其中主营业务收入、利润总额、净利润、纳税总额，选择是否公示（图6-13）。填写完成以后，单击“保存”按钮保存。

6. 录入股权变更信息

打开“股权变更信息”页面，根据公司实际变更情况填写，如果没有变更可以不填写（图6-14）。填写完成以后，单击“保存”按钮保存。

7. 录入党建信息

打开“党建信息”页面，根据实际情况填写（图6-15）。填写完成以后，单击“保存”按钮保存。

8. 录入团建信息

打开“团建信息”页面，根据实际情况填写（图6-16）。填写完成以后，单击“保存”按钮保存。

图 6-13　录入资产状况信息

图 6-14　录入股权变更信息

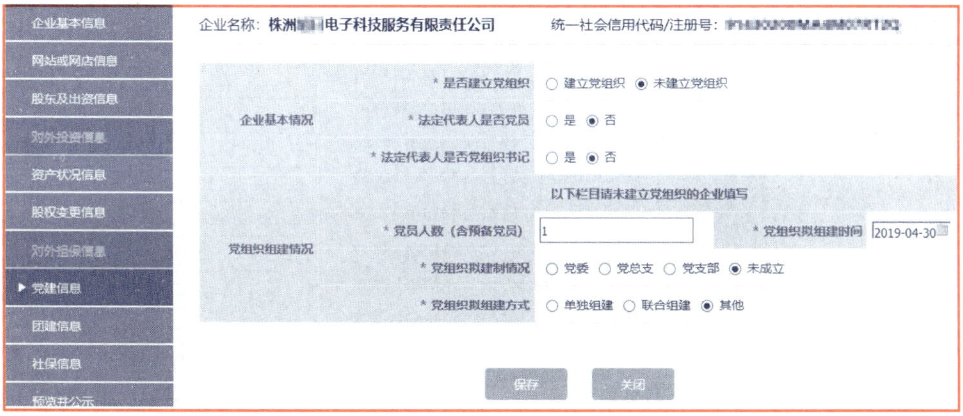

图 6-15　录入党建信息

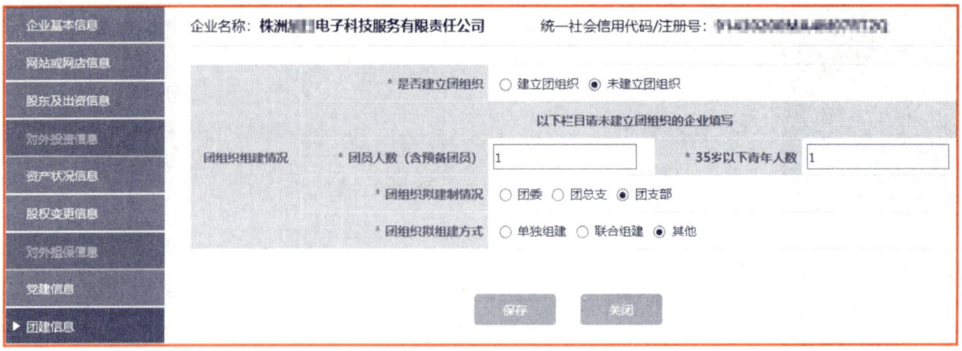

图 6-16　录入团建信息

9. 录入社保信息

打开“社保信息”页面，填写城镇职工基本养老保险、职工基本医疗保险、生育保险、失业保险、工伤保险。根据实际情况填写单位缴费基数、本期实际缴费金额以及单位累计欠缴金额三大类信息（图6-17），填写完成以后，单击“保存”按钮保存。

图 6-17　录入社保信息

10. 提交公示

打开“预览并公示”页面（图6-18），查看前面填写的所有信息，如果发现信息错误，则单击“返回修改”按钮进行修改，如果确认信息填写无误，则单击“提交并公示”按钮。

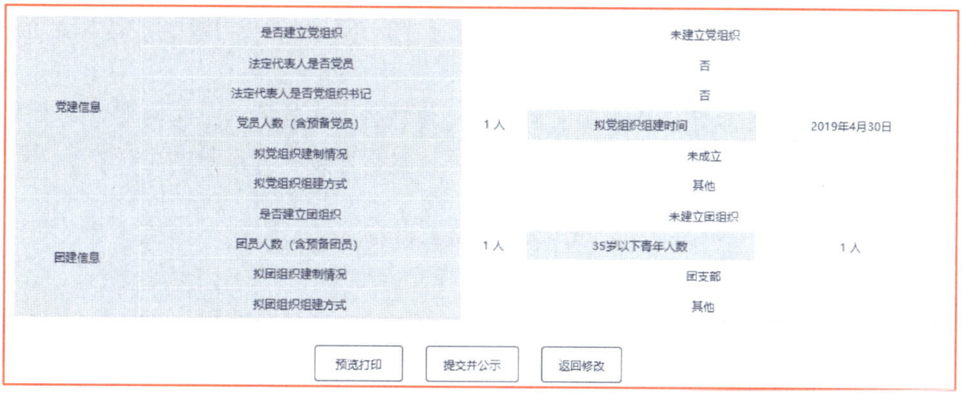

图 6-18　提交并公示

确认提交后，系统会返回主界面（图6-19）。至此，年报填写完毕。

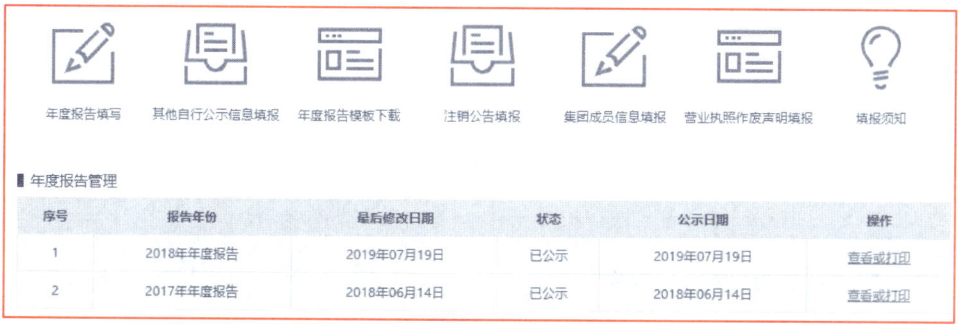

图 6-19　年报填写完成

（三）更正年报

年报提交后如果发现内容不准确，需要修改，则可以在报送年报当年的6月30日前进入“编辑”页面进行更正，当年6月30日后，更正功能会关闭。更正前后的信息内容、更正时间将同时被公示。

▶ 任务总结

● 任务检测

扫描下方二维码，测一测你对本任务知识的掌握程度。

● 任务实施

1. 活动说明

利用学习到的知识，登录国家企业信用信息公示系统网站，在网上完成报送企业年报，并将操作过程截图填入企业年报填报信息表（表6–9）的填写。

表6–9　企业年报填报信息表

企业名称：

项目		记录
操作过程截图	企业基本信息截图	
	网站或网店信息截图	
	股东及出资信息截图	
	资产状况信息截图	
	股权变更信息截图	
	党建信息截图	
	团建信息截图	
	社保信息截图	
	预览并公示截图	
个人体会		

2. 评价标准

（1）准确性（60分）。第1~10项填写规范，截图清晰。

（2）真实性（40分）。个人体会真实，语句通顺流畅。

● 任务反思

报送企业年报是法定义务，企业必须报送，否则会受处罚，甚至被列入异常经营名录。其实年报很简单，不需要去工商部门报送，自己在网上就可以填报，填报时间是每年的1月1日至6月30日。

结合本任务所学知识，完成思考笔记（表6-10）的填写。

表6-10　思考笔记

思考题目	记录
什么时间可以报送企业年报	
未按时报送年报有什么后果	
哪些企业需要报送年报	
在年报中隐瞒真实情况、弄虚作假会产生什么后果	
如何网上办理企业年报	

任务五　一诺千金——如何依法依规纳税

▶ 任务引入

一诺千金[1]

欧思琴从课堂学习和一些新闻报道中了解到每个公民和企业都要依法纳税，但是对要交哪些税、交多少税、国家对大学生创业在税收方面有什么优惠政策等问题知之甚少。为了避免企业出现逃税漏税等违法行为，她觉得有必要学习有关税收的知识。

▶ 任务解码

云端课堂

依法纳税的重要性

一、依法依规纳税的重要性

依法依规纳税是公民和企业应尽的义务和责任。我国税法规定，所有企业都要报税和纳税。

（一）依法依规纳税是国家财政收入的重要来源之一

税收是国家组织财政收入的主要形式和工具，在保证和实现财政收入方面起着重要的作用。税收具有强制性、无偿性和固定性，能保证财务收入的稳定；同时，税收的征收范围十分广泛，能从多方面筹集财政收入。

（二）依法依规纳税是国家调控经济的重要杠杆之一

经济是税收的根本，税收反作用于经济。国家通过税种的设置及在税目、税率、加成征收或减免税收等方面的规定，可以调节社会生产、交换、分配和消费，促进社会经济的健康发展。

---

① 出自《史记·季布栾布列传》："得黄金百斤，不如得季布一诺"，比喻说话算数，极有信用。

（三）依法依规纳税是公民道德建设的重要内容之一

依法纳税从法律和道德两个方面来规范、约束税务机关及纳税人的涉税行为，是“依法治国”在税收工作中的集中反映，是“爱国守法、明礼诚信”在经济生活中的生动体现。

（四）依法依规纳税是监督经济活动的重要手段之一

国家在征收税款过程中，一方面要查明情况，正确计算并征收税款；另一方面要发现纳税人在生产经营过程中，或在缴纳税款过程中存在的问题。国家税务机关对征税过程中发现的问题，可以采取措施纠正，也可以通知纳税人或政府有关部门及时解决。

二、与企业和企业主相关的税种

云端课堂

大学生创业税收优惠政策

税种是“税收种类”的简称。构成一个税种的主要因素有征税对象、纳税人、税目、税率、纳税环节、纳税期限、缴纳方法、减税、免税及违章处理等。每个税种都有其特定的功能和作用，其存在依赖于一定的客观经济条件。目前，与企业和企业主相关的税种主要有三类，分别是增值税、所得税和附加税费。

增值税是国家对商品生产、流通、劳务服务中多个环节的新增价值或商品的附加值征收的一种流转税。所得税又称所得课税、收益税，是指国家对企业生产经营所得和个人收益为对象征收的一种税，如企业所得税、个人所得税。此外，还有以流转税为基础征收的附加税费，如城市建设维护税、教育费附加等。

（一）增值税

增值税是以商品（含应税劳务）在流转过程中产生的增值额作为计税依据而征收的一种流转税，是中国最主要的税种之一，也是最大的税种。

增值税实行凭增值税专用发票抵扣税款的制度，因此对纳税人的会计核算水平要求较高，要求能够准确核算销项税额、进项税额和应纳税额。但实际情况是有些纳税人达不到这一要求，因此在《中华人民共和国增值税暂行条例》中将纳税人按其经营规模大小及会计核算是否健全划分为一般纳税人和小规模纳税人。目前，一般纳税人适用的税率有：13%、9%、6%，以及零税率4档。增值税的征收率适用于小规模纳税人和一般纳税人按简易方法计税的特定项目，统一按3%计征。纳税人种类及条件如表6-11所示。

表6-11　纳税人种类及条件

企业类型	增值税税率
制造业	一般纳税人：13% 小规模纳税人：3%

续表

企业类型	增值税税率
商业	一般纳税人：13% 小规模纳税人：3%
服务业	一般纳税人 有形动产租赁：13% 不动产租赁、交通运输业、邮政服务业、建筑业、基础电信业：9% 增值电信业、文化体育、金融保险、现代服务业、娱乐业：6% 小规模纳税人：3% 报关出口货物或跨境提供应税服务的为零税率
农林牧渔	9%

（二）企业所得税和个人所得税

企业所得税是对我国内资企业和经营单位的生产经营所得和其他所得征收的一种税。作为企业所得税纳税人，应依照《中华人民共和国企业所得税法》缴纳企业所得税。企业所得税的税率为25%。对符合条件的小型微利企业，减按20%的税率征收企业所得税。对国家需要重点扶持的高新技术企业，减按15%的税率征收企业所得税。

国家对个体工商户、个人独资企业、合伙企业的投资者，不征收企业所得税，而按5%~35%的超额累进税率征收个人所得税。个人所得税税率如表6-12所示。

表6-12　个人所得税税率（经营所得适用）

级数	全年应纳税所得额	税率/%
1	不超过30 000元的	5
2	超过30 000元至90 000元的部分	10
3	超过90 000元至300 000元的部分	20
4	超过300 000元至500 000元的部分	30
5	超过500 000元的部分	35

（三）附加税费

城市维护建设税（简称城建税），是以流转税为基础，依法计征的一种税。城市维护建设税税款专门用于城市的公用事业和公共设施的维护建设。税率按纳税人所在地分别规定为：市区7%，县城和镇5%，乡村1%。大中型工矿企业所在地不在城市市区、县城、建制镇的，税率为1%。

教育费附加是由税务机关负责征收，由同级教育部门统筹安排，由同级财政部门监督管理，专门用于发展地方教育事业的预算外资金，税率为3%。

三、创业开公司的税务小常识

很多初创公司因为规模小，一般没有聘请会计，甚至有些创业者根本就没有记账报税的意识。有些创业者为了节省费用，可能自己上阵或找亲戚帮忙管理财务，但经常会出现一些小问题，特别是关于税务方面的。其实知道一些合理的税务小常识，对资金紧张的初创公司是非常有帮助的。

（一）技术入股少缴税

很多创业者都是技术专家，拥有相应专利，但将专利提供给公司使用时并没有说明该技术以何种方式使用。建议创业者将技术专利作价投入公司，一方面可以改善公司的财务状况，减少投资时的资金压力；另一方面，作价入股以后，公司可以将其计入无形资产，做合理摊销，以便增加成本费用，减少利润，少缴所得税。

（二）电子商务减印花

目前我国对电子商务同样征收增值税，但根据国家税务总局的规定，在供需经济活动中使用电话、计算机联网订货，没有开具书面凭证的，暂不贴花。因此，企业完全可以放弃传统的经商模式，让所有订货过程都在网上完成，少缴印花税税额。

（三）存款少可迟缴税

企业纳税申报后应及时缴税，但存款少时可以申请延迟缴税。存款少到什么程度可以延迟缴税？可动用的银行存款不足以支付当期工资，或者支付工资后不足以支付应交税费。注意：可动用的银行存款不包括企业不能支付的公积金存款、国家指定用途的存款、各项专用存款。当期工资是企业根据工资制度计算出的应付工资。如果出现以上情况，企业应及时申请，办理延期缴纳税款的手续。

（四）没有生意也要报

企业可能因为各种原因没有税款要缴纳，但也要按时纳税申报。没有应纳税税款的申报就是所谓的零申报，只需走一个简单的程序，但如果不办理，税务机关可每次处以2 000元的罚款。

（五）申办时间很重要

例如，张三的新公司税务登记在6月30日，李四的新公司税务登记在7月1日。两个公司都向税务机关递交了要求享受新办企业的税收优惠政策的申请。年底时税务机关批复：张三的公司当年已享受了一年的所得税优惠，明年开始缴纳所得税；李四的公司可以选择根据今年的利润先缴纳所得税，明年再开始享受一年的所得税优惠。根据税务规定：上半年开业的公司当年算一年免税，下半年开业的公司可以选择第二年享受一年的所得税优惠。一日之差，命运各异。

（六）重设流程纳税少

对于很多生产型公司，设立自己的销售公司可以避免过高的消费税负担。公司的产品先销售给销售公司，再由销售公司卖给经销商或者客户。公司在生产环节需要缴纳消费税，在销售环节不需要缴纳消费税，因此，销售公司不需要缴纳消费税，只要定价合理，就可以少交部分消费税。

（七）合同作废也纳税

有些企业喜欢签合同，签了以后发现问题就作废后再重新签合同。殊不知即使合同作废也要缴印花税。另外，在变更合同时，如果合同金额增加了，就需要补缴印花税，金额减少了，则不退印花税。因此，如果合同金额一时不能确定，应该先签订金额未定的合同，等确定金额后再补充进去，这样就可以避免多缴税。

（八）做善事有讲究

做善事也与纳税有关。企业对外捐赠的款项和实物，一是可能视同销售，缴纳增值税，因此在捐赠时，要考虑税务负担；二是捐赠款项要合理进入成本费用，并符合税务要求，包括需要通过国家税务机关认可的单位和渠道捐赠。以及有符合税法规定的接受捐赠的专用收据。如果不符合条件，捐赠款项就不能进入成本费用，要缴纳25%的所得税。

（九）多拿进项多抵扣

作为一般纳税人，销项减去进项的部分需要缴纳税款。因此，多拿进项抵扣就可以少缴税。这些进项包括：购买办公用品、购买低值易耗品、汽车加油、购买修理备件……日积月累，企业就能降低税负。

▶ 任务总结

● 任务检测

扫描下方二维码，测一测你对本任务知识的掌握程度。

● 任务实施

1. 活动说明

根据创业企业的法律形态查询应纳税种、适用税率和优惠政策，完成企业纳税分析表（表6-13）的填写。

表6-13　企业纳税分析表

创业企业的法律形态：

应纳税种	适用税率	优惠政策

2. 评价标准

（1）准确性（30分）。应纳税种填写规范。

（2）简洁性（30分）。适用税率填写规范。

（3）条理性（40分）。优惠政策填写规范。

● 任务反思

现在企业去税务机关领购发票是免收工本费的，但弄丢发票要罚款，甚至丢失一张发票的罚款超过100元，真可谓“票比钱贵”。在此提醒各位公司法人要像爱惜人民币一样爱惜发票，即使是已经作废的发票或存根页，也有5年的保存期，要妥善保管，否则要被处以最高3万元罚款。因此，如果不慎将发票丢失，则应在第一时间报告税务部门并登报声明作废，以争取从轻处罚。

结合本任务所学知识，完成思考笔记（表6-14）。

表6-14　思考笔记

思考题目	记录
增值税纳税人种类及所需条件	
小型微利企业企业所得税优惠税率	
附加税费税率	

创业有样

华侨农民徐冠洪：“青田稻鱼共生”吸引我回国创业

真没想到，我能作为华侨农民代表在全球重要农业文化遗产大会上发言，向世界展示“青田稻鱼共生”的独特魅力。17年前，“青田稻鱼共生”系统被评为全球重要农业文化遗产，这让旅居国外多年的我深感欣喜，心中那份难以割舍的家国情催促着我踏上了回国的旅程。

回来后，我租赁了50亩闲置土地创办愚公生态农场。都说万事开头难，只有真正拿起锄头才知其中的辛苦。由于缺乏种养技术，收成总不见好，前3年的经营很不理想。为了参透其中的“诀窍”，我向农业技术专家和周围老农学习稻鱼共生技术。慢慢地，我摸清了鱼与稻之间巧妙的平衡，掌握了田间管理的技术。稻米与鱼产量也随之上去了，口感越来越好。为了扩大品牌影响力，我的稻鱼基地从原先的50亩发展到了今天的240亩。此外，我还特别关注田鱼这一青田特色鱼种，它作为千年稻鱼共生的重要元素一直延续到今天。为此，我建立青田田鱼原种保护中心，进行田鱼培育繁殖，较好地保护了田鱼原种的纯正性。

传统技术加上新的经营理念，产生了化学变化，不但让我从事稻鱼共生事业获得成功，而且带动了周边农民加入进来一起创业。在青田县政府的牵线下，我参加了东西部合作帮扶，把青田田鱼“远嫁”到四川省古蔺县，为他们提供鱼苗、带去技术，带动大家共同致富。

从学习实践到传承推广，不知不觉间，我成为这一全球重要农业文化遗产的传承人。现在，我觉得肩上的担子更重了。

（资料来源：张胜，陆健，苏雁，等.穿越千年，农业智慧闪耀绿水青山间.光明日报，2022-07-29.有删改.）

创业有行

同心协力

1. 目标

训练逻辑思维及团队协作能力。

2. 规则与程序

（1）将学生分成几个小组，每组以5人以上为佳。

（2）每组先派出两名学生，背靠背坐在地上。

（3）两人双臂相互交叉，合力使双方一同站起。

（4）以此类推，每组每次增加一人，如果尝试失败，则须再来一次，直到成功才可再加一人。

（5）教师在旁观看，选出人数最多且用时最少的一组为优胜。

3. 讨论

（1）你能只靠一个人的力量就完成起立的动作吗？

（2）如果参加游戏的学生能够保持动作协调一致，是不是就更容易完成任务？为什么？

（3）你有什么办法能保证每组学生的动作协调一致？

4. 反思

（1）别看这个游戏简单，但是依靠一个人或几个人的力量是不可能完成的。因为在这个游戏中，大家组成了一个整体，只有全力配合才可能达到目标。它可以帮助学生体会团队相互激励的含义，帮助他们培养团队精神。

（2）这个游戏还考验每个小组的领导者指挥和调动小组成员的能力。因为这个游戏不仅需要大家通力合作，还需要每个参与者的密切配合。如果步调不一致，那么大家的力气再大也不可能顺利完成任务。这种情况下，作为小组的领导者，应该想办法来解决这个问题。例如，可以让大家以他为主，跟随他的动作；更有效的是想出一个口号，既可以鼓舞士气，又能统一大家的动作节奏。

/ 附录　创业计划书参考目录 /

一、项目概况

1. 项目名称
2. 主要产品或服务
3. 项目所需投入资金
4. 组织机构（可以用图来表示）
5. 主要业务（说明准备经营的主要业务）

二、行业及市场分析

1. 行业状况
2. 市场前景与预测
3. 目标市场

三、竞争对手分析

1. 主要竞争对手
2. 销售市场的竞争对手
3. 竞争风险及对策

四、营销策略

1. 价格策略
2. 行销策略

五、产品生产或服务

1. 产品生产或服务提供
2. 人力资源配备及管理

六、财务计划

1. 投资数量和权益
2. 资金用途和使用计划

3. 投资回报
4. 财务预测

七、行政审批及相关环节说明

（说明创业过程中所需的行政审批环节。）

八、风险及对策

1. 主要风险
2. 风险对策

/ 参考文献 /

[1] 威廉·D·拜格雷夫，安德鲁·查克阿拉基斯. 创业学 [M]. 3版. 唐炎钊，刘雪锋，白云涛，等，译. 北京：北京大学出版社，2017.

[2] 冯天亮，何煌. 创新创业基础教程 [M]. 北京：电子工业出版社，2021.

[3] 刘金同，高慧婷. 就业与创业指导（2019修订）[M]. 北京：北京出版社，2014.

[4] 刘霞，宋卫. 大学生创新创业指导（慕课版）[M]. 北京：人民邮电出版社，2019.

[5] 洪银兴. 大学生创新创业教程 [M]. 南京：南京大学出版社，2019.

[6] 叶吉波，张宝臣. 大学生创业教育教程 [M]. 大连：大连理工大学出版社，2019.

[7] 王丽萍. 大学生职业规划与就业创业指导 [M]. 上海：上海交通大学出版社，2019.

[8] 郜葆清. 大学生就业与创业指导 [M]. 3版. 北京：高等教育出版社，2019.

[9] 戴裕崴. 高职生职业生涯规划与就业创业指导 [M]. 5版. 北京：高等教育出版社，2022.

[10] 陈吉胜，韩红. 创新思维与创业基础 [M]. 北京：高等教育出版社，2022.

[11] 陈宏，张锦喜，颜萍. 创新创业10步法 [M]. 南京：南京大学出版社，2019.

[12] 汤锐华. 大学生创新创业实训手册 [M]. 2版. 北京：高等教育出版社，2019.

[13] 龚永坚，吴芳珍. 大学生创业导航 [M]. 3版. 北京：高等教育出版社，2022.

读者意见反馈

为收集对教材的意见建议，进一步完善教材编写并做好服务工作，读者可将对本教材的意见建议通过如下渠道反馈至我社。

咨询电话 400-810-0598

反馈邮箱 gjdzfwb@pub.hep.cn

通信地址 北京市朝阳区惠新东街 4 号富盛大厦 1 座
高等教育出版社总编辑办公室

邮政编码 100029

资源服务提示

授课教师如需获取本书配套教学资源，请登录“高等教育出版社产品信息检索系统”（https://xuanshu.hep.com.cn/），搜索本书并下载资源。首次使用本系统的用户，请先注册并进行教师资格认证。

资源服务支持邮箱：songchen@hep.com.cn